职业教育汽车类专业一体化系列教材

汽车电器检测与维修一体化教程

主　编　余　磊　林爱云
副主编　刘庭庄　许瀚元
参　编　洪陆英　韦珊珊　王　莹
　　　　付冬娟

机械工业出版社

本书根据职业院校汽车运用与维修专业人才培养方案和课程标准，国家职业技能标准汽车维修工五级、四级标准中的汽车电器检修典型工作任务，结合现代职业教育的特点编写而成。

本书主要内容包括3个工作项目，分别是汽车电源及起动系统检测与维修、汽车照明与信号系统检测与维修、汽车仪表及辅助电气系统检测与维修；14个工作任务包括蓄电池的检查与日常维护、发电机的检测与维修、起动机的检测与维修、示廓灯不亮的检测与维修、前雾灯不亮的检测与维修、前照灯不亮的检测与维修、转向灯不亮的检测与维修、制动灯不亮的检测与维修、喇叭不响的检测与维修、燃油表不工作的检测与维修、刮水器电动机不工作的检测与维修、车窗电动机不工作的检测与维修、中控门锁与防盗装置失效的检测与维修、电动后视镜不工作的检测与维修。

本书可作为职业院校汽车类专业教材，也可以作为职业技能培训用书，还可以作为汽车修理工和车主的学习参考书。

为了便于学生自学和教师的教学，本书配有免费电子课件和习题答案。凡选用本书作为授课教材的教师，均可登录 www.cmpedu.com 以教师身份注册后免费下载教学资源。咨询电话：010-88379201。

图书在版编目（CIP）数据

汽车电器检测与维修一体化教程/余磊，林爱云主编. —北京：机械工业出版社，2020.6（2025.8重印）

职业教育汽车类专业一体化系列教材

ISBN 978-7-111-65183-3

Ⅰ.①汽…　Ⅱ.①余…②林…　Ⅲ.①汽车-电气设备-车辆检修-职业教育-教材　Ⅳ.①U472.41

中国版本图书馆 CIP 数据核字（2020）第051038号

机械工业出版社（北京市百万庄大街22号　邮政编码100037）

策划编辑：于志伟　责任编辑：于志伟

责任校对：刘雅娜　封面设计：张　静

责任印制：单爱军

三河市骏杰印刷有限公司印刷

2025年8月第1版第8次印刷

184mm×260mm · 15.25印张 · 378千字

标准书号：ISBN 978-7-111-65183-3

定价：45.00元

电话服务	网络服务
客服电话：010-88361066	机　工　官　网：www.cmpbook.com
010-88379833	机　工　官　博：weibo.com/cmp1952
010-68326294	金　　书　　网：www.golden-book.com
封底无防伪标均为盗版	机工教育服务网：www.cmpedu.com

前 言

本书是根据职业院校汽车运用与维修专业人才培养方案和课程标准，以及国家职业技能标准汽车维修工五级、四级标准中的技能要求和企业岗位能力要求，通过与行业、企业专家一起详细分析汽车电器检测与维修实际工作过程，在梳理并归纳出学习性的工作任务的基础上，以典型的学习性工作任务为学习任务，以具体的工作过程为学习内容，以实际的工作环境为学习背景编写的，内容包括3大工作项目，共14个工作任务。

参加本书编写的人员来自教学一线和汽车维修行业，他们都具有丰富的教学及实践经验。在编写过程中，本书注意“以职业活动为导向，以能力为本位，以学生为中心”，编写风格为“理实一体化”，具体框架为：任务描述—学习目标—学习重点—学习难点—知识准备—信息收集—制订计划—任务实施—检查与考评—知识巩固—知识拓展。

本书采用理论与实践一体化的编写模式，把相关理论知识及方法的学习和工作任务的实施有机地结合在一起，与职业技能标准对接，突出学生专业技能、职业能力的培养，体现“以学生为主体，以职业需求为导向”的教育观，具有较强的针对性和实用性。本书主要具有以下特点：学做结合，形式与结构新颖；任务典型，过程完整，安全与质量并重；理论适用，技能突出，步骤与方法明确；图文并茂，通俗易懂，授课与自学容易等。

本书由余磊、林爱云担任主编，刘庭庄、许瀚元担任副主编，参编的有洪陆英、韦珊珊、王莹、付冬娟。

由于编者水平和经验有限，书中难免有错误和不妥之处，敬请广大读者批评指正，以便修订时加以完善。

编 者

目 录

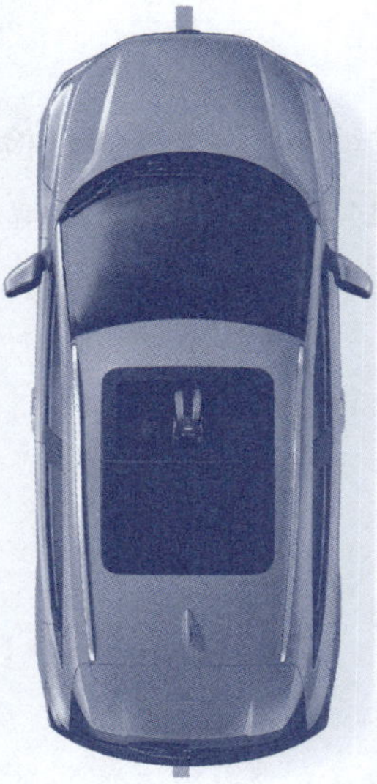

项目一

汽车电源及起动系统检测与维修

本项目主要学习汽车电源及起动系统检测与维修的内容，其目的是让学生深入了解汽车蓄电池、发电机及起动机的作用、结构及工作原理，让学生能正确使用工量具进行汽车电源及起动系统总成部件的检测与维修作业，为后续汽车车身电控系统故障诊断与排除的学习奠定基础。

本项目包括以下学习任务：

任务一　蓄电池的检查与日常维护

任务二　发电机的检测与维修

任务三　起动机的检测与维修

任务一 蓄电池的检查与日常维护

【任务描述】

客户王先生的宝骏630轿车起动困难，王先生将车开到4S店维修服务中心进行检修。维修技师对车辆进行了检修，发现蓄电池电量不足，需要对蓄电池进行全面检查并做相应处理。

【学习目标】

1. 能准确表述汽车蓄电池的作用、型号、结构和工作原理。
2. 能选择正确的常规充电方法。
3. 能按技术规范要求完成蓄电池的更换作业。
4. 能掌握蓄电池的技术状况检查方法。
5. 能使用充电机对蓄电池进行充电。
6. 培养学生自主学习的能力和团队意识。
7. 培养学生爱岗敬业的职业素养。

【学习重点】

1. 蓄电池的更换作业。
2. 蓄电池的技术状况检查方法。
3. 蓄电池的常规充电方法。

【学习难点】

1. 蓄电池的工作原理。
2. 蓄电池的技术状况检查方法。

【知识准备】

一、蓄电池的认识

（一）蓄电池的作用

蓄电池是一种低压直流电源。汽车一般使用12V的蓄电池，大型柴油车则常用两个12V蓄电池串联而成24V电源。蓄电池是一种储存与释放电能的装置，当连接外部负载或接通充电电路时，蓄电池便进行能量转换，即放电和充电。在蓄电池放电过程中，蓄电池的化学能转变成电能，向用电设备供电；在蓄电池充电过程中，外部电源的电能转变成化学能储存到蓄电池中。

汽车用蓄电池主要用于起动发动机，在发动机起动时向起动机提供大电流，一般可达200～600A，通常称为起动用蓄电池。此外，蓄电池还具有以下用途：

① 当发动机停止运转或低怠速运转时，向用电设备供电。

② 当用电负荷超过发电机供电能力时，协助发电机供电。

③ 稳定整车电气系统电压，缓和电气系统中的冲击电压，保护电子部件。

④ 在发电机正常工作时，将发电机发出的多余的电能储存起来。

（二）蓄电池的类型和结构

目前汽车上常用的蓄电池主要是铅酸蓄电池。铅酸蓄电池是目前世界上广泛使用的一种化学电源。铅酸蓄电池可分为普通铅酸蓄电池、干式荷电蓄电池和免维护蓄电池等类型。电动汽车主要采用镉镍蓄电池、氢镍蓄电池和锂离子蓄电池。这里主要介绍铅酸蓄电池。

1. 铅酸蓄电池的型号

（1）国内铅酸蓄电池的型号　蓄电池外壳通常会标注蓄电池产品型号，蓄电池型号由3部分组成：串联的单体蓄电池数，蓄电池用途、结构特征代号，标准规定的额定容量。

汽车蓄电池型号一般类似为“6-QAW-100a”，各符号表示如下：

①“6”表示由6个单体电池组成，额定电压为12V。

②“QAW”表示起动用干式荷电免维护蓄电池。其中，第1个字母“Q”代表起动用蓄电池，M则为摩托车用蓄电池，D表示牵引用（电力机车）蓄电池，F表示阀控式蓄电池，C为船舶用蓄电池。第2个字母“A”和第3个字母“W”表示蓄电池的类型，A表示干式荷电蓄电池，W表示免维护蓄电池；若不标，则表示普通型蓄电池。

③“100”表示额定容量为100A·h。蓄电池容量是指完全充足电的蓄电池在规定的放电条件下所能输出的电量。蓄电池容量等于放电电流和持续放电时间的乘积，单位为A·h（安·时）。蓄电池容量表示蓄电池对外供电的能力，是衡量蓄电池性能的优劣和选用蓄电池的重要指标。

④“a”表示对原产品的第1次改进；若为b则表示第2次改进版本，以此类推。

（2）国外铅酸蓄电池的型号　日本蓄电池型号，如“55D33L”；德国蓄电池型号，如“54434MF”；美国蓄电池型号，如“58430”。

2. 铅酸蓄电池的结构

（1）普通铅酸蓄电池　汽车用普通铅酸蓄电池由极板、隔板、电解液、连接条与极柱、壳体和加液孔盖等组成。普通铅酸蓄电池的结构图如图1-1所示。

1）极板。极板是蓄电池的核心部分，蓄电池充、放电过程中，电能和化学能的相互转换就是依靠极板上活性物质和电解液中硫酸的化学反应来实现的。

极板由栅架和活性物质组成。正极板上的活性物质是深棕色二氧化铅（PbO_2），负极板上的活性物质是青灰色海绵状纯铅（Pb）。

为了增大蓄电池的容量，通常将多片正、负极板分别并联，用横板焊接，组成正、负极板组。横板上连有极柱，各片间留有间隙，正、负极板相互嵌合，中间插入隔板。

2）隔板。隔板置于正、负极板之间，以避免正、负极板之间接触而短路。隔板应具有多孔性，以便电解液渗透，且化学稳定性要好，具有耐酸和抗氧化性。

3）连接条。连接条的作用是将单体电池串联起来。普通铅酸蓄电池连接条的串联方式一般是外露式，而新型蓄电池连接条的串联方式是封闭式的。

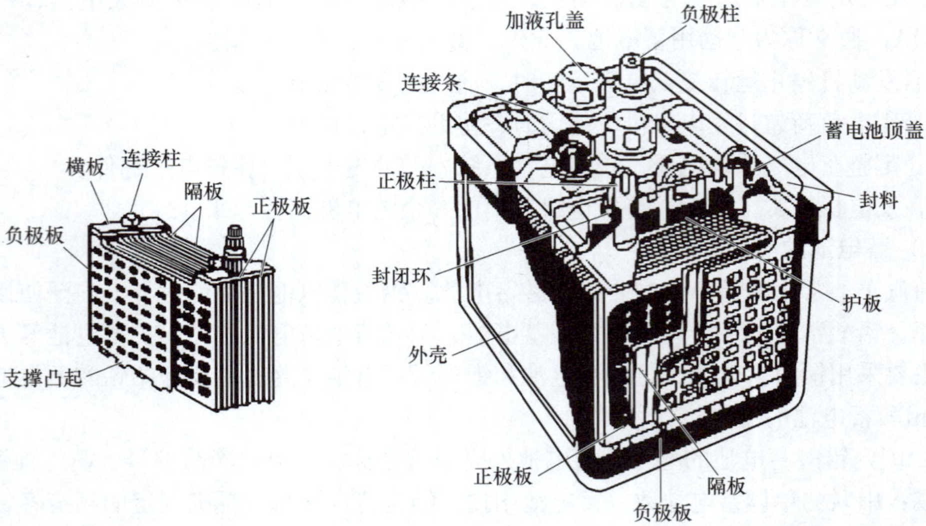

图 1-1　普通铅酸蓄电池的结构图

4）极柱。极柱是蓄电池的输出和输入的总接头，上方或旁边有“+”“-”标记，有些蓄电池正极柱上涂有红色油漆标记。

5）电解液。电解液是蓄电池发生化学反应的主要物质。它由纯净硫酸和蒸馏水按一定的比例配制而成，具有较强的腐蚀性，一般密度为1.260~1.280g/cm^3。

6）壳体和加液孔盖。普通铅酸蓄电池每个单格电池都有一个加液孔，用于加注电解液或蒸馏水，也可检查电解液液面高度和密度。加液孔装有加液孔盖，可防止电解液溅出，供添加蒸馏水或供检验电解液用。加液孔盖上有通气孔，在充电时使产生的氢气和氧气能逸出，以防止气体聚积过多而发生爆炸，如图 1-2 所示。

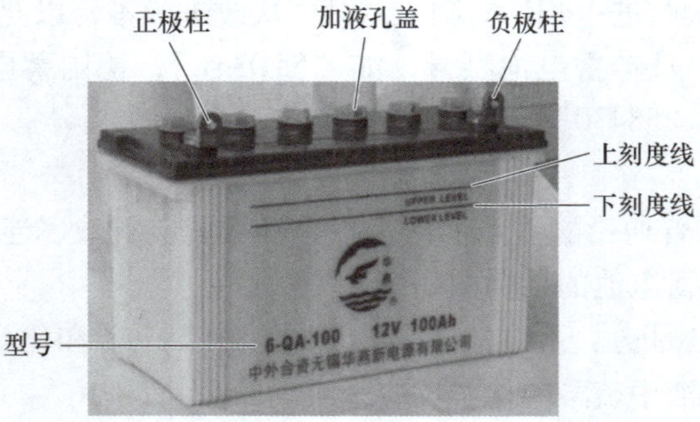

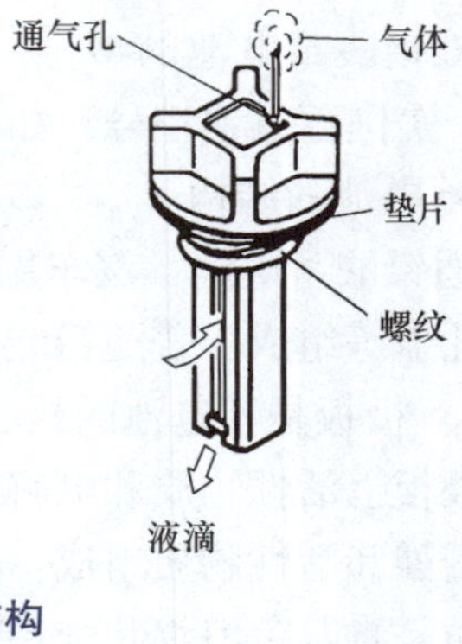

图 1-2　壳体和加液孔盖的结构

（2）干式荷电蓄电池　干式荷电蓄电池目前主要用于大型的货车上。干式荷电蓄电池是在普通铅酸蓄电池的基础上经过技术改进开发的铅酸蓄电池。它的主要特点是负极板有较高的储电能力，在完全干燥状态下，能在两年内保存所得到的电量；使用时，只需加足规定密度的电解液后静置20~30min，不需要充电即可使用。

（3）免维护蓄电池　随着技术的成熟，现在汽车流行使用便捷的免维护蓄电池，蓄电池在合理使用期内，无须进行维护或较少维护。免维护蓄电池由于自身结构上的优势，电解液的消耗量非常小，在使用寿命期内基本不需要补充蒸馏水。它还具有耐振、耐高温、体积小和自放电小的特点，使用寿命一般为普通蓄电池的两倍。

免维护蓄电池具有以下特点：

① 免维护蓄电池电解液液面的降低极慢，电解液容量较大，因而使用时间较长。当充电指示器显示电解液液面过低时，通常更换新的蓄电池。

② 自放电率和腐蚀性降低。因免维护蓄电池排出气体很少，故对蓄电池顶部及附近零件的腐蚀大为降低。

③ 由于免维护蓄电池内部的栅架是钙铅合金板，其导电性良好，与普通铅酸蓄电池相比，冷车起动能力约高 20%。

④ 免维护蓄电池内部设有电解液密度计，在盖板上设有密度与液面观察窗，以观察蓄电池的电解液液面及充电情况。如图 1-3 所示，当蓄电池液面及充电正常时，绿色浮球在球室最高点，从视窗中黑色区看到绿色圆点；当蓄电池液面正常，但充电不足时，绿色浮球在球室下方，从视窗中看不到绿色圆点，显示模糊的黑色圆点，应对蓄电池进行补充充电；当蓄电池液面过低时，视窗中看到的是透明色，表示蓄电池需更换。

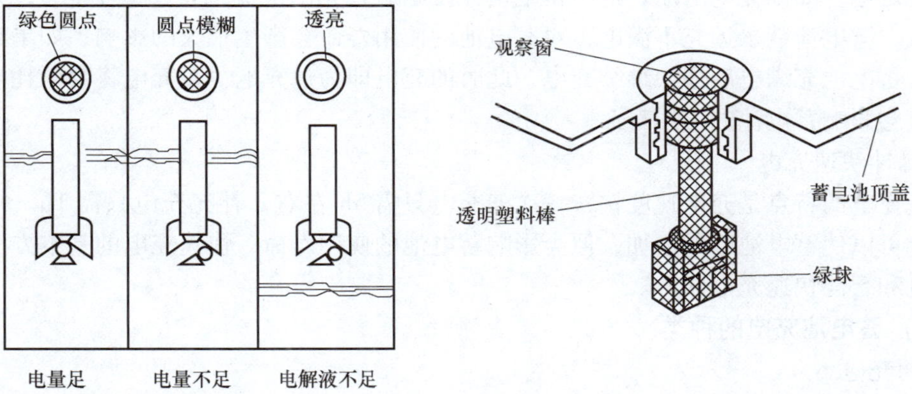

图 1-3　观察窗显示情况

（三）蓄电池的工作原理

将两种不同的金属板放入电解液中，因化学作用产生电离子，在正、负极板间会产生电势差，若有导线和负载连接在两块极板之间，则有电流流通。蓄电池的工作过程就是化学能与电能相互转化的充、放电过程。

蓄电池将化学能转化为电能而向外供电时，称为放电过程。放电的结果是正、负极板都变成硫酸铅，而电解液中的硫酸（H_2SO_4）减少，水（H_2O）增加。其放电的化学反应式如下：

$$\underset{\text{正极板}}{PbO_2} + \underset{\text{电解液}}{2H_2SO_4} + \underset{\text{负极板}}{Pb} \longrightarrow \underset{\text{正极板}}{PbSO_4} - \underset{\text{电解液}}{2H_2O} + \underset{\text{负极板}}{PbSO_4}$$

蓄电池与外界直流电源相连而将电能转化为化学能储存起来，称为充电过程。充满电后，蓄电池的负极板成为海绵状纯铅（Pb），正极板成为二氧化铅（PbO_2），电解液为稀硫酸（H_2SO_4）。其充电化学反应式如下：

$$\underset{\text{正极板}}{PbSO_4} + \underset{\text{电解液}}{2H_2O} + \underset{\text{负极板}}{PbSO_4} \longrightarrow \underset{\text{正极板}}{PbO_2} + \underset{\text{电解液}}{2H_2SO_4} + \underset{\text{负极板}}{Pb}$$

二、蓄电池的充电

（一）蓄电池充电方法

蓄电池的常规充电方法有定流充电、定压充电和脉冲快速充电 3 种。

1. 定流充电

在充电过程中，通过调整电压，保持充电电流不变的充电方法称为定流充电。

定流充电采用两阶段充电法，在第一阶段用较大电流充电，当单格电池电压升到 2.4V 时，电解液开始产生气泡，将充电电流减小一半进行第二阶段定流充电，直到蓄电池完全充足电为止。定流充电有益于延长蓄电池使用寿命，可用于初充电。完成一次初充电需 60 ~ 70h，补充充电需 10 ~ 13h，充电时间较长。

2. 定压充电

在充电过程中，充电电压保持不变的充电方法称为定压充电。汽车上发电机对蓄电池充电采用的就是定压充电。

定压充电的优点是充电速度快，充电时间短，但充电电流大小不能调整，不能保证蓄电池完全充足电。如果充电电压合适，蓄电池充足电后，充电电流可自动减小到 0；如果充电电压过低，蓄电池就永远充不满电，对蓄电池的使用寿命会产生很大的影响；如果充电电压过高，在蓄电池充满电后还会继续充电，此时的充电即为过充电，过充电将会消耗电解液中的水，也会影响蓄电池的使用寿命。

3. 脉冲快速充电

快速充电的特点是充电速度快，一次初充电只需 5h 左右，补充充电只需 1h。采用这种方法充电可以使蓄电池容量增加，但会影响蓄电池的使用寿命。快速充电的基本方法有脉冲快速充电和智能快速充电两种。

（二）蓄电池充电的种类

1. 初充电

对于新蓄电池或更换极板后的蓄电池，在使用之前的首次充电称为初充电。初充电的特点是充电电流小，充电时间长，必须彻底充足。

初充电的程序：将蓄电池接到充电机，用定流充电法充电。第一阶段的电流约为额定容量的 1/15，充电至电解液中逸出气泡，单格电压达到 2.4V 为止；第二阶段将充电的电流减半，充电至电解液沸腾，密度和端电压连续 3h 不变为止；整个初充电时间为 60h 左右。

2. 补充充电

蓄电池在使用过程中，经常有充电不足的现象，应根据需要进行补充充电。当出现起动无力、前照灯灯泡暗淡、电解液密度下降、冬季放电超过 25% 或夏季放电超过 50% 时，应进行补充充电。

补充充电的程序：将蓄电池接到充电机，采用定流充电法或定压充电法充电。第一阶段充电电流约为额定容量的 1/10，充电至电解液中逸出气泡，单格电压达到 2.4V 时为止；第二阶段将充电电流减半，直到充足为止。

3. 间歇过充电

间歇过充电是避免使用中蓄电池极板硫化的一种预防性充电，一般应每隔 3 个月进行 1 次。

间歇过充电的程序：先按补充充电方法充足电，停歇 1h 后以减半的充电电流进行过充电，直至充足电为止。

4. 循环锻炼充电

蓄电池在使用中常处于部分放电的状态，参加化学反应的活性物质有限，为迫使相当于额定容量的活性物质都能参加工作，以避免活性物质由于长期不参与化学反应而收缩，每隔一段时间（如3个月）应对蓄电池进行一次循环“锻炼充电”。即按补充充电程序将蓄电池充足电，停歇1h后以20小时放电率放完，再按补充充电的程序充足电量。

5. 去硫化充电

蓄电池发生硫化故障后，内阻会显著增大，充电时温升也较快。硫化严重的蓄电池只能报废，硫化程序较轻的可以用去硫化充电法消除硫化。

去硫化充电的程序：倒出电解液，加入蒸馏水冲洗两次后加入蒸馏水；用初充电的电流或更小的电流进行充电，当密度上升到 1.15g/cm^3 时，倒出电解液，然后加蒸馏水继续充电，直到密度不再上升；以20小时放电率放电，至单格电压降为 1.75V 时，进行上述充电，反复进行以上过程，直到输出容量达到额定容量的80%以上，即可使用。

（三）蓄电池的充电作业

目前较为常用的硅整流快速充电机如图1-4所示，具体充电方法如下：

① 清理蓄电池极柱及表面，将液面高度调整至规定值。

② 将充电机的正、负极引线分别与蓄电池的正、负极接线端连接。注意正、负极不能接错。

③ 将充电机接头接通220V电源，打开充电机电源开关（至ON档）。

④ 调节电压旋钮至12V档，观察电压表显示12V电压。

⑤ 调节电流旋钮，观察电流表读数，一直调整到所规定的充电电流值为止。补充充电的充电电流一般为额定容量的1/10，初充电一般为额定容量的1/15。例如，型号为“6-QAW-100”的蓄电池，补充充电的电流调节为10A；如果是新蓄电池，则减到5~7A即可。

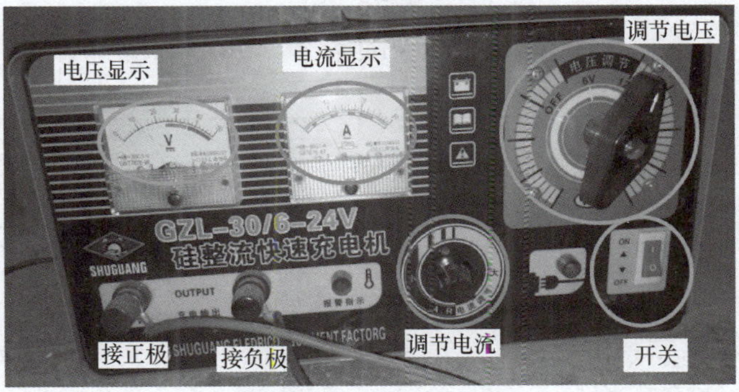

图1-4　硅整流快速充电机

【信息收集】

蓄电池的认识

1）观察蓄电池并认识蓄电池的结构，完成下列问题。

① 观察蓄电池的外壳，找到蓄电池的型号，记录下来：＿＿＿＿＿＿＿＿＿＿＿＿＿；
型号的第一部分表示：＿＿＿＿＿＿＿＿＿＿＿＿＿＿＿＿＿＿＿＿＿＿＿＿＿＿＿；
第二部分表示：＿＿＿＿＿＿＿＿＿＿＿＿＿＿＿＿＿＿＿＿＿＿＿＿＿＿＿＿＿；
第三部分表示：＿＿＿＿＿＿＿＿＿＿＿＿＿＿＿＿＿＿＿＿＿＿＿＿＿＿＿＿＿。
② 汽车蓄电池的作用有哪些？

＿＿
＿＿
＿＿
＿＿

③ 目前汽车上常用的蓄电池主要采用铅酸蓄电池，铅酸蓄电池可分为＿＿＿＿＿、＿＿＿＿＿和＿＿＿＿＿等类型，实训车使用的蓄电池属于＿＿＿＿＿类型。
④ 查找资料，了解汽车用蓄电池的构造，将图中所标名称填入表格中。

蓄电池结构图	名　称
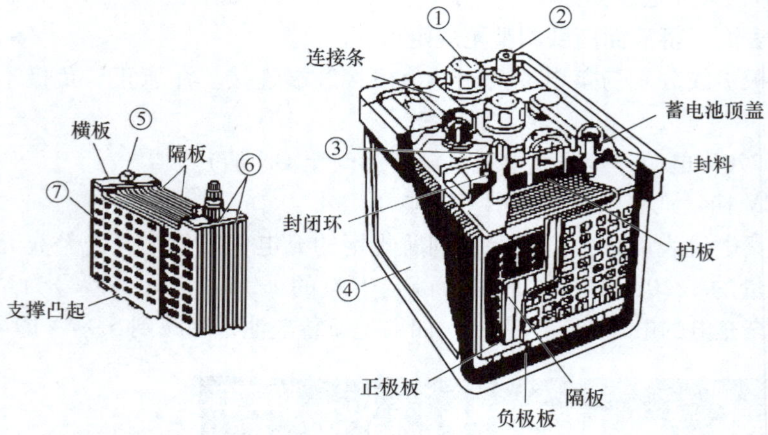	①： ②： ③： ④： ⑤： ⑥： ⑦：

2）观察免维护蓄电池盖板上的密度与液面观察窗的颜色。

观 察 位 置	观 察 情 况
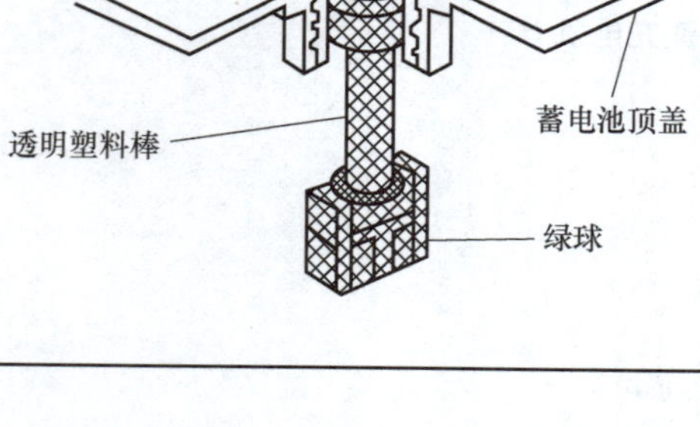	通过观察窗可以看到＿＿＿＿色，表明电解液液面及蓄电池的充电情况分别是： ＿＿＿＿＿＿＿＿＿＿＿＿＿＿＿＿＿＿＿＿； ＿＿＿＿＿＿＿＿＿＿＿＿＿＿＿＿＿＿＿＿

【制订计划】

汽车蓄电池的检查与日常维护方案

<table>
<tr><td>任务分工</td><td colspan="3">组员安排：
①________
②________
③________
④________
⑤________
⑥________</td></tr>
<tr><td rowspan="10">工量具及材料准备
（在对应的选项中画√即可）</td><th>工量具名称</th><th colspan="2">选　择</th></tr>
<tr><td>螺钉旋具</td><td>□可能</td><td>□不可能</td></tr>
<tr><td>万用表</td><td>□可能</td><td>□不可能</td></tr>
<tr><td>试电笔</td><td>□可能</td><td>□不可能</td></tr>
<tr><td>撬板</td><td>□可能</td><td>□不可能</td></tr>
<tr><td>尖嘴钳</td><td>□可能</td><td>□不可能</td></tr>
<tr><td>电解液密度计</td><td>□可能</td><td>□不可能</td></tr>
<tr><td>汽车保护套</td><td>□可能</td><td>□不可能</td></tr>
<tr><td>手电筒</td><td>□可能</td><td>□不可能</td></tr>
<tr><td>导线</td><td>□可能</td><td>□不可能</td></tr>
<tr><td>根据任务，请列举蓄电池的技术状况检查方法</td><td colspan="3"></td></tr>
<tr><td>蓄电池的充电流程</td><td colspan="3"></td></tr>
<tr><td rowspan="9">蓄电池充电注意事项
（在对应的选项中画√即可）</td><th>内　容</th><th colspan="2">选　择</th></tr>
<tr><td>工量具整齐摆放、不落地</td><td>□是</td><td>□否</td></tr>
<tr><td>零件不落地，工量具轻拿轻放</td><td>□是</td><td>□否</td></tr>
<tr><td>工量具使用前要清洁，使用后要保养</td><td>□是</td><td>□否</td></tr>
<tr><td>连接蓄电池正、负极至充电机时，需要在断电状态下完成</td><td>□是</td><td>□否</td></tr>
<tr><td>及时观察数据</td><td>□是</td><td>□否</td></tr>
<tr><td>断开蓄电池正、负极引线时，充电机的开关是否处于关闭状态</td><td>□是</td><td>□否</td></tr>
<tr><td>充电完毕，是否拔充电机插头断电</td><td>□是</td><td>□否</td></tr>
<tr><td>维修工作完成后进行工作现场“6S”</td><td>□是</td><td>□否</td></tr>
</table>

【任务实施】

一、蓄电池的更换

1. 准备工作

1）填写车辆信息。

车型：________；行驶里程：________；车辆识别码（VIN）：________。

2）在实训车上找到蓄电池。 □完成

3）将汽车停驻在指定工位上，准备好相关工量具及材料。 □完成

4）拉紧驻车制动器操纵杆，并将变速杆置于空档位置。 □完成

5）套上转向盘护套、变速杆手柄套、座椅套，铺上脚垫。 □完成

6）拉动发动机舱盖手柄，打开并可靠支撑发动机舱盖。 □完成

7）粘贴翼子板布和前格栅布。 □完成

2. 拆卸和安装蓄电池

（1）拆卸操作

① 检查音响装置是否设有防盗密码，如果有，则应先并接一个蓄电池后再进行操作。 □完成

② 关闭点火开关及其他用电设备开关。 □完成

③ 先断开蓄电池搭铁线，再断开蓄电池正极线。 □完成

④ 从蓄电池压杆上拆卸压杆紧固螺母。 □完成

⑤ 拆卸蓄电池托架下螺栓，从托架中取出蓄电池。 □完成

（2）安装操作

① 安装蓄电池托架，紧固蓄电池托架的螺母，安放蓄电池。 □完成

② 将蓄电池压杆连接到蓄电池上并紧固螺母。 □完成

③ 先连接蓄电池正极，再接搭铁线。 □完成

二、蓄电池的检查

1）观察免维护蓄电池盖板上的密度与液面观察窗。

液面观察窗	情况记录
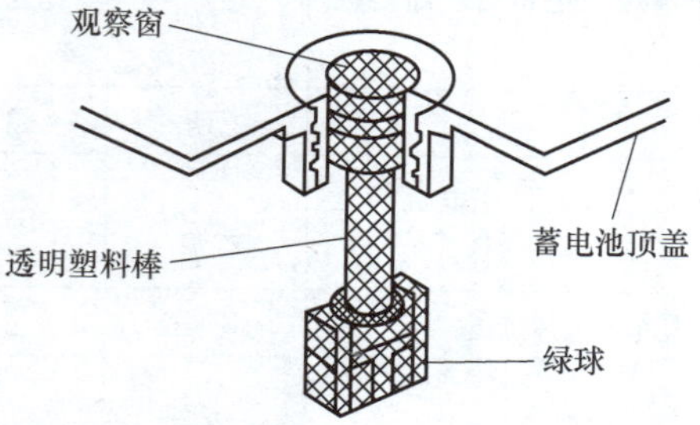	通过观察窗可以看到________色，表明电解液液面及蓄电池的充电情况分别是：________；________

2）蓄电池的外观检查。

① 检查蓄电池安装是否牢固。 □是　□否

② 检查线夹与极桩的连接是否牢固。 □是　□否

③ 清除线夹和极桩上的氧化物。（线夹表面涂上凡士林或润滑脂可防止氧化） □是　□否

④ 检查蓄电池盖表面是否清洁。（请及时清除灰尘、油污、电解液等脏物） □是　□否

⑤ 检查蓄电池壳身是否膨胀或有液体渗漏。 □是　□否

⑥ 检查加液孔盖通气小孔是否畅通。（以防止小孔堵塞引起蓄电池内部气体集聚而造成压力升高，挤裂壳体甚至发生爆炸事故） □是　□否

3）蓄电池的技术状况检查。

① 蓄电池的电解液液面高度检查。

检测方法	检查情况
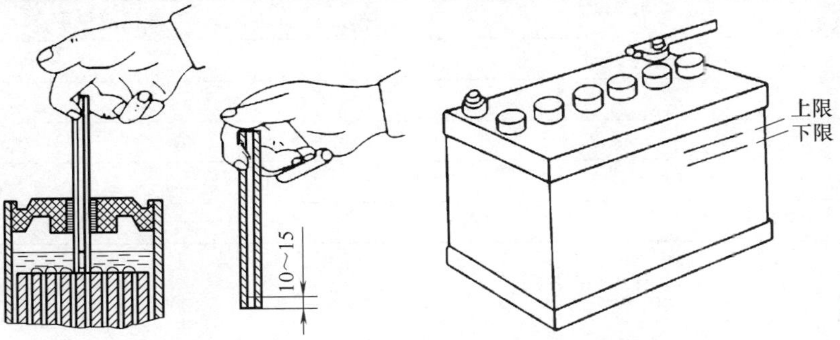 a) 玻璃管检查法　b) 指示线检查法 蓄电池的电解液液位应高出极板 10～15mm 或在上、下限刻度线之间	安全提示：由于稀硫酸具有较强的腐蚀性，操作时要注意防止电解液飞溅伤及眼睛或身体其他部位 检查方法： 检查记录： 结果分析： 处理意见：

② 普通铅酸蓄电池的电解液密度检查。

测量方法	检查情况
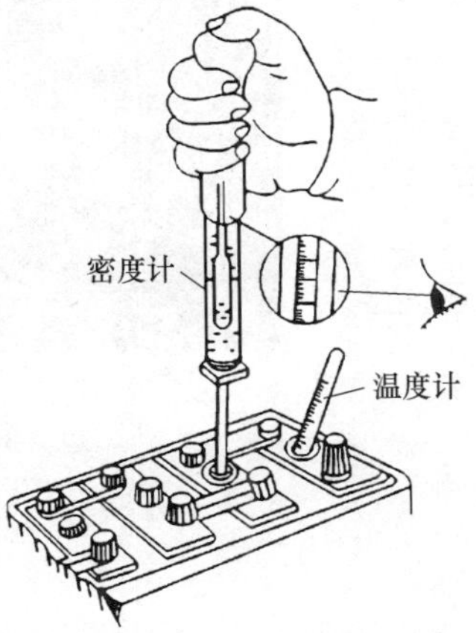 用密度计测量蓄电池电解液密度，吸入密度计中的蓄电池电解液密度越大，浮子升起越高	安全注意事项： 检测工具： 检查记录： 结果分析： 处理意见：

③ 蓄电池的电压测量。

测量方法	检查情况
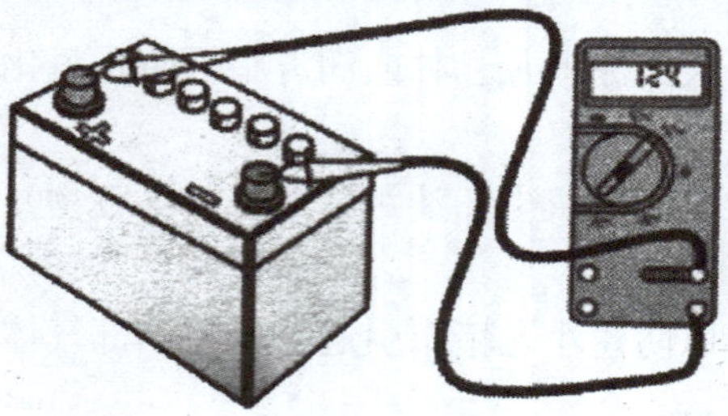	检测工具：____ 档位选择：____ 测量值：____ 结果分析：____ 处理意见：____

三、蓄电池的充电

请写出对蓄电池进行补充充电的操作步骤，完成充电操作。

步骤	操作内容	完成情况记录
一		
二		
三		
四		
五		

四、蓄电池的检测

通过教师讲解或查阅相关资料，学习蓄电池检测仪的使用方法。

1）观察蓄电池检测仪的型号，并记录下来：____

2）以小组为单位，按照要求进行操作，做好实时记录。

序号	操作步骤	显示记录
1		
2		
3		
4		
5		
6		

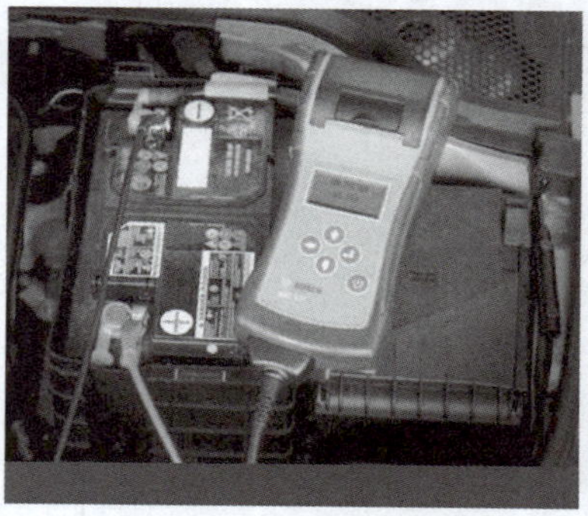

现场6S，完成任务，交车。　　是否完成：□是　□否

【检查与考评】

一、任务实施及评价

根据技术规范的要求完成整个任务。教师注意引导学生填写任务实施过程评价表（表1-1）。

表 1-1　任务实施过程评价表

班级		姓名		学号		
考核内容	蓄电池的检查与日常维护		规定考核时间	15min		
			实际考核时间			
序号	检查维修内容/评分标准		配分	自评	互评	得分
1	准备	检查车辆状况，安装车轮挡块	5			
		安装汽车防护套	5			
2	更换作业	将蓄电池从车辆上拆卸下来	5			
		把蓄电池安装到车辆上	5			
3	检查作业	蓄电池充电情况检查	5			
		蓄电池外观检查作业	10			
		蓄电池的电解液液面高度检查	5			
		蓄电池的电解液密度检查	10			
		蓄电池的电压测量	5			
4	充电作业	蓄电池与充电机之间的正、负极线连接	5			
		蓄电池充电机的通电	5			
		蓄电池充电机的开关调节	5			
5	蓄电池检测	使用蓄电池检测仪检测蓄电池	10			
		装复蓄电池，现场 6S	5			
6	安全文明	防护措施得当，作业规范安全整洁	3			
		工具、零件不落地	2			
7	工具使用	工具选用合理	2			
		工具使用规范	3			
8	考核时间	每超 1min 扣 3 分，超时 3min 终止考核	5			
合计			100			
监考教师		考核日期		年　月　日		

二、学习效果评价

请根据该组的团体表现及个人表现，对学习效果进行自我评价。学习效果评价表见表 1-2。

表 1-2　学习效果评价表

项　目	评价内容	评价等级（学生自评）		
		A	B	C
关键能力考核项目	遵守纪律、遵守学习场所管理规定，服从安排			
	安全意识、责任意识、6S 管理意识，注重节约、节能与环保			
	学习态度积极主动，能参加实习安排的活动			
	团队合作意识，注重沟通，能自主学习及相互协作			
	仪容、仪表符合活动要求			

（续）

项　目	评 价 内 容	评价等级（学生自评）		
		A	B	C
专业能力考核项目	按时、按要求独立完成工作页			
	工具、设备选择得当，使用符合技术要求			
	操作规范，符合要求			
	学习准备充分、齐全			
	注重工作效率与工作质量			
小组评语及建议		组长签名： 年　月　日		
教师评语及建议		教师签名： 年　月　日		

【知识巩固】

一、填空题

1. 汽车一般使用__________V 蓄电池，大型柴油汽车常用__________V 蓄电池。

2. 汽车蓄电池主要用于起动__________，在发动机起动时向起动机提供大电流，一般可达__________，通常称为起动用蓄电池。

3. 铅酸蓄电池可分为__________、__________和__________等类型。

4. 汽车蓄电池上标注“6-QAW-80a”型号，其中 6 表示__________，Q 表示__________，80 表示__________。

5. 电解液是蓄电池发生化学反应的主要物质，它由__________和蒸馏水按一定的比例配制而成，具有较__________性，一般密度为 1.260 ~ 1.280g/cm^3。

6. 一块新的铅酸蓄电池，可以这样充电：____。

二、选择题

1. 蓄电池是一种__________电源。

A. 低压直流　　B. 高压直流　　C. 低压交流　　D. 高压交流

2. 检查音响装置是否设有防盗密码，如果有，则应先__________后再进行操作。

A. 关闭开关　　B. 并接一个蓄电池

C. 直接断开正极　　D. 直接断开负极

3. 拆卸蓄电池时，应先断开__________线，再断开__________线。

A. 搭铁　　B. 正极　　C. 都可以

4. 连接蓄电池正、负极线时，应先连接__________线，再连接__________线。

A. 搭铁　　　　B. 正极　　　　C. 都可以

5. 当蓄电池液面过低时，视窗中看到的是透明色，表示蓄电池__________。

A. 充电足　　　　B. 充电不足　　　　C. 需要更换

6. 蓄电池的常规充电方法有定流充电、定压充电和脉冲快速充电，汽车上发电机对蓄电池充电采用的是__________。

A. 定流充电　　　　B. 定压充电　　　　C. 脉冲快速充电

【知识拓展】

一、汽车蓄电池的日常维护

汽车蓄电池在前期使用时不会出现什么故障，一旦出现故障，就说明蓄电池需要更换了，所以蓄电池的维护要从新车或安装后就开始。

1）新蓄电池或修复后的蓄电池在使用之前的首次充电称为初充电。初充电恰当与否，对蓄电池以后的使用性能极为重要。初充电的特点是充电电流小、充电时间长、电化学反应充分。新蓄电池的初充电作业应进行 1 ~ 3 次充放电循环。

2）起动发动机时，每次起动不得超过 5s，如果一次未能起动，应停顿 15s 以上再起动，若连续 3 次不能起动，应排除发动机起动故障，以免损坏蓄电池。

3）如果遇到堵车或者等人的情况，为了省油，很多驾驶人习惯于关掉发动机然后在车内听音响或看 DVD，但这样却会令蓄电池耗电量较大。建议驾驶人在熄火状态下听收音机的时间不要超过 30min，而 DVD、外接电源设备等大功率设备建议不要使用，因为这样很容易耗完蓄电池内的存电，对蓄电池本身伤害较大，同时会影响车辆的正常起动。

4）如果汽车长期不用，最好把蓄电池负极电缆拆下来。因为停车时，车辆电路系统中存在微弱的电流消耗，长时间静置车辆将导致蓄电池电量耗尽。

5）用湿布把蓄电池外部擦洗一下，把面板、桩头（即正、负两个极头）上的灰尘、油污等易造成漏电的污物擦拭干净。这样经常擦洗蓄电池，蓄电池的桩头不但不会积白色的酸蚀粉末，而且使用寿命会比较长。

6）不要随便给汽车更换比原蓄电池容量大的蓄电池。因为汽车发电机的发电量是固定的。如果更换了容量大的蓄电池，会使新蓄电池充不足电，汽车不能顺利起动，而且蓄电池长期亏电会缩短使用寿命。

7）在使用免维护蓄电池时，如果简单地认为免维护就是无须任何维护，过度放电后不及时充电，也不定期进行补充充电，会使蓄电池的使用寿命受到影响。因此，放完电的蓄电池应在 24h 内及时充电。

8）蓄电池在汽车上应固定牢靠，防止车辆行驶时振动和移位；安装搬运时，应轻拿轻放。

9）拆装蓄电池电缆时，要防止蓄电池短路。拆卸蓄电池电缆时，应先拆下蓄电池负极电缆，再拆下蓄电池正极电缆。安装蓄电池电缆时，应先装上蓄电池正极电缆，再装上蓄电池负极电缆。

10）经常疏通加液孔盖上的通气孔，保持通气孔畅通。

11）检查电解液液面高度，如果发现电解液不足，应及时补充。

12）对于储存的蓄电池，将蓄电池充足电后，存放在通风、干燥的室内，室温以5～30℃为宜，且在存放期间应每月补充充电1次。储存时间一般不要超过6个月。

13）在冬季使用蓄电池时，应特别注意保持其处于充足电的状态，以防结冰。在冬季补加蒸馏水时，应在充电时进行，以防结冰。蓄电池在冬季容量会降低，发动机在起动前最好进行预热。在冬季由于气温低，蓄电池充电困难，应经常检查蓄电池的存电状况。当冬季蓄电池放电程度达25%、夏季蓄电池放电程度达50%时，应及时充电。

二、认识蓄电池检测仪

汽车蓄电池检测仪又称为蓄电池测试仪，是判断汽车蓄电池的工作能力的专业分析检测设备。汽车蓄电池对于汽车来说，尽管在成本上所占的比重不高，但它对整部汽车起着举足轻重的作用。所以，了解汽车蓄电池是否仍然良好，提前更换将要报废的蓄电池，能有效提高企业的服务水平和用户满意度，为蓄电池生产企业和经销企业以及其他用户在蓄电池的测试工作中带来了极大的便利。

汽车蓄电池检测通常有传统测试和电导仪测试两种方法。

（一）传统测试法

1. 测试依据

铅酸蓄电池最大的特点就是随着蓄电池的使用会逐渐老化，当蓄电池容量降低到它原本额定容量80%时，可能呈“跳水式”下降，这时尽管该蓄电池可能仍然能够提供一定的能量，但随时可能报废。在国际、国内的蓄电池行业，都把80%的蓄电池容量作为铅酸蓄电池的一个临界点，当蓄电池容量降低到其原额定容量80%时，这个蓄电池就需要更换了。

2. 正常的判定

判定蓄电池工作状况的传统办法就是放电，通过放电来测试蓄电池的实际容量，从而判定蓄电池的工作状况。对于汽车蓄电池来说，国际电池协会（BCI）规定，在常温下以1/2的额定冷起动电流值进行放电15s，如果蓄电池的电压为9.6V以上，这个蓄电池就通过了放电实验，是正常的蓄电池。

3. 不足的表现

传统测试方法以外加负载来测试蓄电池，其手段不足有以下表现：

1）被测试的蓄电池必须充满，至少有12.4V。由于测试原理是放电，如果测试对象已经部分放电，必然导致测量的结果电压值偏低而造成误判。

2）对于同一个蓄电池，无法连续重复测量，得到相同的结果。由于测试过程就是放电过程，被测试的蓄电池在测试后必须重新充电，才能再次测量。

3）测试过程发出大量的热，无法连续测试多个蓄电池。

4）测试过程要求测试者训练有素。由于必须在放电15s的瞬间读出蓄电池的电压值，操作者的水平和责任心都会对测试结论产生影响。

（二）电导仪测试法

1. 技术原理

经过国际上大量的实验数据表明，电导值与蓄电池容量呈很好的线性关系。对于同一种蓄电池，随着使用后蓄电池容量的下降，该蓄电池的电导值也会下降，这样的一个线性关系正是电导仪能够正确判定蓄电池健康状况的基础。正因为如此，美国电气电子工程师学会

（IEEE）正式把电导仪测试法作为测试铅酸蓄电池的测试标准之一，在 IEEE 标准中明确指出，蓄电池电导的测量是将已知频率和振幅的交流电压加到蓄电池的两端，然后测量所产生的电流。交流电导值就是与交流电压同相的交流电流分量与交流电压的比值。明显的电导值的变化（下降大于 20%）就意味着蓄电池性能的变化。

2. 工作原理

蓄电池随着使用时间的增加会逐渐老化，其老化的主要原因是蓄电池极板表面发生硫化、腐蚀，活性材料脱落，无法进行有效的化学反应，而老化是绝大部分蓄电池无法继续使用的主要原因。电导仪的工作原理就是通过测量极板表面的情况，判定其化学反应能力，并通过极板的变化来推断蓄电池容量的变化，从而判定蓄电池的健康状况。电导仪所进行的测试工作就是以蓄电池测得的实际电导值与蓄电池完好时的标准电导值进行比较，如果差异大到一定程度，就可以判定该蓄电池需要更换了。实践证明，电导仪的测试结果与用 1/2 的 CCA 值放电的测试结果是吻合的。

（三）电导仪的应用

1）产品应用。对于汽车蓄电池来说，冷起动电流是其最重要的指标，以冷起动电流的单位进行显示可以让用户使用起来更加直观明了。在使用电导仪时，根据蓄电池的标注输入其额定 CCA 值，则电导仪会测出一个电导 CCA 值，通过两个 CCA 值差异的比较，即可对蓄电池的健康状况进行判定。

2）产品用途。

① 作为蓄电池是否更换判断依据。

② 作为蓄电池收货时的验收工具。

③ 作为蓄电池性能价值证明工具。

④ 作为蓄电池发货前的检查工具。

⑤ 作为蓄电池索赔的鉴定工具。

常见的蓄电池检测仪如图 1-5 所示。

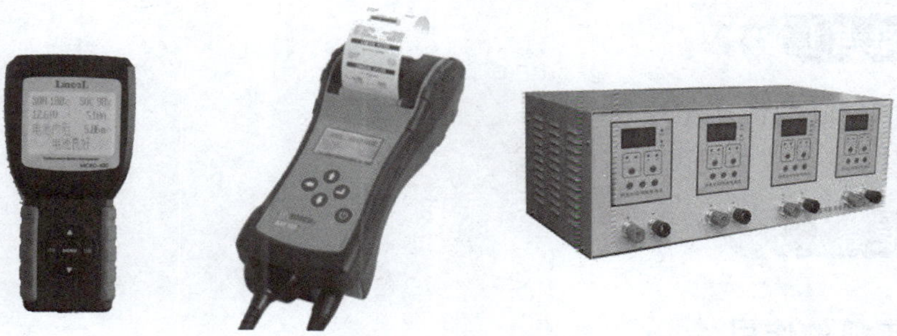

图 1-5　常见的蓄电池检测仪

任务二 发电机的检测与维修

【任务描述】

客户王先生的宝骏630轿车在发动机正常工作时，充电指示灯常亮，王先生将车开到4S店维修服务中心进行检修。维修技师对车辆进行检查，发现发电机存在故障，需要对发电机进行全面检查并做相应处理。

【学习目标】

1. 能准确表述汽车发电机的作用、型号、结构和工作原理。
2. 能正确分析发电机故障发生的可能原因。
3. 能按技术规范要求完成发电机的拆卸和安装作业。
4. 能掌握发电机各部件的技术状况检查方法。
5. 培养学生自主学习的能力和团队意识。
6. 培养学生爱岗敬业的职业素养。

【学习重点】

1. 发电机的结构和工作原理。
2. 发电机的检测方法。

【学习难点】

1. 发电机故障的可能原因。
2. 按维修手册要求排除发电机的故障。

【知识准备】

一、发电机的作用

充电系统就是将发动机一部分机械能转化为电能的装置，其系统组成如图1-6所示。

充电系统最重要的部件为产生电能的交流发电机，如图1-7所示。汽车使用的电源有蓄电池和发电机两种。现代汽车采用交流发电机作为主要电源，蓄电池作为辅助电源。在汽车行驶过程中，由发电机向起动机以外的所有用电设备提供电源，并向蓄电池充电。

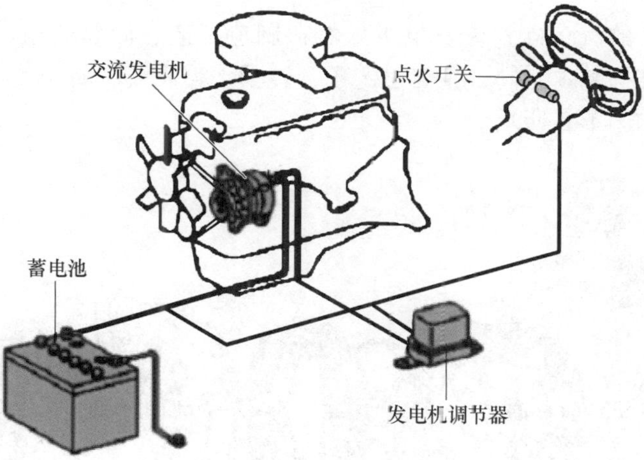

图 1-6　汽车充电系统的结构示意图

二、发电机的型号和结构

1. 发电机的型号

根据我国汽车行业标准《汽车电气设备产品型号编制方法》（QC/T 73—1993）的规定，汽车交流发电机的型号组成分为以下五部分：

第一部分为产品代号，交流发电机的产品代号由字母表示，JF、JFZ、JFB、JFW、JFY 分别表示普通交流发电机、整体式交流发电机、带泵交流发电机、无刷交流发电机和永磁交流发电机。

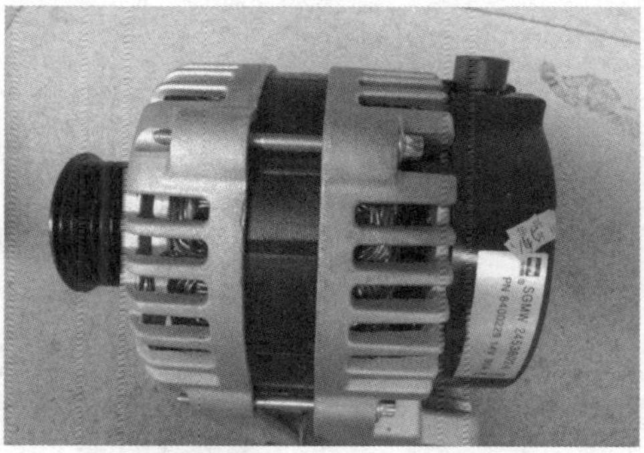

图 1-7　交流发电机的外形

第二部分为分类代号，电压等级为分类代号，用 1 位阿拉伯数字表示，其中 1 表示 12V、2 表示 24V、6 表示 6V。

第三部分为分组代号，以电流等级为分组代号，用 1 位阿拉伯数字表示，各代号表示的电流等级见表 1-3。

表 1-3　发电机电流等级代号

代　号	1	2	3	4	5	6	7	8	9
JFZ JFB JFW JFY	≤19A	20 ~ 29A	30 ~ 39A	40 ~ 49A	50 ~ 59A	60 ~ 69A	70 ~ 79A	80 ~ 89A	≥90A

第四部分为设计序号，用 1 ~ 2 位阿拉伯数字表示产品的设计顺序。

第五部分为变型代号，用字母表示交流发电机是以调整臂的位置作为变型代号。从驱动端看，Y 表示右边，Z 表示左边，在中间位置时不加标记。

2. 发电机的结构

目前国内外生产的汽车硅整流发电机虽然在制造工艺、局部结构及工作性能上有所改进、形式各异，但结构基本相同，主要由定子、转子、整流器、前端盖、电刷、后端盖、带轮及风扇等组成，如图1-8所示。

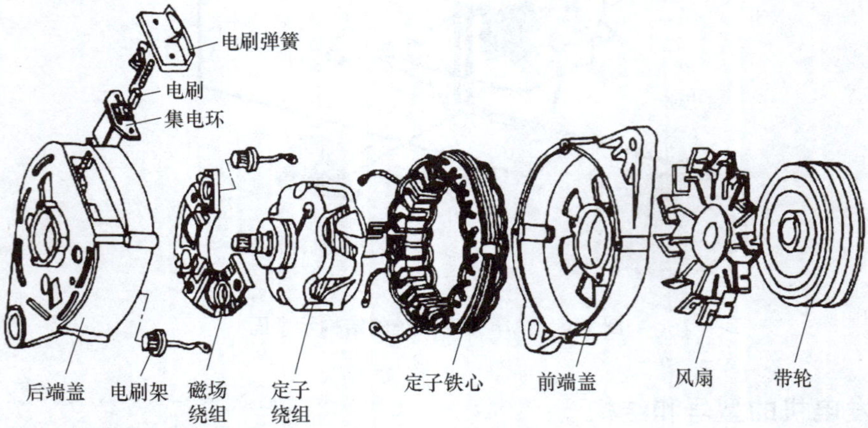

图1-8　交流发电机的结构

1）定子。交流发电机的定子又称为电枢，用于产生交流电动势，由定子绕组及硅钢片叠成的定子铁心组成，两端为铝制的端盖所支撑，为外壳的部分，其结构如图1-9所示。

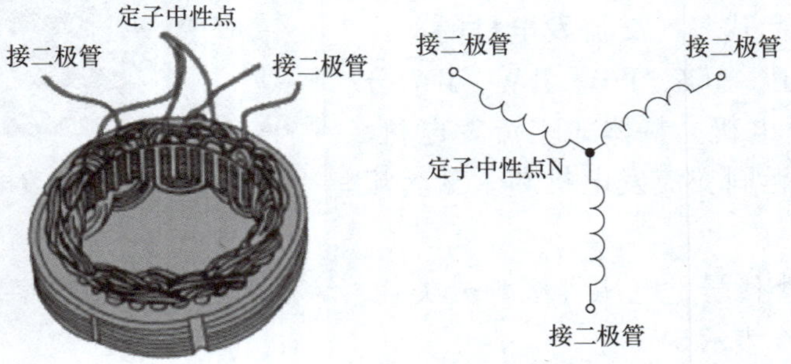

图1-9　定子的结构图

定子铁心由许多涂有绝缘漆的硅钢片叠成，内有直槽，以容放定子绕组，槽数为转子磁极数的3倍。

定子绕组由漆包线绕成，共有3组，每组由与转子磁极数相等数量的绕组串联而成。定子绕组有星形（Y）联结、三角形（△）联结两种联结方式。发电机一般采用星形联结，即每相绕组的首端分别与整流器的硅二极管相接，作为交流发电机的输出端，每相绕组的尾端接在一起，形成中性点N。

2）转子。交流发电机的转子是用于建立磁场的，主要由磁极、励磁绕组、集电环和轴等组成，如图1-10所示。两块爪形磁极交叉组合在一起，一边为N极，另一边是S极，N极、S极相间排列，一般为8～16极。励磁绕组在内部被磁极包围，两端以轴承支持在端壳上，前段装有V带轮，由发动机曲轴通过V带驱动，使转子在定子中旋转。

励磁绕组以细的漆包线绕成，线的两端各接在一个集电环上，与轴及磁极有良好的绝缘。集电环装在转子轴的一端，以黄铜或铜制成，与轴绝缘，供电流输入励磁绕组用。

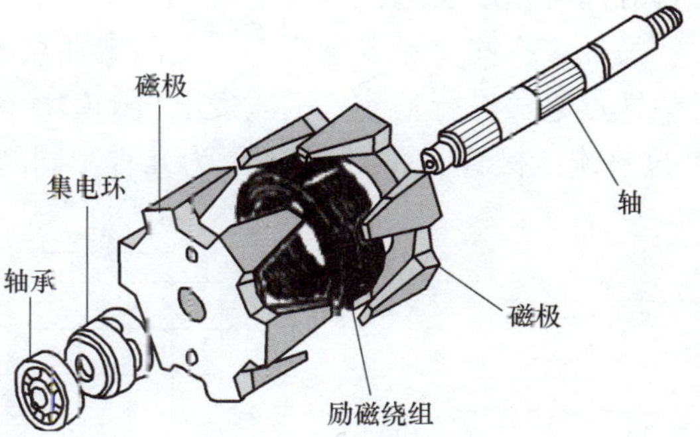

图 1-10　转子的结构图

转子绕组电流的流动回路如下：由调节器来的电流→电刷→集电环→励磁绕组→集电环→电刷→搭铁。

3）整流器。整流器的作用是将定子绕组产生的三相交流电变成直流电输出，其结构如图 1-11 所示。其中，3 个整流二极管装在一块金属板上成为正整流板，3 个整流二极管装在另一块金属板上成为负整流板，两块整流板装在铝制的端盖上。

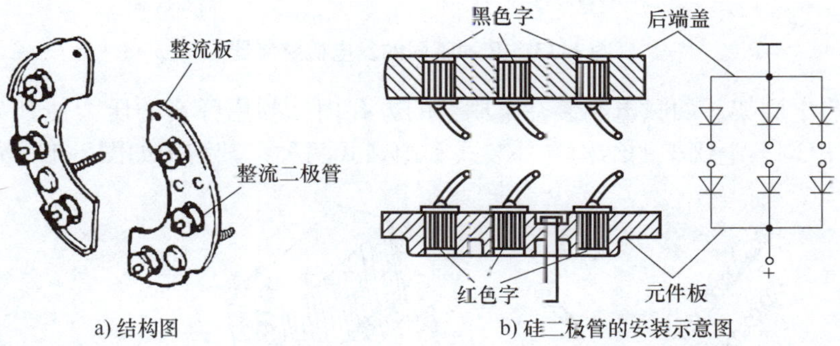

图 1-11　整流器的结构

整流二极管为大功率的二极管，结构如图 1-12 所示。正、负整流板上的整流二极管的外形一样，在外壳上有记号注明电流方向，正整流板上的用红色、负极整流板上的用黑色字注明规格。

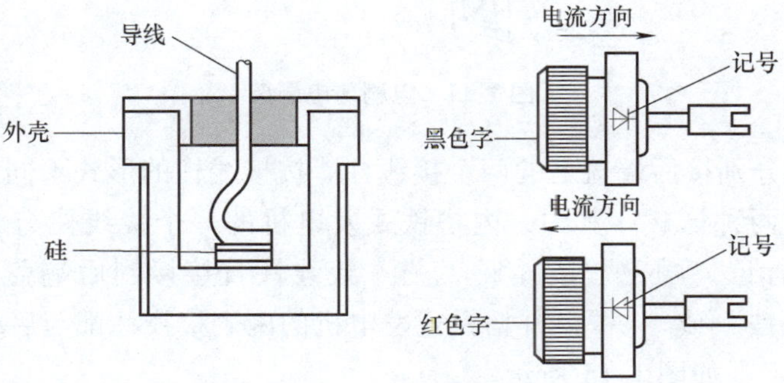

图 1-12　整流二极管的结构

整流器必须散热良好，如果温度过高（超过 150℃）将会失去整流作用。因此，整流器安装在端壳的通风口上，利用风扇强制通风冷却。

有些交流发电机的整流器采用 9 只二极管，增加的是 3 只小功率磁场二极管，专门用来供给励磁电流，这样可以提高发电机的电压调节精度。采用磁场二极管后，仅用简单的充电警告灯即可指示发电机的发电情况。

另外，有些交流发电机为了提高中性点电压，提高发电机输出功率，增加了两只二极管对中性点电压进行整流，汇入发电机的输出端。同时具备上述两种功能的发电机整流器共有11只整流二极管。图1-13所示为几种不同的发电机整流器。

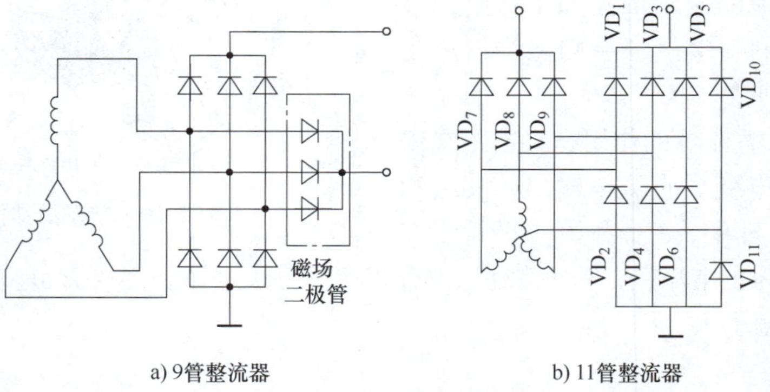

图1-13　几种不同的发电机整流器

4）电刷与电刷架。两只电刷装在电刷架的方孔内，利用弹簧的压力使其与集电环保持良好的接触。电刷与电刷架的结构有外装式和内装式两种，其结构如图1-14所示。

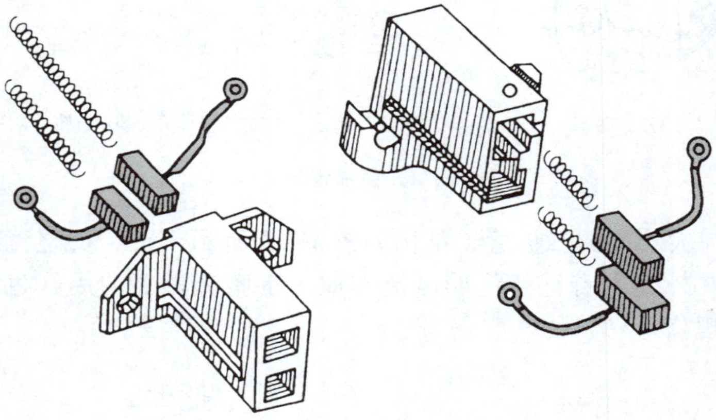

图1-14　电刷与电刷架

两电刷的引线分别接后端盖上的两个接线柱。按接线柱的形式不同，发电机可分为内搭铁式和外搭铁式两种形式。其中，内搭铁式发电机的一个接线柱与后端盖绝缘，称为“励磁”接线柱，标记“励磁”或“F”；另一接线柱直接接到后端盖上，称为“搭铁”接线柱，标记“搭铁”或“－”。外搭铁式发电机的两个接线柱都与后端盖绝缘，分别标记为“F_1”和“F_2”，如图1-15所示。

5）前、后端盖。发电机的前、后端盖如图1-16和图1-17所示，使用不导磁的铝合金制成，用以支撑转子与定子，并固定安装于发动机上。端盖上有通风孔，让冷却空气通过。后端盖上安装有整流器、电刷架、输出接头及轴承等。

6）V带轮及风扇。如图1-18所示，V带轮装在转子轴的前端，由发动机曲轴通过V带驱动。风扇装在转子轴的前端或发电机的内部，用以冷却转子绕组及整流管等。

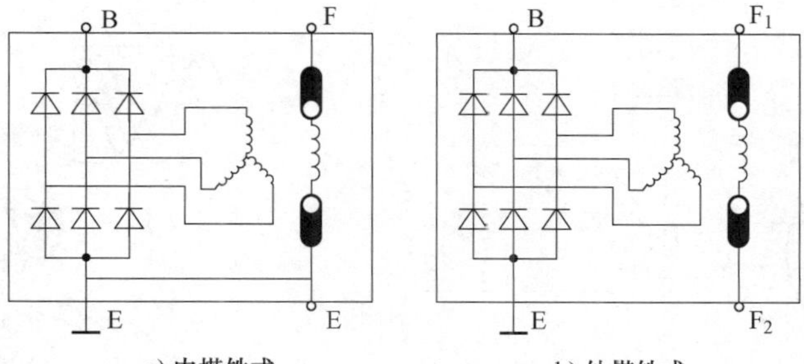

a) 内搭铁式　　b) 外搭铁式

图 1-15　发电机的搭铁方式

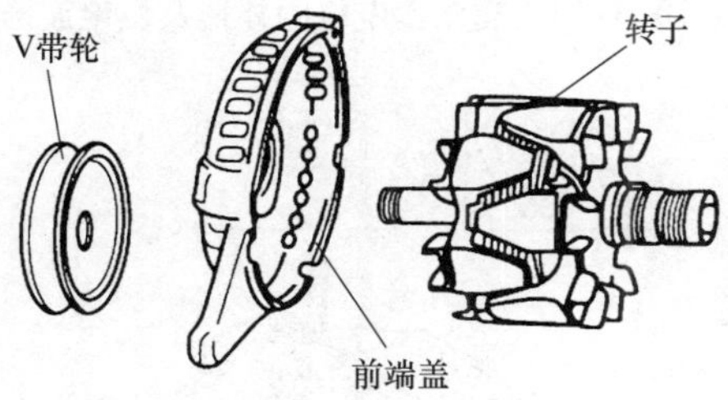

图 1-16　前端盖的结构

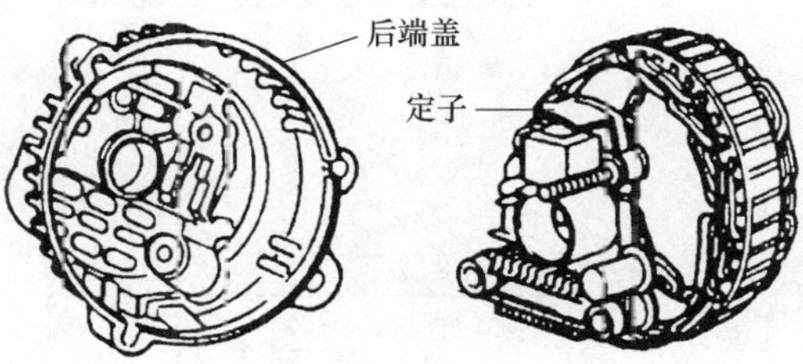

图 1-17　后端盖的结构

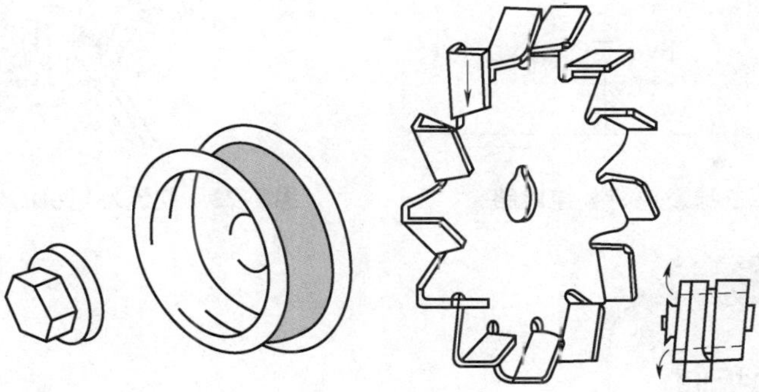

a) V带轮　　b) 风扇

图 1-18　V 带轮和风扇

三、交流发电机的工作原理和特征

1. 发电原理

如图 1-19 所示，发电机定子的三相绕组按一定规律分布在发电机的定子槽中，内部有一个转子，转子上安装着爪极和励磁绕组。

如图 1-20 所示，当发电机起动时，传动带就传输发动机的旋转运动给交流发电机的传动带轮，使转子旋转，从而使该定子绕组产生交流电。根据电磁感应原理可知，定子的三相绕组中会产生交变的感应电动势，这就是交流发电机的发电原理。

2. 整流原理

交流发电机定子的三相绕组中，感应产生的是交流电，通过 6 只二极管组成的三相桥式整流电路将其整流为直流电，如图 1-21 和图 1-22 所示。

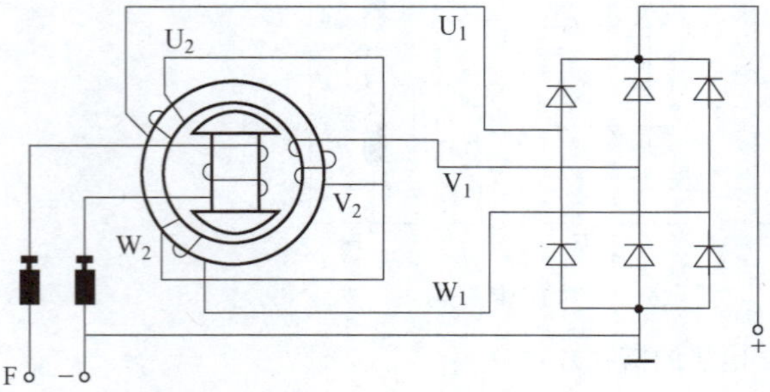

图 1-19　交流发电机发电原理示意图

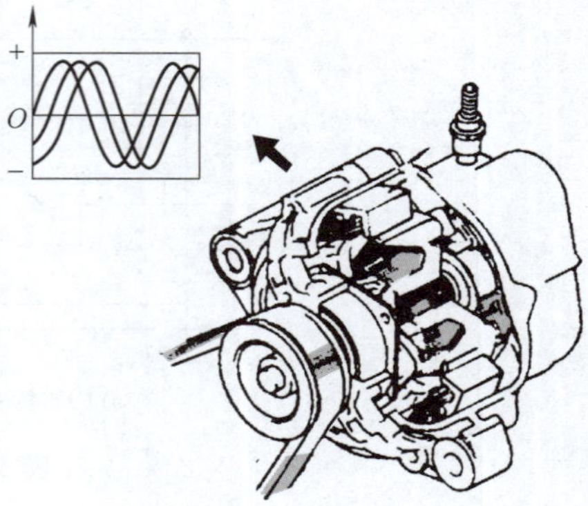

图 1-20　交流发电机的外形及发电波形

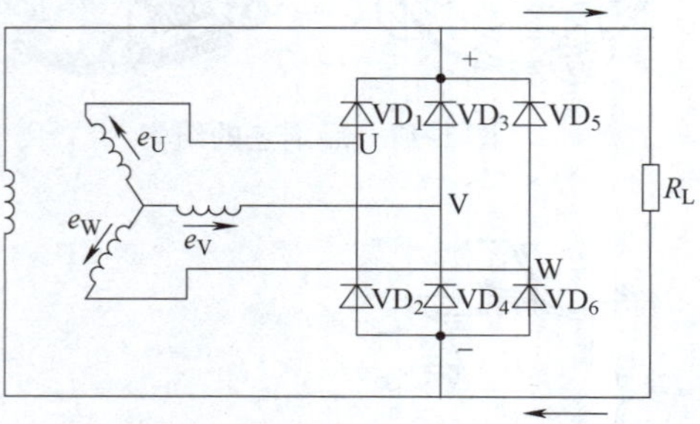

图 1-21　交流发电机整流电路

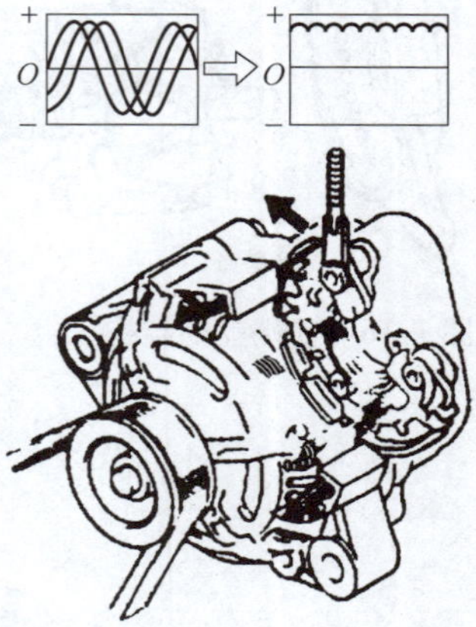

图 1-22　交流发电机的外形及整流波形

【信息收集】

一、发电机的拆卸

发电机的拆卸步骤见表 1-4。

表 1-4　发电机的拆卸步骤

拆 卸 步 骤	图　　示
断开蓄电池负极电缆	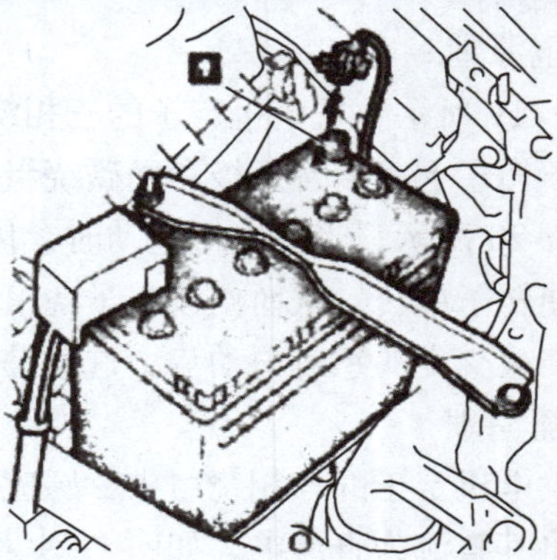

（续）

拆 卸 步 骤	图　示
拆下传动带	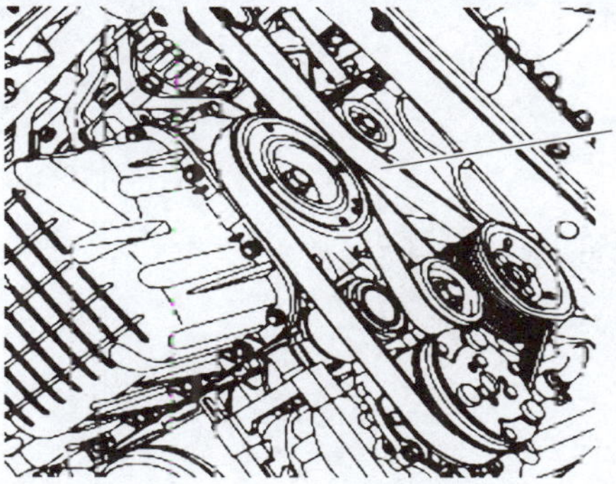
打开电缆线保护盖	
拧下发电机电缆螺母，断开发电机电缆	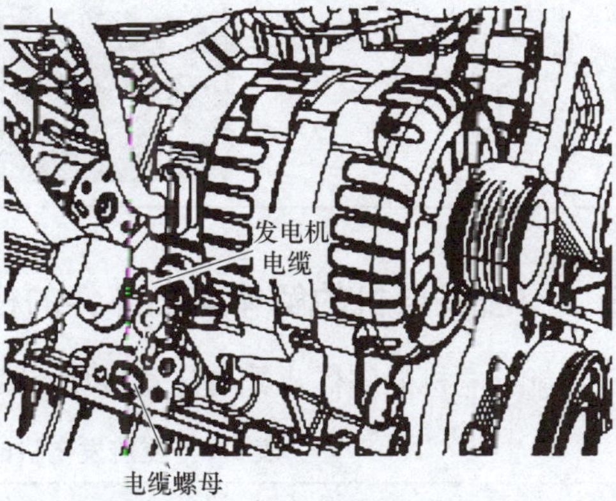
从发电机上断开发电机电气插接器	

（续）

拆卸步骤	图　示
拧下两颗发电机螺栓，拆下发电机	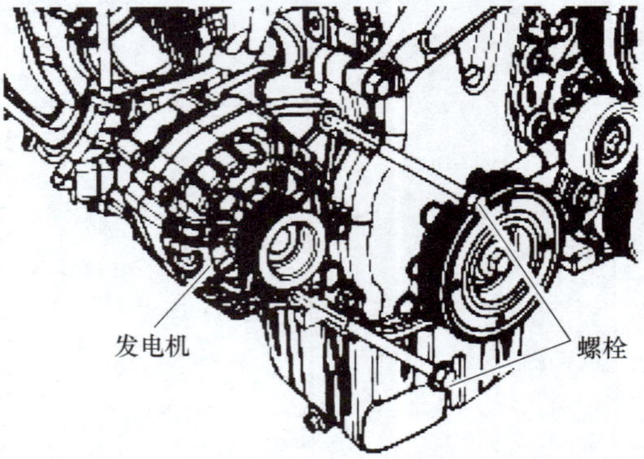

二、交流发电机的整体检修

交流发电机的整体检查与结果分析见表 1-5。

表 1-5　交流发电机的整体检查与结果分析

项　目	步　骤	图　示	结果分析
交流发电机的整体检查	不分解发电机情况下二极管检测	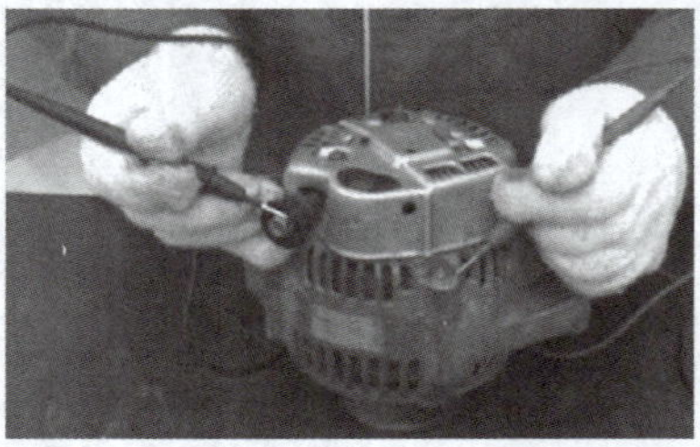	用万用表测量发电机电枢“B”接线柱与发电机盖端，若阻值在 50Ω 以上，说明无故障；若阻值在 10Ω 左右，说明有失效的二极管，需拆检；若阻值为 0Ω，说明有不同极性的二极管击穿，调换表笔测的电阻值为“∞”

三、交流发电机的解体与各部件的检修

1. 交流发电机的解体步骤与注意事项（表 1-6）

表 1-6　交流发电机的解体步骤与注意事项

项　目	步　骤	拆装图	注意事项
拆卸发电机离合器 V 带轮	拆下 V 带轮盖	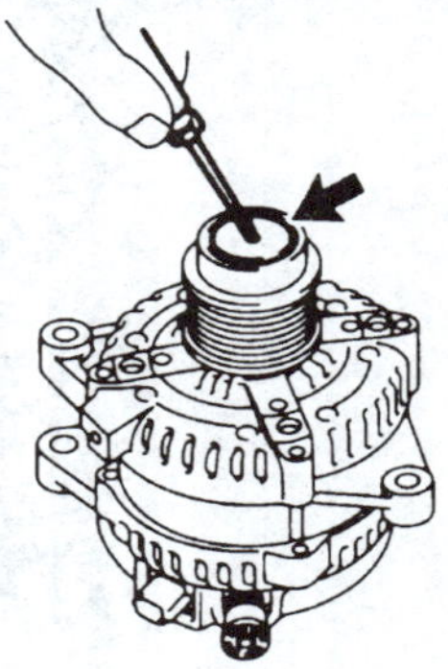	用螺钉旋具拆下 V 带轮盖

（续）

项　目	步　骤	拆　装　图	注意事项
拆卸发电机离合器V带轮	设置 SST（A）和SST（B）	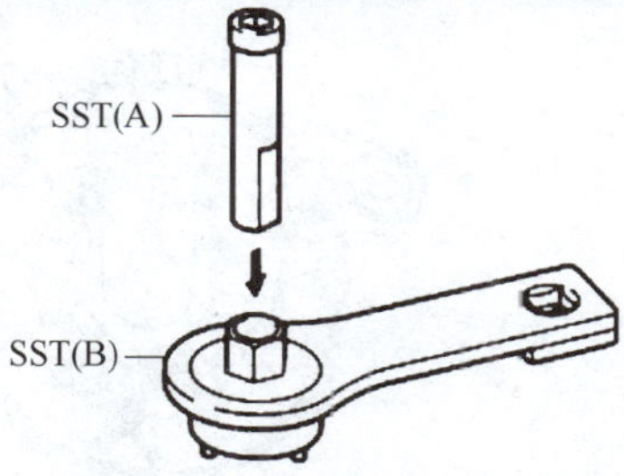	—
	将SST（A）夹在台虎钳上	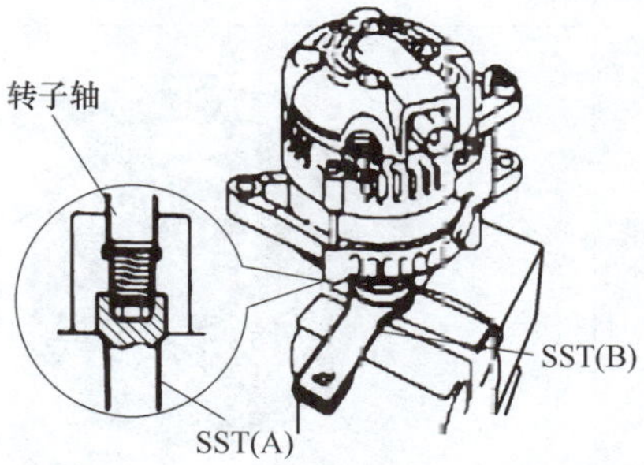	将转子轴一端放在SST（A）中
	将SST（B）安装到离合器V带轮上	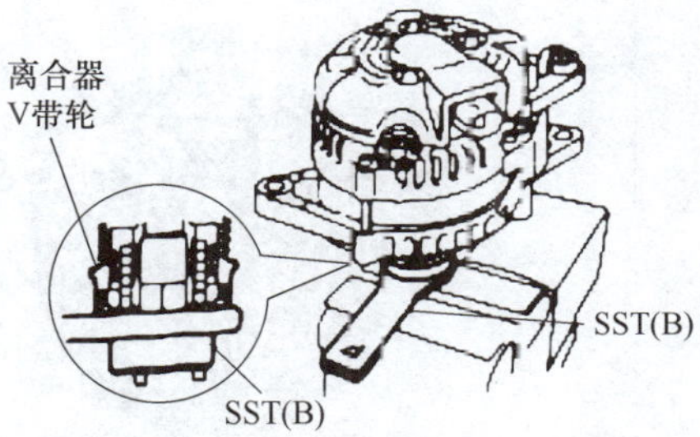	—
	从SST上拆下发电机总成	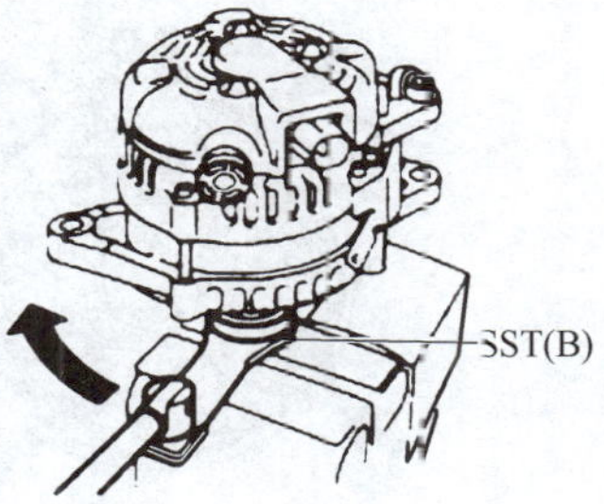	按左图所示方向转动SST（B），松开V带轮。从SST上拆下发电机总成。将离合器V带轮从转子轴上拆下
拆卸发电机后端盖	将发电机总成放在离合器V带轮上	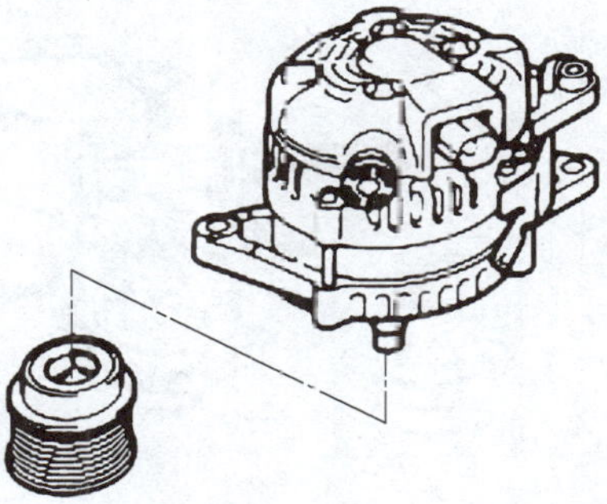	—

（续）

项　　目	步　　骤	拆　装　图	注意事项
拆卸发电机后端盖	拆下 3 个螺母和发电机后端盖	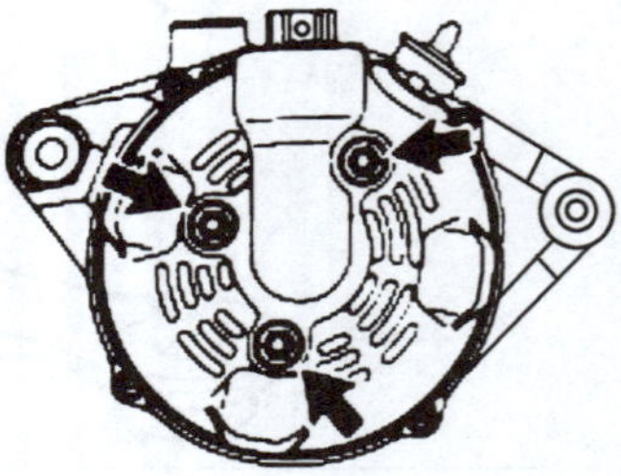	—
	拆卸发电机端子绝缘垫	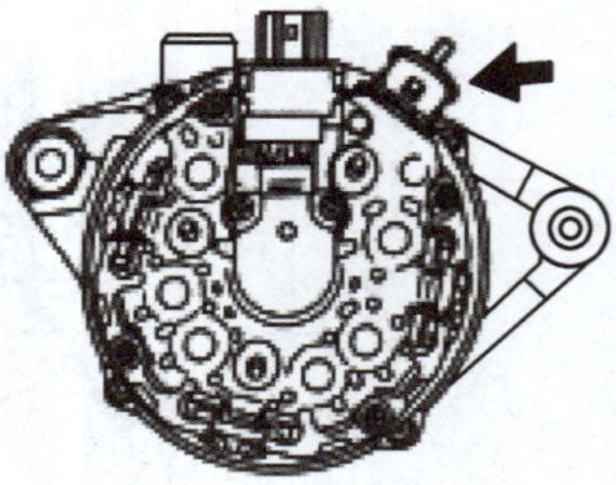	将端子绝缘垫从发电机线圈上拆下
	拆卸发电机电刷架总成	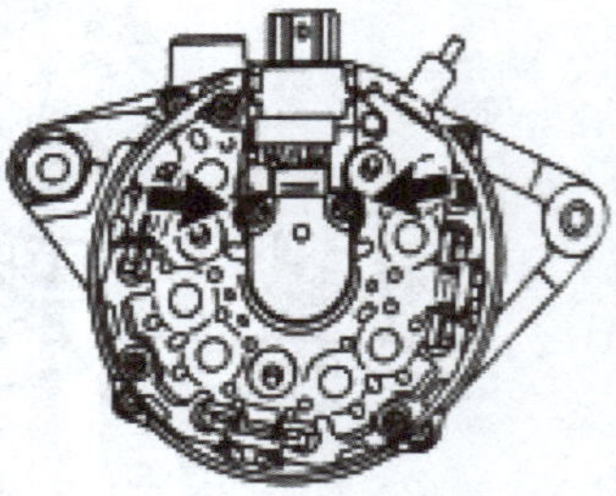	从发电机线圈上拆下两个螺钉和电刷架
	拆卸发电机线圈总成	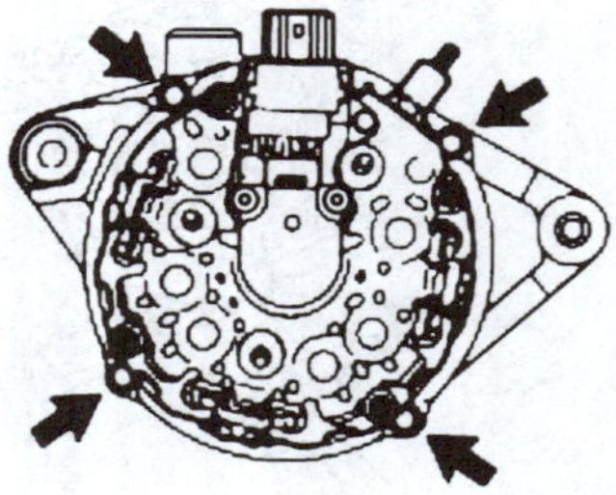	拆下 4 个螺栓
		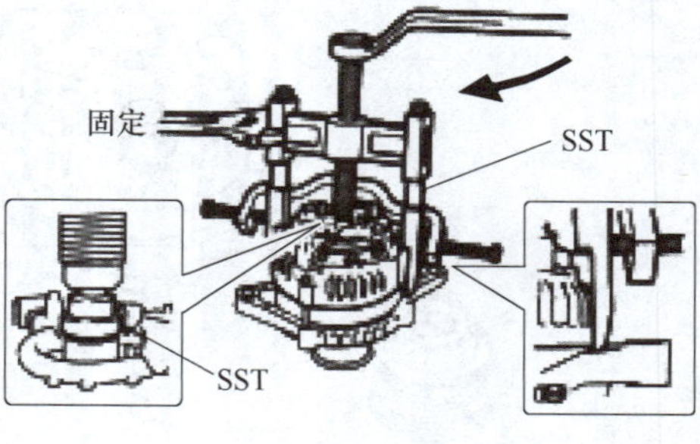	拆下发电机线圈总成

（续）

项　目	步　骤	拆　装　图	注意事项
拆下发电机转子总成	拆下发电机垫圈	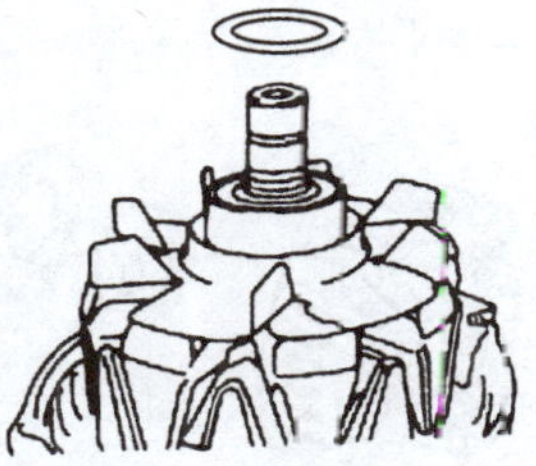	—
	拆下发电机转子总成	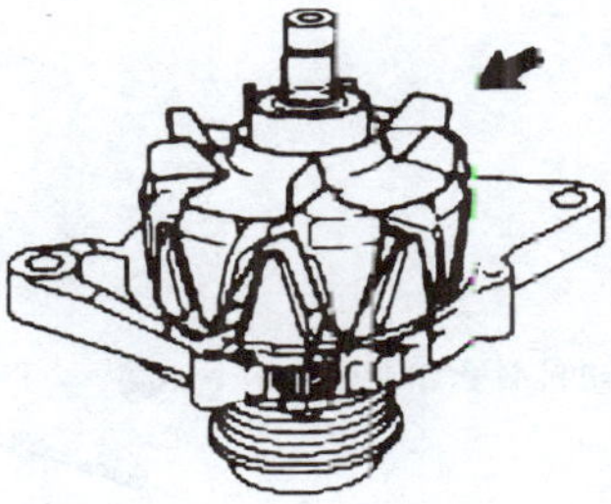	—
拆卸发电机驱动端盖轴承	从驱动端盖上拆下 4 个螺钉和挡片		—
	拆下驱动端盖轴承	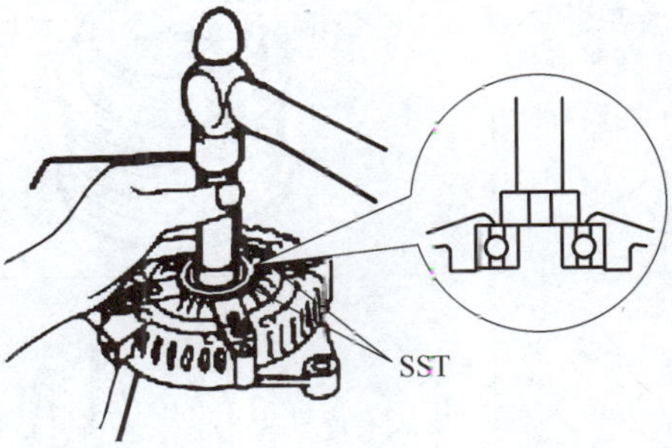	用 SST 和锤子从驱动端盖中敲出驱动端盖轴承

发电机分解图如图 1-23 所示。

2. 交流发电机各部件的检修

交流发电机各部件的检修见表 1-7。

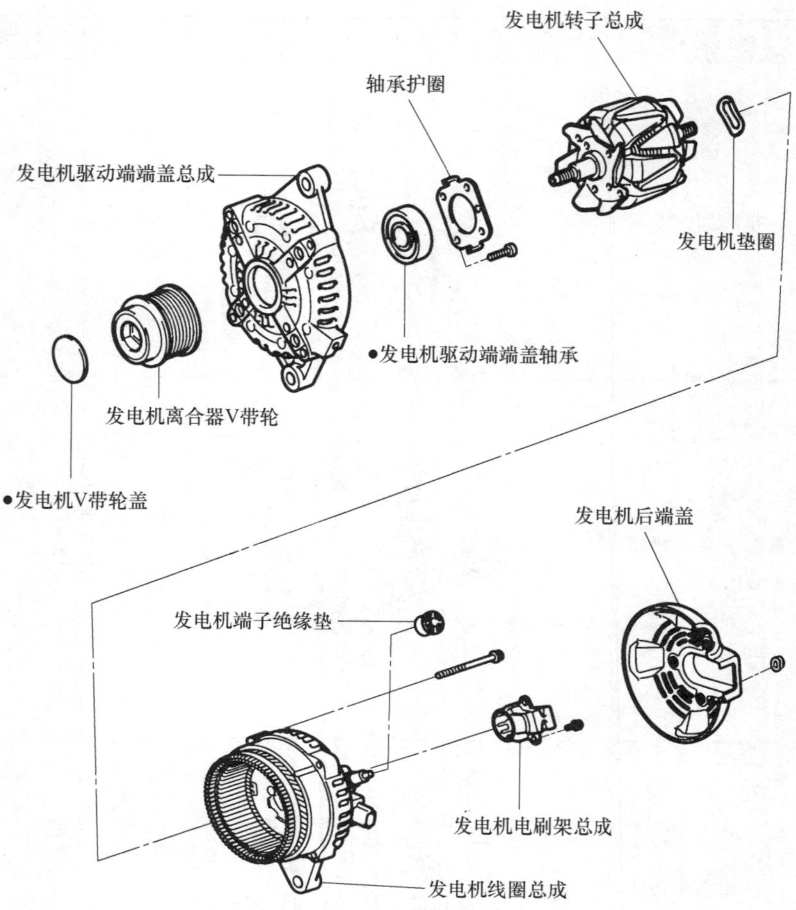

图 1-23　发电机分解图

表 1-7　交流发电机各部件的检修

项　　目	步　　骤	图　　示	结果分析
检查发电机离合器 V 带轮	固定 V 带轮中心，确认外锁环只能逆时针转动而不能顺时针转动	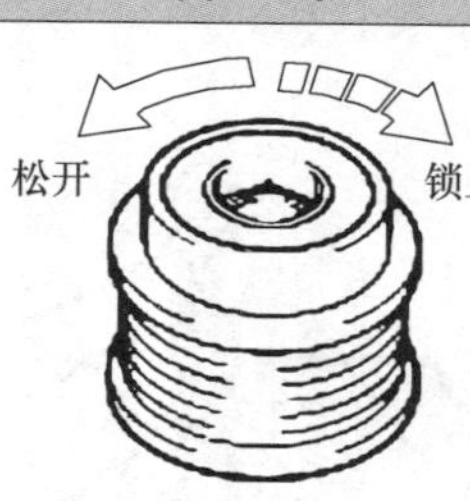	如果结果不符合规定，更换离合器 V 带轮
检查发电机电刷架总成	用游标卡尺测量电刷的外露长度	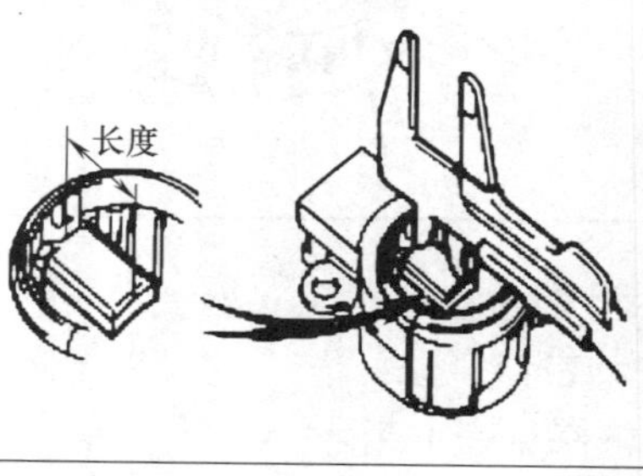	标准外露长度为 9.5 ~ 11.5mm，最小外露长度为 4.5mm 如果外露长度小于最小值，更换电刷架总成

（续）

<table>
<tr><th>项　目</th><th>步　骤</th><th>图　示</th><th>结果分析</th></tr>
<tr><td rowspan="4">检查发电机转子总成</td><td>检查发电机转子是否断路</td><td>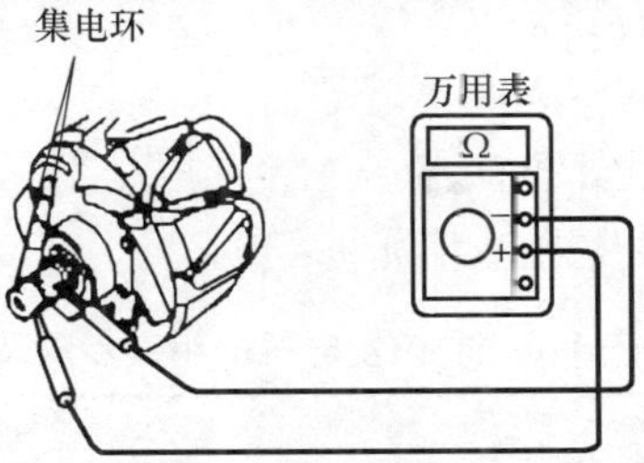
</td><td>用万用表测量集电环之间的电阻
标准电阻为 2.3～2.7Ω
如果结果不符合规定，则更换发电机转子总成</td></tr>
<tr><td>检查转子是否对搭铁短路</td><td>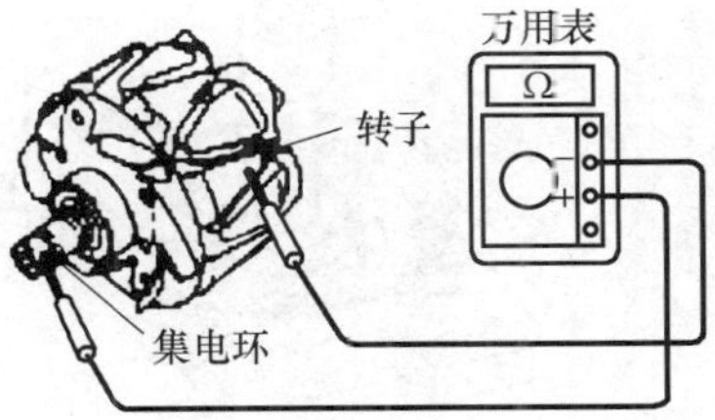
</td><td>用万用表测量其中一个集电环与转子之间的电阻
标准电阻为 1MΩ 或更大
如果结果不符合规定，则更换发电机转子总成</td></tr>
<tr><td>检查发电机转子轴承</td><td>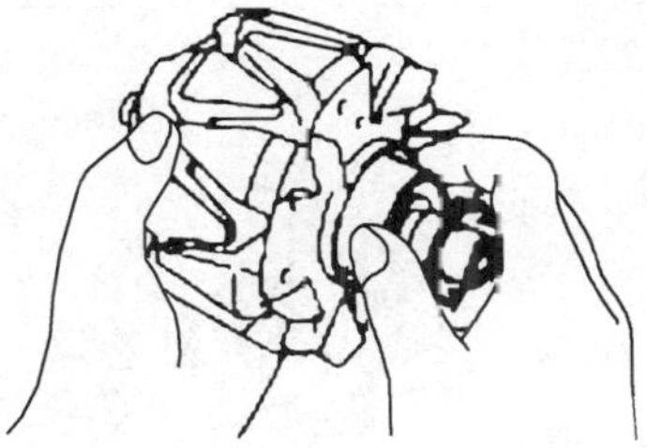</td><td>检查并确认发电机转子轴承是否变粗糙或磨损
如有必要，更换发电机转子总成</td></tr>
<tr><td>检查集电环</td><td>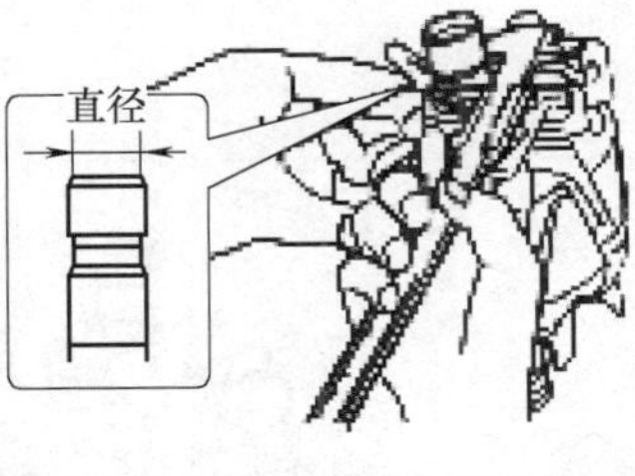
</td><td>用游标卡尺测量集电环直径
标准直径为 14.2～14.4mm，最小值为 14.0mm
如果直径小于最小值，更换发电机转子总成</td></tr>
<tr><td>检查发电机驱动端盖轴</td><td>检查并确认轴承有没有变粗糙或磨损</td><td>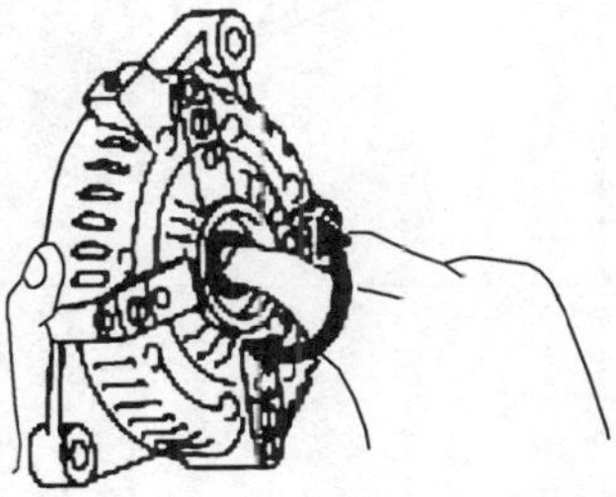</td><td>如有必要，更换发电机转子总成</td></tr>
</table>

四、交流发电机的组装

交流发电机组装的注意事项如下：

1）各绝缘衬套及垫圈不得漏装。

2）前、后端盖及铁心按标记对正。

3）各螺栓按规定力矩拧紧。

4）装好后，应转动灵活，无摩擦现象。

5）接线应正确，以防烧坏整流器。

交流发电机的组装步骤及注意事项见表 1-8。

表 1-8　交流发电机的组装步骤及注意事项

项　目	组装步骤	图　示	注意事项
安装发电机驱动端盖轴承	用 SST 和压力机压入一个新的发电机驱动端盖轴承	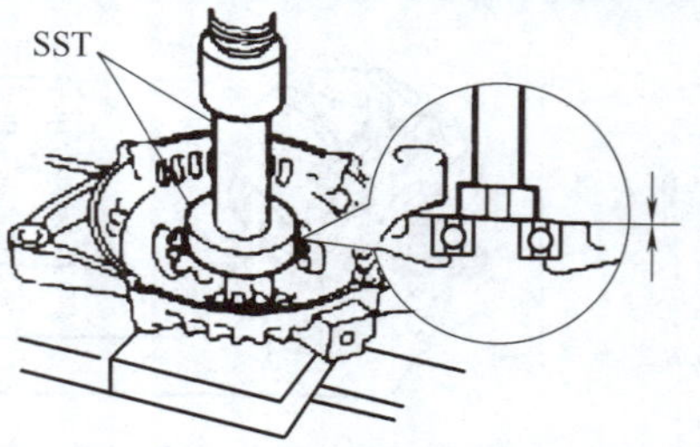	—
	安装挡片及 4 个螺钉	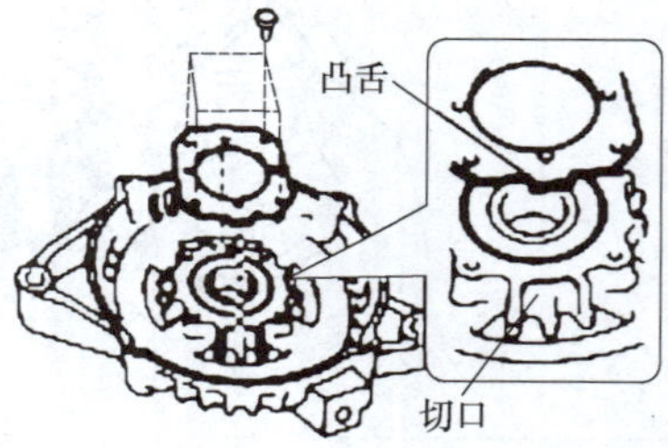	将挡片安装上的凸舌嵌入驱动端盖上的切口中，以安装挡片
安装发电机转子总成	将驱动端盖放在离合器 V 带轮上	—	—
	将发电机转子总成安装到驱动端盖上	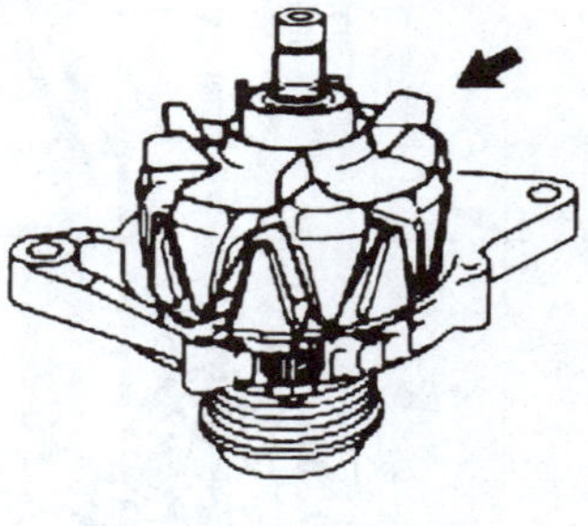	—
	将发电机垫圈放在发电机转子上	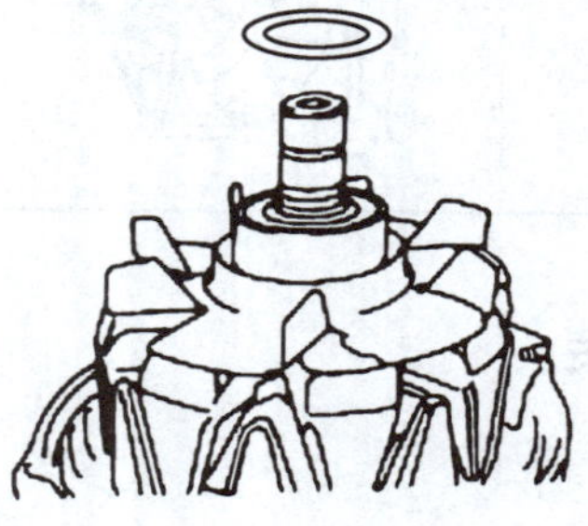	—

（续）

项 目	组装步骤	图 示	注意事项
安装发电机线圈总成	慢慢压入发电机线圈总成	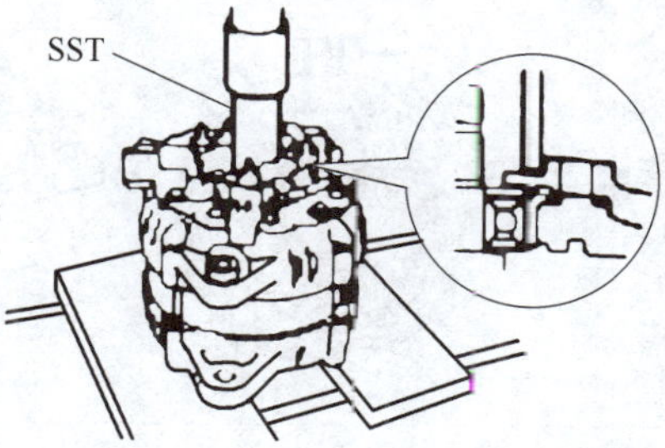	使用SST和压力机慢慢压入发电机线圈总成
	安装4个螺栓	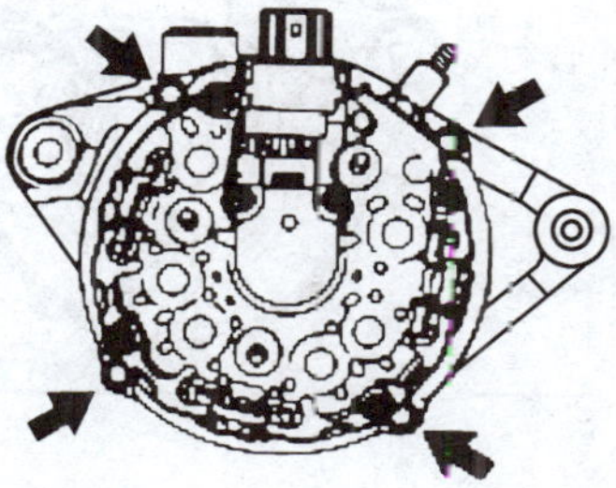	如有烧损、绝缘层破损等现象，则需更换
安装发电机电刷架总成	安装电刷	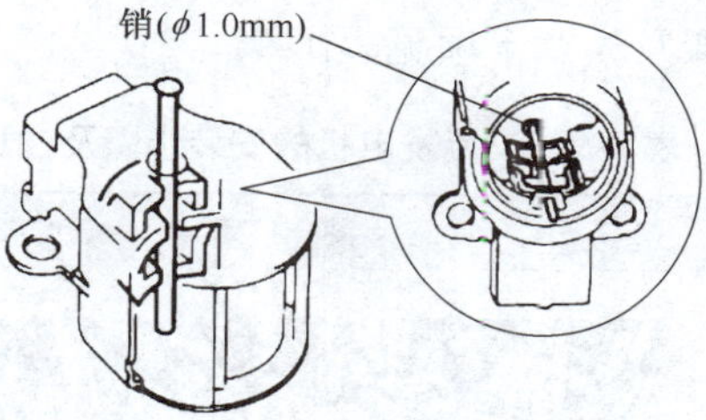	将两个电刷推入电刷架总成的同时，在电刷架孔中插入一个ϕ1.0mm的销
	安装电刷架总成		用两个螺钉将电刷架总成安装到发电机线圈上
	将销从发电机电刷架中拔出		—

（续）

项　目	组装步骤	图　示	注意事项
安装发电机端子绝缘垫	将端子绝缘垫安装到发电机线圈上	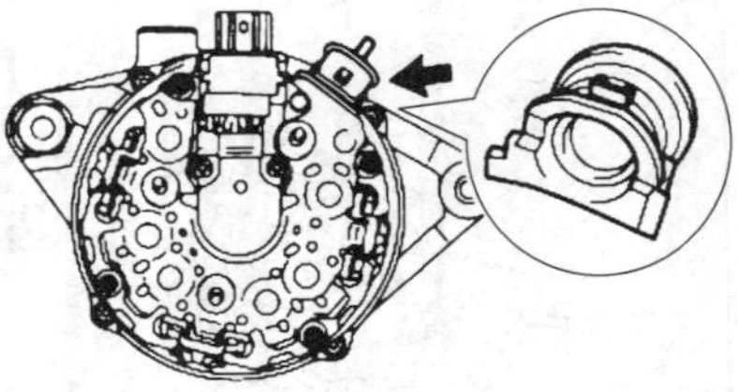	端子绝缘垫的安装方向如左图所示
安装发电机后端盖	用3个螺母将发电机后端盖安装到发电机线圈上	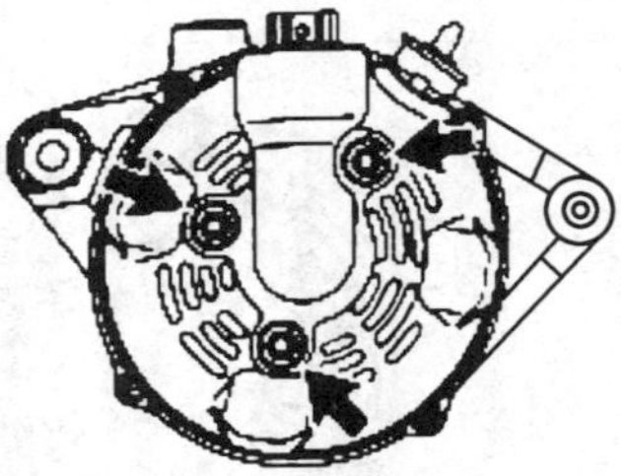	—

五、交流发电机的安装

交流发电机的安装步骤及注意事项见表1-9。

表1-9　交流发电机的安装步骤及注意事项

安装步骤	图　示	注意事项
将发电机定位到发电机缸体，安装发电机螺栓，并紧固	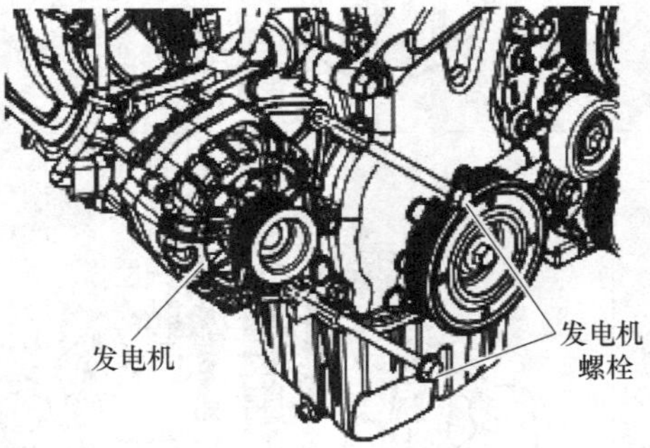	紧固发电机螺栓规定力矩为58N·m
连接发电机电缆至发电机螺母	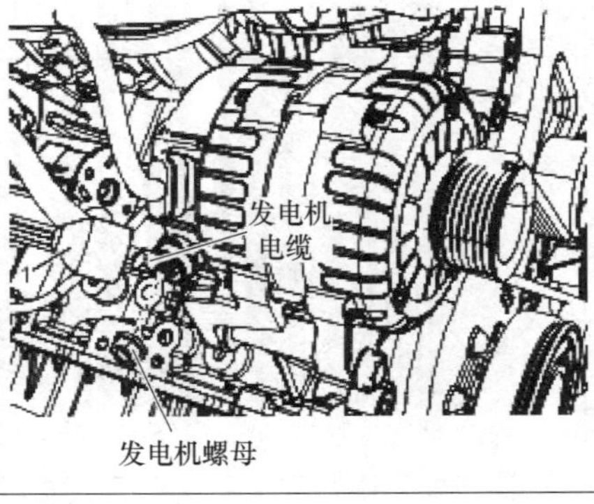	紧固规定力矩为22N·m

（续）

安装步骤	图　示	注意事项
盖上保护盖	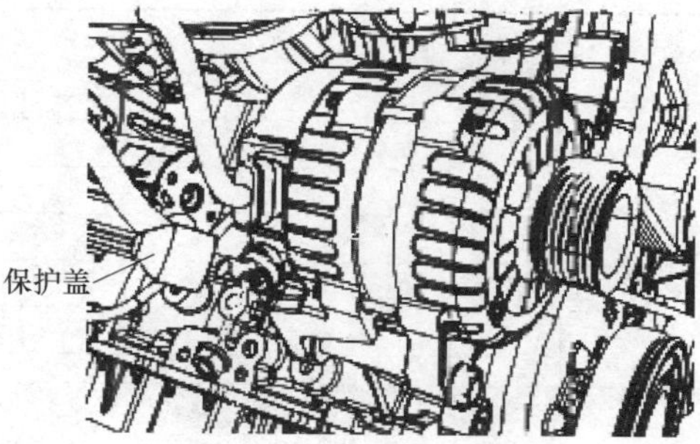	—
连接发电机电气插接器	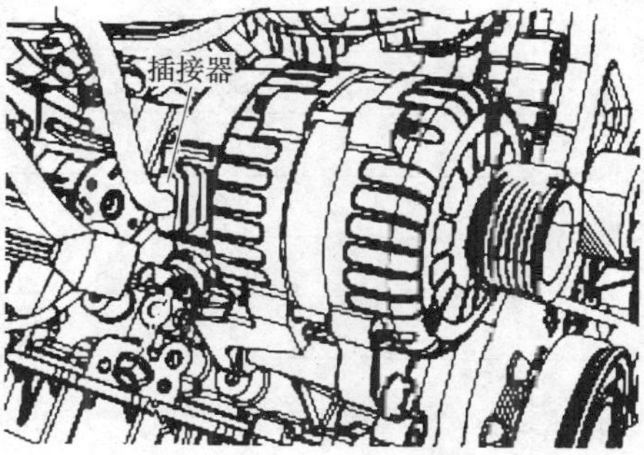	—
安装传动带	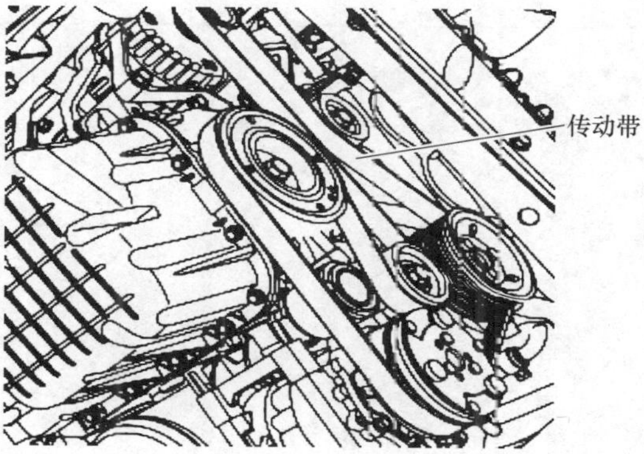	先向下按压自动张紧轮螺栓，在传动带就位时松开，释放传动带上的张力
连接蓄电池负极电缆	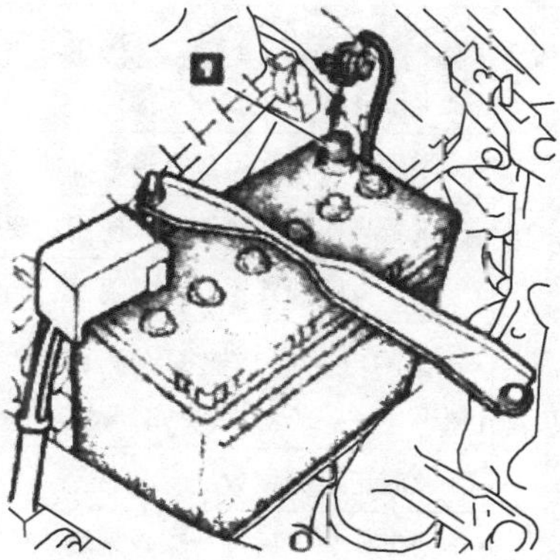	—

【制订计划】

汽车发电机的故障检修方案

<table>
<tr><td>任务分工</td><td colspan="3">组员安排：
①
②
③
④
⑤
⑥</td></tr>
<tr><td rowspan="8">工量具及材料准备
（在对应的选项中画√即可）</td><td>工量具名称</td><td colspan="2">选　择</td></tr>
<tr><td>螺钉旋具</td><td>□可能</td><td>□不可能</td></tr>
<tr><td>万用表</td><td>□可能</td><td>□不可能</td></tr>
<tr><td>顶拔器</td><td>□可能</td><td>□不可能</td></tr>
<tr><td>尖嘴钳</td><td>□可能</td><td>□不可能</td></tr>
<tr><td>毛刷</td><td>□可能</td><td>□不可能</td></tr>
<tr><td>游标卡尺</td><td>□可能</td><td>□不可能</td></tr>
<tr><td>百分表</td><td>□可能</td><td>□不可能</td></tr>
<tr><td>根据任务，请列举宝骏 630 轿车发电机不工作的故障原因</td><td colspan="3"></td></tr>
<tr><td>故障检修流程</td><td colspan="3"></td></tr>
<tr><td rowspan="8">检修工作注意事项
（在对应的选项中画√即可）</td><td>内　容</td><td colspan="2">选　择</td></tr>
<tr><td>工量具整齐摆放、不落地</td><td>□是</td><td>□否</td></tr>
<tr><td>零件不落地，工量具轻拿轻放</td><td>□是</td><td>□否</td></tr>
<tr><td>工量具使用前要清洁，使用后要保养</td><td>□是</td><td>□否</td></tr>
<tr><td>拔插电路插接器时，需要进行断电</td><td>□是</td><td>□否</td></tr>
<tr><td>检测电路时，根据检测内容，判断是否断电</td><td>□是</td><td>□否</td></tr>
<tr><td>及时记录测量数据</td><td>□是</td><td>□否</td></tr>
<tr><td>维修工作完成后进行工作现场“6S”</td><td>□是</td><td>□否</td></tr>
</table>

【任务实施】

一、发电机的整体检修

项　　目	操 作 步 骤	图　　示	检查情况记录
交流发电机的整体检查	不分解发电机情况下二极管的检测	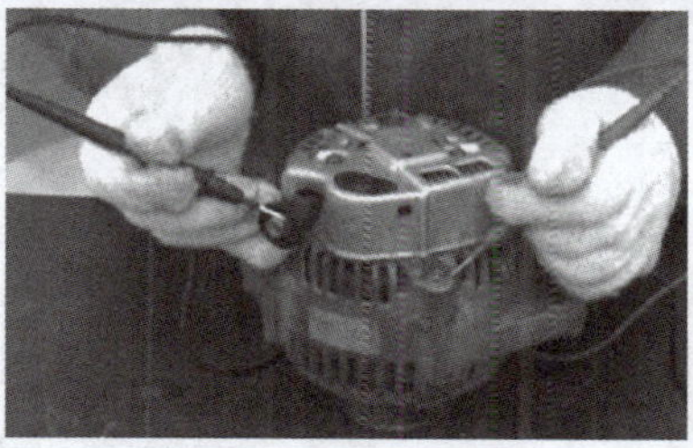	结果分析： 处理意见：

二、发电机的解体检修

项　　目	操 作 步 骤	图　　示	检查情况记录
检查发电机离合器 V 带轮	固定 V 带轮中心，确认外锁环只能逆时针转动而不能顺时针转动	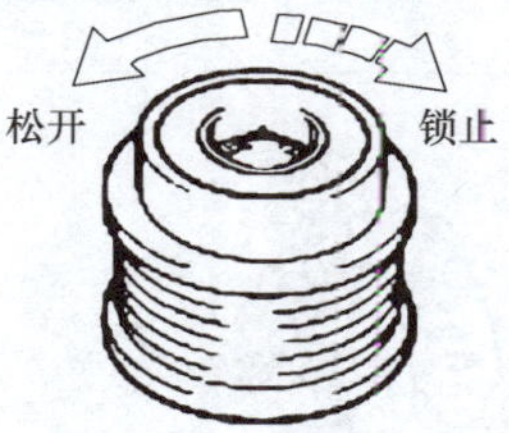	结果分析： 处理意见：
检查发电机电刷架总成	用游标卡尺测量电刷的外露长度	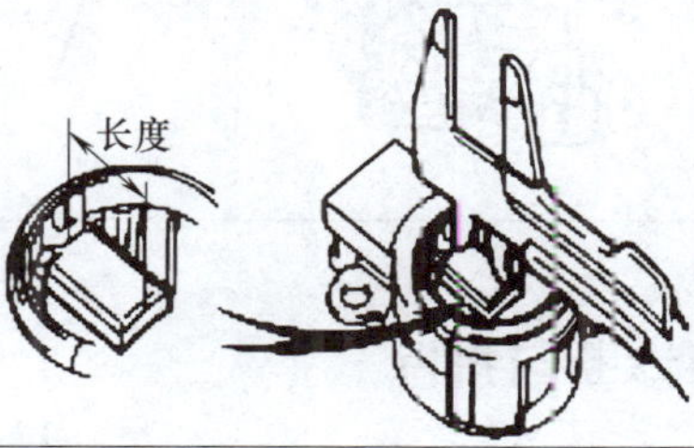	检测工具： 测量值： 结果分析： 处理意见：
检查发电机转子总成	检查发电机转子是否断路	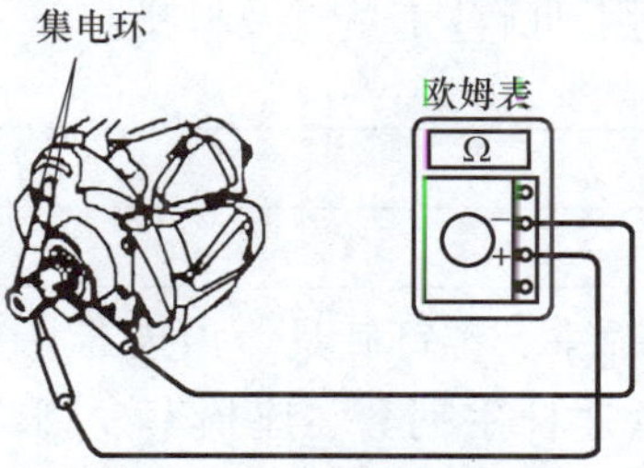	检测工具： 档位选择： 测量值： 结果分析： 处理意见：
	检查转子是否对搭铁短路	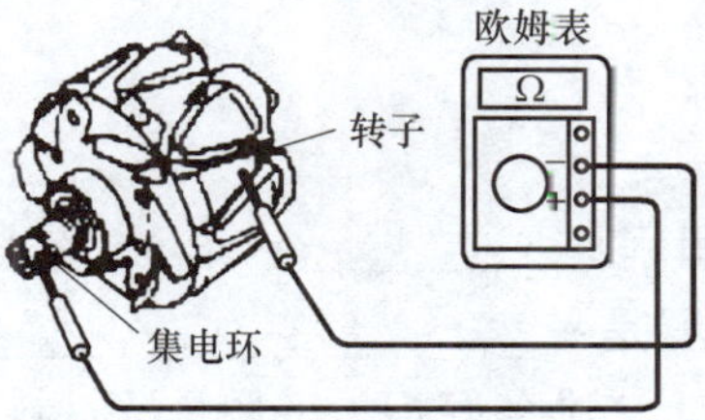	检测工具： 档位选择： 测量值： 结果分析： 处理意见：

（续）

项　目	操作步骤	图　示	检查情况记录
检查发电机转子总成	检查发电机转子轴承	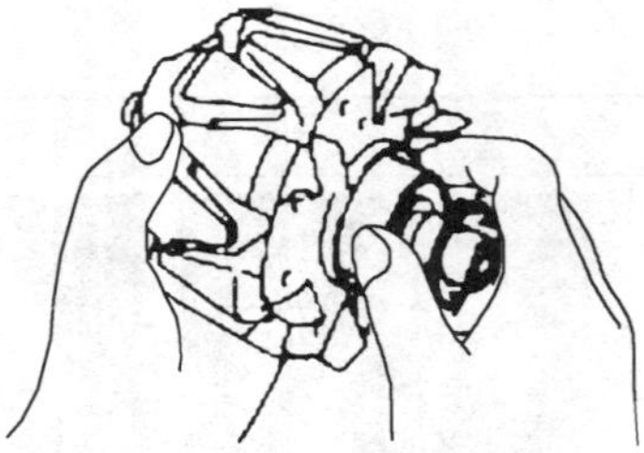	结果分析：______ 处理意见：______
	检查集电环	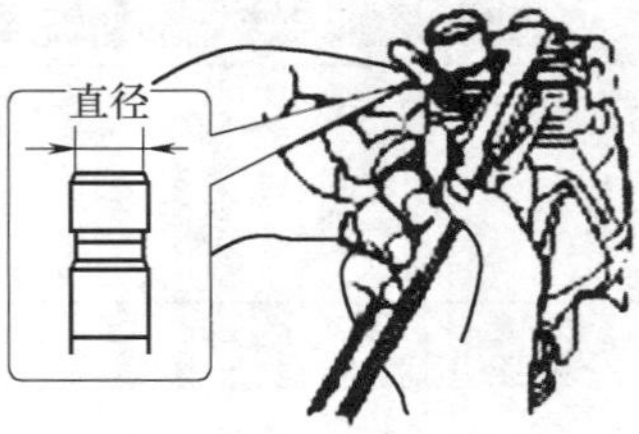	检测工具：______ 档位选择：______ 测量值：______ 结果分析：______ 处理意见：______
检查发电机驱动端盖轴承	检查并确认轴承有没有变粗糙或磨损	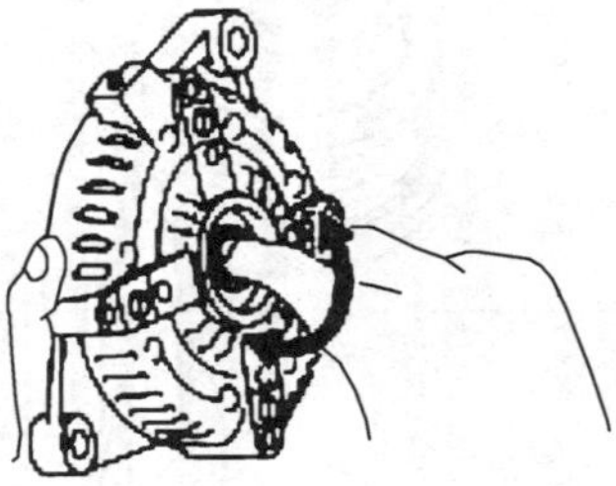	结果分析：______ 处理意见：______

三、汽车发电机的故障诊断与排除

1）完成本工作任务，需要用到哪些工量具及材料？

____

____

____

（选项：万用表、试电笔、梅花扳手、螺钉旋具、顶拔器、尖嘴钳、专用工具、毛刷、游标卡尺、百分表、转向盘护套、变速杆手柄套、座椅套、脚垫、翼子板布、前格栅布、举升机、手电筒等其他工具及材料）

2）准备工作。

① 填写车辆信息。

车型：________；行驶里程：________；车辆识别码（VIN）：________。

② 发电机在车上的安装位置是：____________________。

③ 将汽车停驻在指定工位上，准备好相关工量具及材料。　□完成

④ 拉紧驻车制动器操纵杆，并将变速杆置于空档位置。　□完成
⑤ 套上转向盘护套、变速杆手柄套和座椅套，铺上脚垫。　□完成
⑥ 拉动发动机舱盖手柄，打开并可靠支撑发动机舱盖。　□完成
⑦ 粘贴翼子板布和前格栅布。　□完成

3）拆卸和安装发电机。

① 拆卸步骤：

a. 先断开蓄电池__________电缆，再断开蓄电池__________电缆。　□完成

A. 搭铁　　B. 正极

b. 顺时针转动自动张紧轮螺栓，释放传动带张紧力，拆卸__________。　□完成

c. 拆卸发电机上发动机连接托架及螺栓。　□完成

② 安装步骤：

a. 将发电机安装到发电机下支架上并紧固发电机螺栓。　□完成

b. 安装传动带。　□完成

c. 先向下按压自动张紧轮螺栓，在传动带就位时松开，释放传动带上的张力。　□完成

d. 检查发电机传动带张力，有__________和__________两种。　□完成

4）现场6S，完成任务，交车。　是否完成：□是　□否

【检查与考评】

一、任务实施及评价

根据技术规范的要求完成整个任务，教师注意引导学生填写任务实施过程评价表（表1-10）。

表1-10　任务实施过程评价表

班级		姓名		学号		
考核内容	发电机的检测与维修			规定考核时间	30min	
				实际考核时间		
序号	基本步骤	作业流程	考核要点	配分	得分	
					自评	互评
1	准备工作	穿戴工作服等劳保用品	穿戴不规范扣2分/项	5		
		准备工具	工具准备是否齐全	5		
		车辆安全停放	是否拉驻车制动手柄，安放车轮挡块	5		
		车辆安全防护	是否安装车外四件套	2		
			是否安装车内三件套	3		
2	更换发电机操作	拆卸发电机	操作顺序是否合理	10		
			使用工具是否规范	10		
		安装发电机	操作顺序是否合理	5		
			使用工具是否正确	5		

（续）

序号	基本步骤	作业流程	考核要点	配分	得分	
					自评	互评
3	检查发电机操作	观察发电机	是否能找到发电机型号	5		
		外观检查	是否漏检，扣2分/项	10		
		技术状况检查	发电机转子的检修是否正确	10		
			发电机定子的检修是否正确	5		
			发电机电刷组件的检修是否正确	5		
			发电机前、后端盖及轴承的检修是否正确	5		
4	现场6S	收拾整理工具	失误则扣2分/项	5		
		工具、零件不落地	失误则扣2分/项	5		
合计				100		
监考教师			考核日期	年　月　日		

二、学习效果评价

请根据该组的团体表现及个人表现，对学习效果进行自我评价。学习效果评价表见表1-11。

表1-11　学习效果评价表

项目	评价内容	评价等级（学生自评）		
		A	B	C
关键能力考核项目	遵守纪律、遵守学习场所管理规定，服从安排			
	安全意识、责任意识，6S管理意识，注重节约、节能与环保			
	学习态度积极主动，能参加实习安排的活动			
	团队合作意识，注重沟通，能自主学习及相互协作			
	仪容、仪表符合活动要求			
专业能力考核项目	按时、按要求独立完成工作页			
	工具、设备选择得当，使用符合技术要求			
	操作规范，符合要求			
	学习准备充分、齐全			
	注重工作效率与工作质量			
小组评语及建议		组长签名： 年　月　日		
教师评语及建议		教师签名： 年　月　日		

【知识巩固】

一、填空题

1）观察发电机的外壳，找到发电机的型号，记录下来：________________

符号的第一部分表示：________________

第二部分表示：________________

第三部分表示：________________

第四部分表示：________________

第五部分表示：________________

2）汽车发电机的作用有哪些？

____

____

3）查找资料，了解汽车充电系统，将图中所标名称填入表格中。

汽车充电系统结构图	名　称
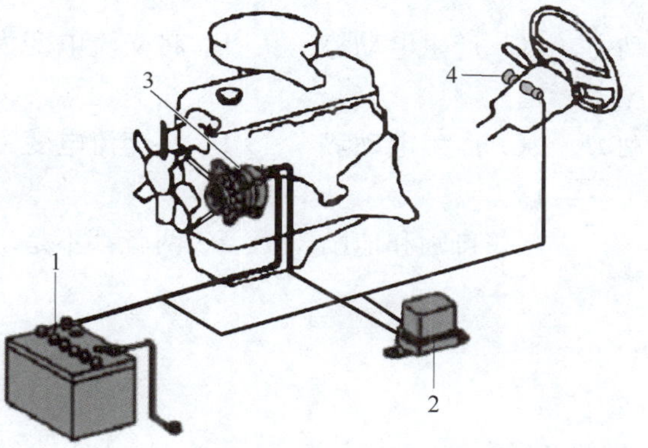	1：
	2：
	3：
	4：

4）查找资料，了解汽车发电机的结构，将图中所标名称填入表格中。

发电机结构图	名　称	
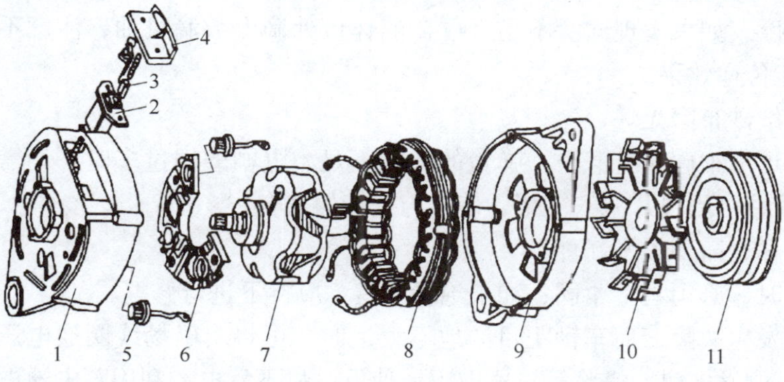	1：	7：
	2：	8：
	3：	9：
	4：	10：
	5：	11：
	6：	

5）查找资料，了解汽车发电机转子的结构，将图中所标名称填入表格中。

发电机转子结构图	名　称	
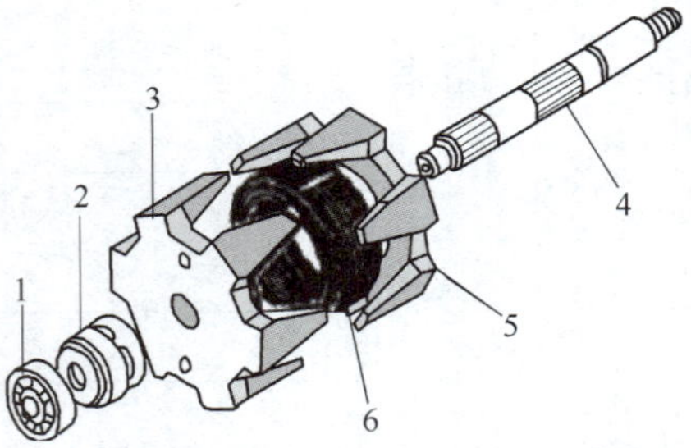	1：	4：
	2：	5：
	3：	6：

二、选择题

1. 交流发电机的输出电压是由（　　）控制的。

A. 定子绕组　　B. 转子绕组　　C. 电压调节器　　D. 发电机

2. 交流发电机转子的主要作用是（　　）。

A. 建立磁场　　B. 传导机械动力　　C. 产生电动势　　D. 将交流电变为直流电

3. 交流发电机定子的主要作用是（　　）。

A. 建立磁场　　B. 传导机械动力　　C. 产生电动势　　D. 将交流电变为直流电

4. 交流发电机采用的励磁方式是（　　）。

A. 自励　　B. 他励　　C. 自励和他励　　D. 两者都不是

【知识拓展】

一、汽车发电机的日常保养

汽车发电机在早期使用不会出现什么症状，一旦出现问题，说明发电机需要更换了，所以发电机的保养要从新车或安装后就开始。

1）汽车行驶一定里程后，适当调整发电机传动带的松紧度，根据需要固定校准螺钉，发电机的脚架螺钉应保持一定的松紧度。

2）注意轴承的磨损程度，如果发现润滑不足，可在油杯口处滴上数滴机油，注意不能渗入整流器，否则影响电能传递效果。

3）整流器积垢，可用细砂布磨光。

4）电刷接触面不平，可用细砂布打磨平。弹簧的弹性不足、电刷磨损过多时，均需更换新件。电刷太短而无破损，可用垫片塞入支架，使其与整流器密合。

5）电刷支架绝缘体损坏，需要另配新件。

6）发电机的极柱松动时，必须马上紧固；如果绝缘不良，应拆下进行修整。

7）发电机在行车途中发生故障，而车辆距目的地不太远时，可将由磁场线圈通电压调整器的导线拆掉；如果是三刷发电机，需将第三刷取下，使发电机不发电。利用蓄电池电源供电，此时应尽可能节省用电。

8）发电机上的防尘圈要牢固，不应取掉不用，以防尘埃进入内部，造成机件故障。

9）要经常清洁各导线，保持其干燥，可防漏电。

二、发电机的分类

汽车用发电机可分为直流发电机和交流发电机，由于交流发电机在许多方面优于直流发电机，目前所有的汽车均采用交流发电机。交流发电机按照不同的分类方法分为以下几类：

1. 按总体结构分类

1）普通交流发电机（使用时需要配装电压调节器的发电机），如JF132（BQ140用）。

2）整体式交流发电机（发电机和调节器制成一个整体的发电机），如别克轿车上装配的CS型发电机。

3）带泵交流发电机（和汽车制动系统用真空助力泵安装在一起的发电机），如JFZB292发电机。

4）无刷交流发电机（不需要电刷的发电机），如JFW1913永磁交流发电机（磁极为永久磁铁制成的发电机）。

2. 换流器结构分类

1）6管交流发电机，如JF1522（东风汽车用）。

2）8管交流发电机，如JFZ1542（天津夏利汽车用）。

3）9管交流发电机，如JFZ14L（日本日立、三菱、马自达汽车用）。

4）11管交流发电机，如JFZ1913Z（奥迪、桑塔纳汽车用）。

3. 按磁场绕组搭铁形式分类

1）内搭铁型交流发电机，磁场绕组的一端（负极）直接搭铁（和壳体相连）。

2）外搭铁型交流发电机，磁场绕组的一端（负极）接入调节器，通过调节器后再搭铁。

三、交流发电机的工作特性

交流发电机的工作特点是转速变化范围大，对于一般汽油发动机来说，其转速变化约为1∶8，柴油机约为1∶5，因此分析汽车用交流发电机的特性必须以转速的变化为基础。交流发电机的特性有输出特性、空载特性和外特性，其中以输出特性最为重要。

1. 输出特性

输出特性是指在发电机端电压U不变（对12V系列的交流发电机规定为14V，对24V系列的交流发电机规定为28V）输出电流与转速之间的关系，即$U=$常数时，$I=f(n)$的曲线。

由图1-24所示特性曲线可以看出：

1）空载转速n_1。发电机转速小于定值n_1时，对外输出电流为零。当发电机达到额定电压并能对外输出电流时的最小转速n_1称为空载转速。空载转速常用作测试发电机性能的参数之一。

2）最大电流I_{max}。发电机输出电流能力随转速的升高而增大，但曲线越来越平坦，当转速达到一定值时，无论转速增加多少，电流都不再增加，即一定结构的发电机输出最大电流I_{max}有一定限制，如图 1-24 所示。由此可见，交流发电机自身具有限制输出电流防止过载的能力，又称为自我保护能力。

2. 空载特性

空载特性是发电机在空载运行时，其端电压随转速变化的关系，即 $I=0$ 时，$U=f(n)$ 的曲线，如图 1-25 所示。

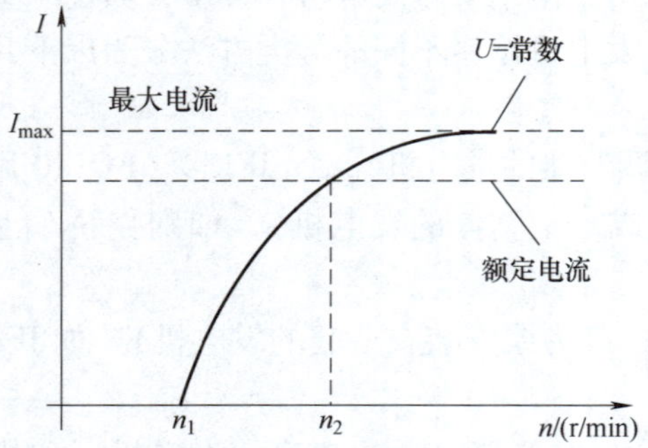

图 1-24　交流发电机的输出特性曲线

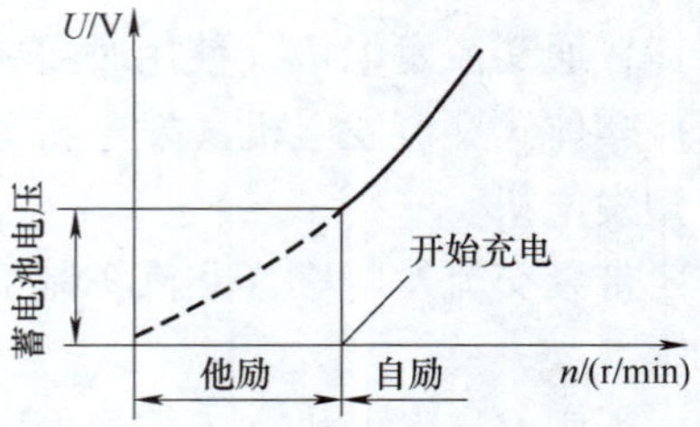

图 1-25　交流发电机的空载特性

3. 外特性

外特性是当发电机转速一定时，其端电压与输出电流的关系，即 $n=$ 常数时，$U=f(I)$ 的曲线，如图 1-26 所示。从外特性曲线可以看出发电机电压受负载影响的程度：如果发电机在高速运转时突然失去负载，发电机电压会突然升高，致使发电机及调节器等内部电子元件有被击穿的危险。

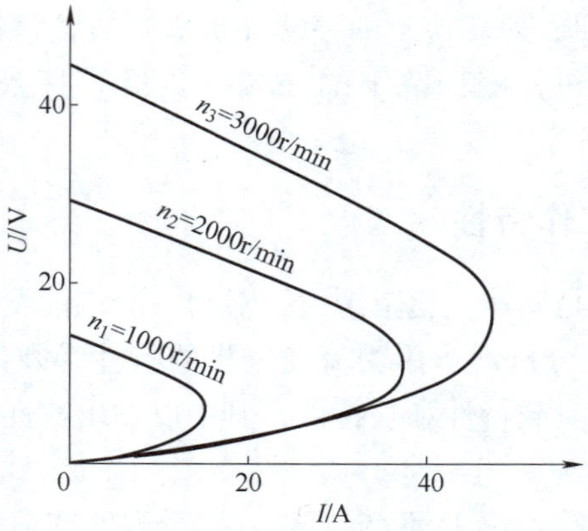

图 1-26　交流发电机的外特性曲线

任务三
起动机的检测与维修

【任务描述】

客户王先生的宝骏630轿车在打开点火开关时，发动机不能起动，王先生将车开到4S店维修服务中心进行检修维修技师对车辆进行检查，发现起动机存在故障，需要对起动机进行全面检查并做相应处理。

【学习目标】

1. 能准确表述汽车起动机的作用、型号、结构和工作原理。
2. 能正确分析起动机故障发生的可能原因。
3. 能按技术规范要求完成起动机的拆卸和安装。
4. 能掌握起动机各部件的技术状况检查方法。
5. 培养学生自主学习的能力和团队意识。
6. 培养学生爱岗敬业的职业素养。

【学习重点】

1. 按教学及教师的要求掌握起动机的组成和工作原理。
2. 在教师的指导下完成起动机的检测。

【学习难点】

1. 分析起动机故障的可能原因。
2. 按维修手册要求排除起动机的故障。

【知识准备】

一、起动系统的功用及组成

1. 起动系统的作用

汽车发动机必须先靠外力摇转曲轴才能进行正常的工作过程，起动系统的功用就是为起动发动机提供所需要的外力。常用的起动方式有人力和电力两种，人力起动简单，但不方便，劳动强度大，目前只有在部分汽车上作为后备方式而保留着；电力起动操作方便，起动迅速可靠，重复能力强，所以在现代汽车上被广泛应用。

2. 起动系统的组成

如图1-27所示，起动系统主要由蓄电池、起动机、起动继电器、点火开关及相互连接的线束组成。起动机是起动系统中的重要组成部分，可将蓄电池的电能转化为机械能起动发动机。

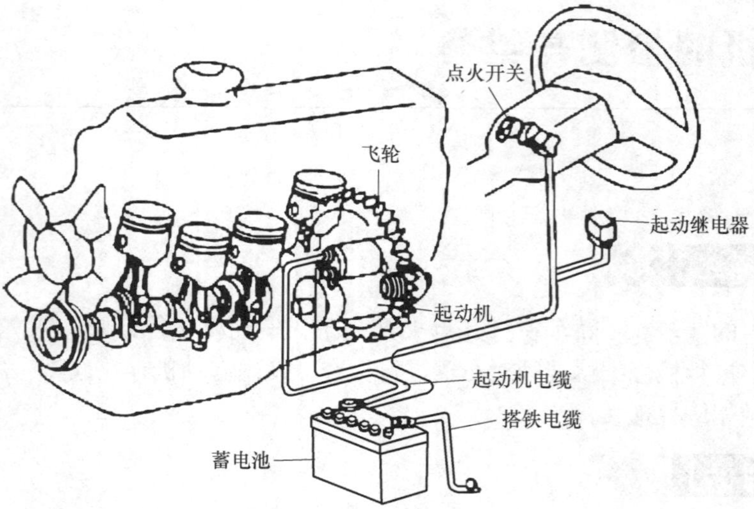

图 1-27　起动系统的组成

二、起动机的认识

（一）起动机的结构和工作原理

起动机是起动系统的主要组成部分，由直流电动机、传动机构和控制机构三部分组成，如图 1-28 所示。

1. 直流电动机的组成及工作原理

直流电动机的作用是将蓄电池提供的电能转变为机械能，产生电磁转矩。为了获得较大的起动力矩，一般均采用直流串励式电动机，少数采用复励式电动机，还有的在起动初为串励式起动，起动后改变为复励式。直流串励式电动机由电枢、磁极、电刷组件和机壳等主要部件构成，如图 1-29 所示。

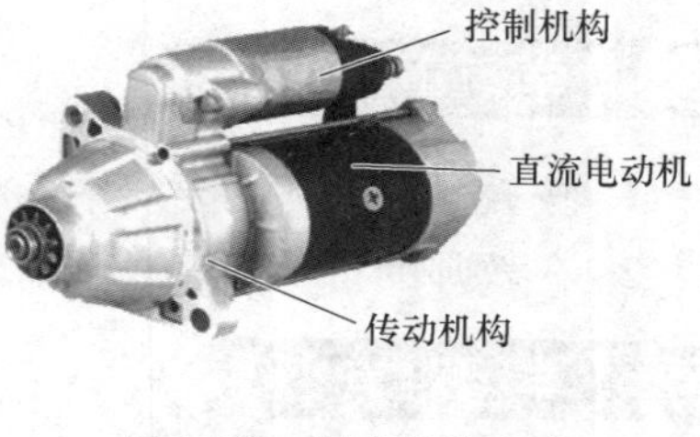

图 1-28　起动机的组成

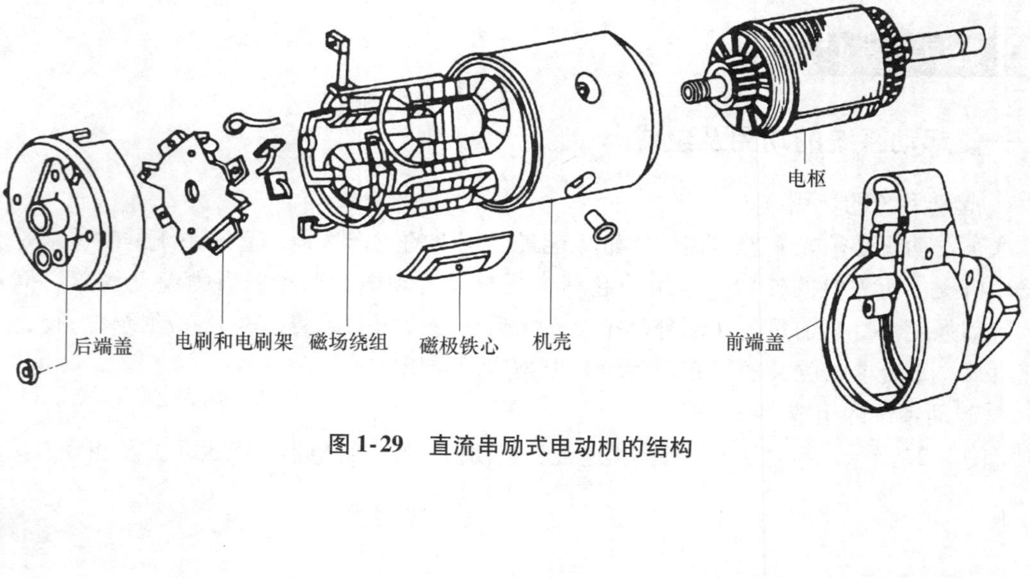

图 1-29　直流串励式电动机的结构

（1）电枢　电枢由电枢轴、电枢绕组、换向器和铁心等组成，如图1-30a所示，其作用是产生电磁转矩。电枢绕组的两端均匀地焊在换向器片上，电枢绕组一般常采用波绕法绕制，如图1-30b所示。换向器由铜质换向片和云母片叠压而成。电枢绕组各线圈的端头均焊接在换向器片上，通过换向器和电刷将蓄电池的电流传递给电枢绕组，并适时地改变电枢绕组中电流的流向。

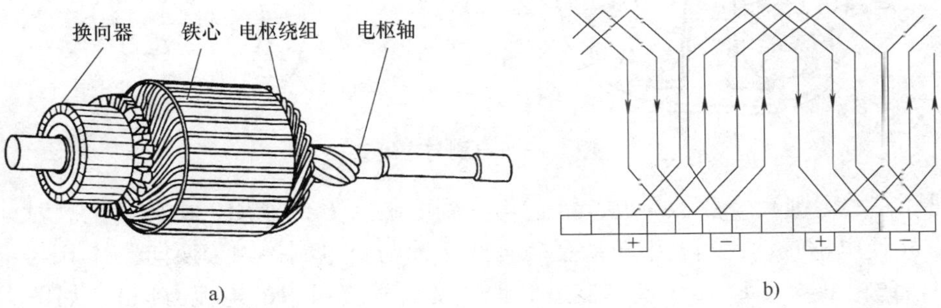

图1-30　电枢的结构与电枢绕组的展开图

（2）磁极　磁极的作用是产生磁场，由铁心和励磁绕组构成，如图1-31所示。励磁绕组的连接如图1-32所示。励磁绕组与电枢绕组串联，故称为直流串励式电动机。

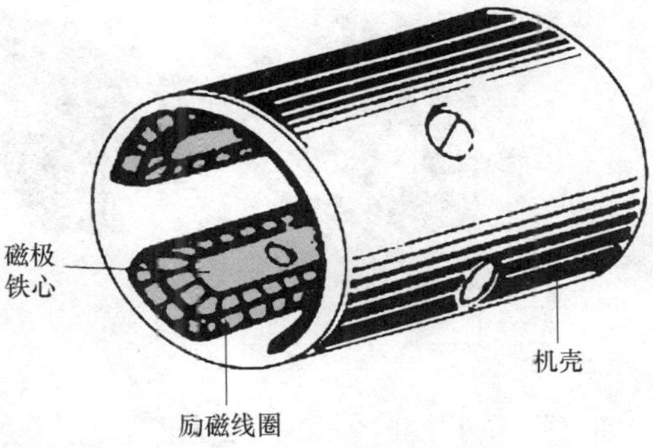

图1-31　磁极构造

（3）电刷与电刷架　电刷的作用是将电流引入电枢绕组。电刷一般用铜和石墨粉压制而成，有利于减小电阻及增加耐磨性。电刷装在电刷架中，借弹簧压力压在换向器上，如图1-33所示。

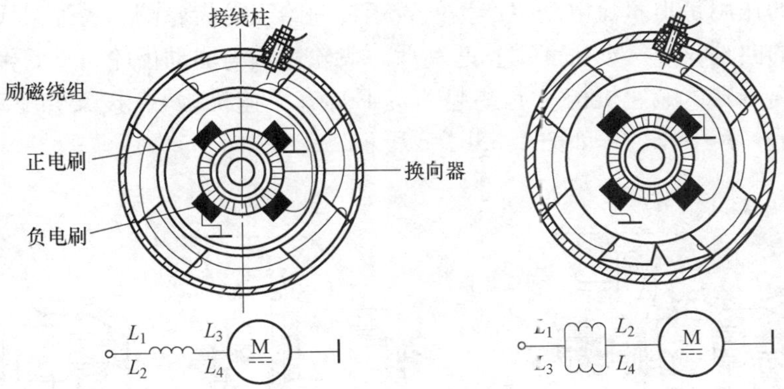

图1-32　励磁绕组的连接

（4）直流电动机的工作原理　直流电动机的工作原理图如图1-34所示。电动机工作时，电流通过电刷和换向器流入电枢绕组。如图1-34a所示，换向器片A与正电刷接触，换向器片B与负电刷接触，绕组中的电流方向为a→b→c→d，根据通电导体在磁场中受电磁

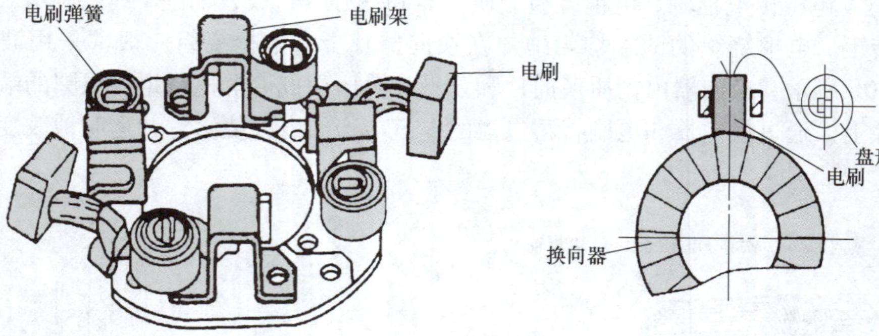

图 1-33　电刷与电刷架

力的原理（左手定则），绕组 ab 边、cd 边均受到电磁力 F 的作用，由此产生顺时针方向的电磁转矩 M 使电枢转动；当电枢转动至换向器片 A 与负电刷接触、换向器片 B 与正电刷接触时，电流改由 d→c→b→a（换向器适时地改变电枢绕组中的电流方向），如图 1-34b 所示，但电磁转矩的方向仍保持不变，使电枢按顺时针方向继续转动。

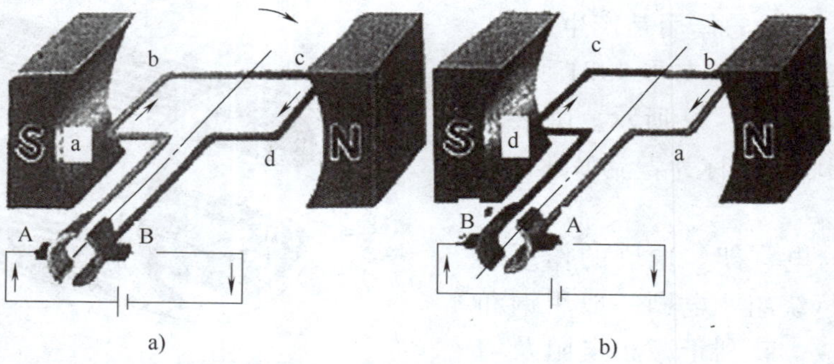

图 1-34　直流电动机的工作原理图

2. 传动机构的组成及工作过程

传动机构的作用是把直流电动机产生的转矩传递给飞轮齿轮圈，再通过飞轮齿圈把转矩传递给发动机的曲轴，使发动机起动；起动后，飞轮齿圈与驱动齿轮自动打滑脱离。传动机构主要由单向离合器、减速机构（有些起动机不具有减速机构）、拨叉和驱动齿轮等组成，如图 1-35a 所示，其工作过程如图 1-35b、c 所示。

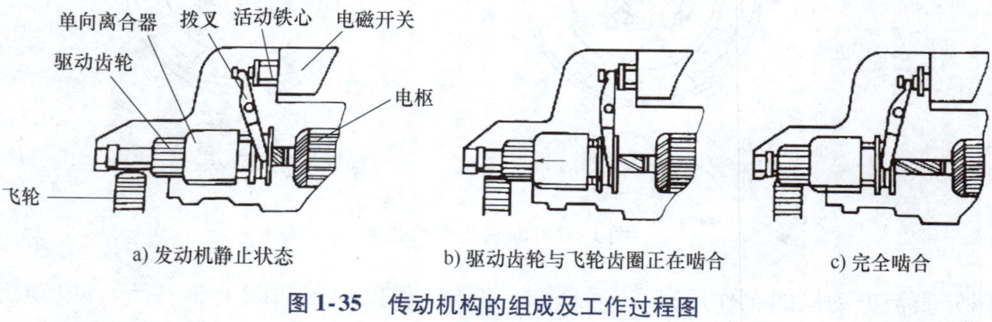

图 1-35　传动机构的组成及工作过程图

单向离合器主要有滚柱式、摩擦片式和弹簧式等几种。

① 滚柱式单向离合器。滚柱式单向离合器的结构如图 1-36 所示。

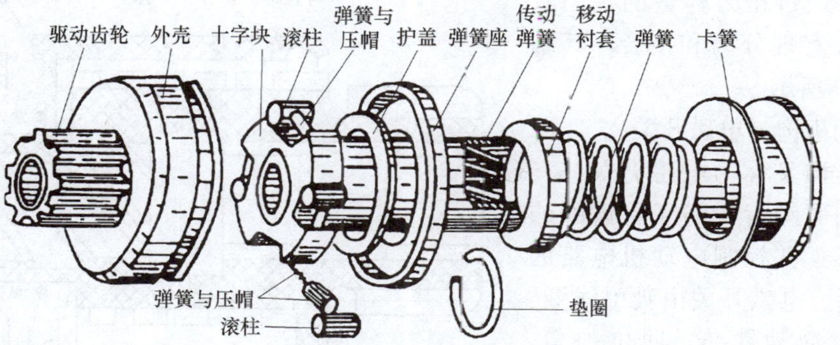

图 1-36　滚柱式单向离合器的结构

滚柱式单向离合器的工作过程如图 1-37 所示。当起动机电枢旋转时，转矩经传动套筒带动十字块旋转，滚柱滚入楔形槽窄端，将十字块与外壳卡紧，使十字块与外壳之间能传递力矩；发动机起动后，飞轮齿圈会带动驱动齿轮旋转；当转速超过电枢转速时，滚柱滚入宽端打滑，这样发动机的力矩就不会传递至起动机，从而起到保护起动机的作用。

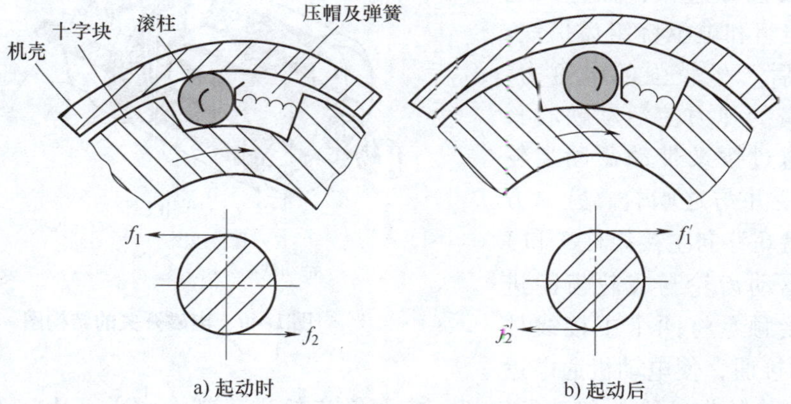

图 1-37　滚柱式单向离合器的工作过程

② 摩擦片式单向离合器。摩擦片式单向离合器通过主、从动摩擦片的压紧和放松来实现分离，其结构如图 1-38 所示。

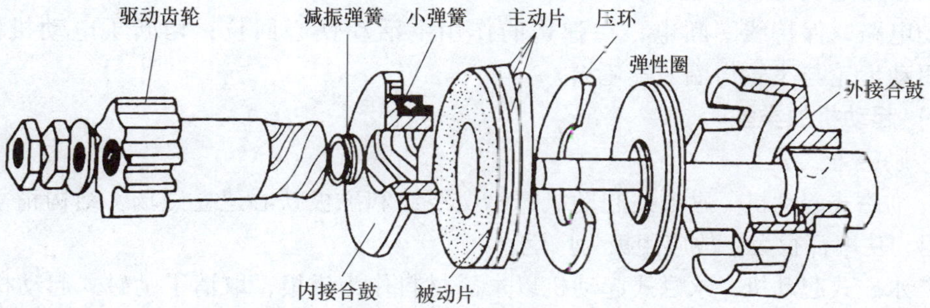

图 1-38　摩擦片式单向离合器的工作过程

③ 弹簧式单向离合器。弹簧式单向离合器通过扭力弹簧的径向收缩和放松来实现分离和接合，其结构如图 1-39 所示。

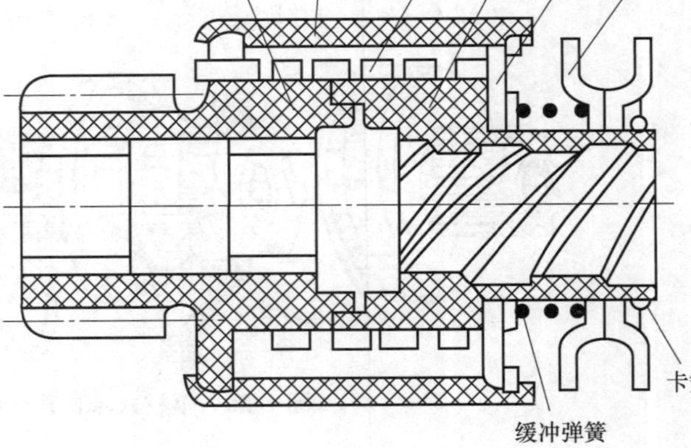

图 1-39　弹簧式单向离合器的结构简图

3. 控制机构（电磁开关）

控制机构又称为电磁开关，其作用是控制驱动齿轮与飞轮齿圈的啮合与分离，并控制电动机电路的接通与切断。电磁开关由吸引线圈、保持线圈、活动铁心、回位弹簧、拨叉及外壳等组成，如图 1-40 所示。其工作过程如图 1-41 所示。当起动电路接通后，保持线圈 8 的电流经起动接线柱 5 进入，经保持线圈 8 后由壳体直接搭铁，吸引线圈的电流也经起动接线柱 5 进入，在进入电动机的励磁绕组和电枢绕组后搭铁。两线圈通电后产生较强的电磁力，克服回位弹簧的弹力使活动铁心移动，一方面通过拨叉带动驱动齿轮移向飞轮齿圈并与之啮合，另一方面推动接触盘 6 移向主接线柱 3 和 1 的触点，在驱动齿轮与飞轮齿圈进入啮合后，接触盘将两个主接线柱 3 和 1 的触点接通，使电动机通电运转，通过驱动齿轮带动飞轮起动发动机。在驱动齿轮进入啮合之前，由于经过吸引线圈的电流经过了电动机，所以电动机在这个电流的作用下会产生缓慢旋转，以便于驱动齿轮与飞轮齿圈进入啮合。在两个主接线柱触点接通后，蓄电池的电流直接通过主触点和接触盘进入电动机，使电动机进入正常运转，此时通过吸引线圈的电路被短路。因此，吸引线圈中无电流通过，主接线柱触点接通的位置靠保持线圈来保持。发动机起动后，切断起动电路，保持线圈断电，在弹簧的作用下活动铁心回位，切断了电动机的电路，同时使驱动齿轮与飞轮齿圈脱离啮合。

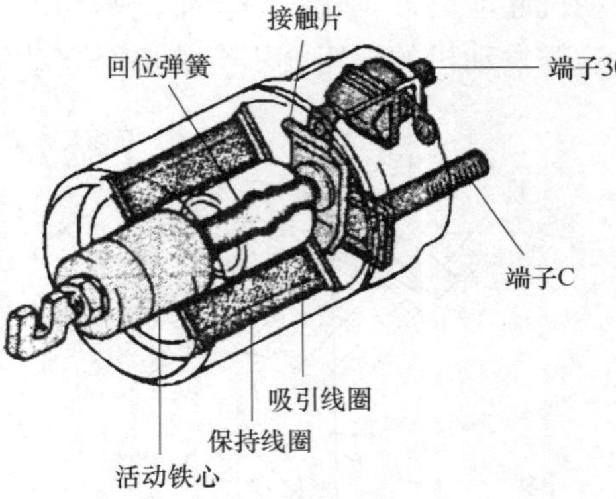

图 1-40　电磁开关的结构图

（二）起动机的类型

1. 按励磁方式分

（1）励磁式起动机　励磁式起动机靠励磁绕组和磁极铁心建立磁场，结构稍复杂，但输出转矩和功率都很大，故应用极为广泛。

（2）永磁式起动机　永磁式起动机以永磁材料作为磁极，取消了励磁式起动机中的励磁绕组和磁极铁心，结构简化，体积小、质量小，节省了金属材料。但永磁式起动机的功率一般较小，使用范围在一定程度上受到限制。

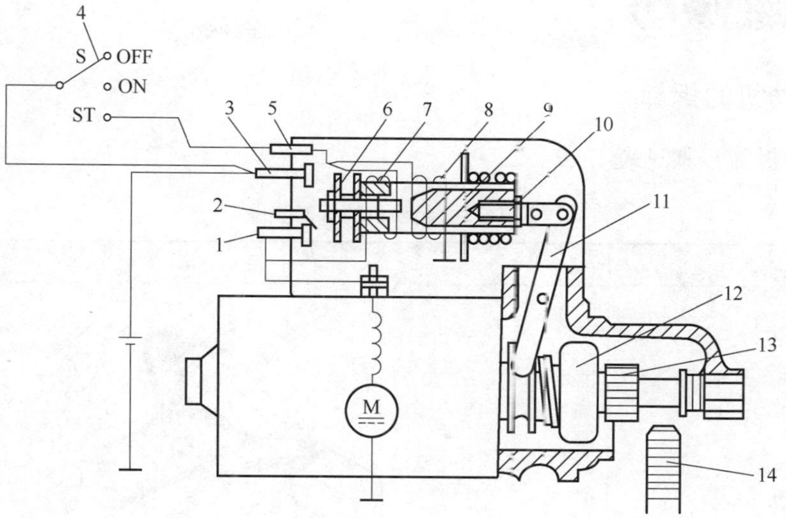

图 1-41　电磁开关的工作过程

1、3—主接线柱　2—点火线圈附加电阻短路接线柱　4—点火开关　5—起动接线柱　6—接触盘　7—吸引线圈　8—保持线圈　9—活动铁心　10—调节螺钉　11—拨叉　12—单向离合器　13—驱动齿轮　14—飞轮

2. 按控制机构分

（1）机械控制式起动机　机械控制式起动机由驾驶人利用脚踏（或手动）直接操纵机械式起动开关接通或切断起动电路，通常称为直接操纵式起动机。

（2）电磁控制式起动机　电磁控制式起动机由驾驶人旋转点火开关或按下起动按钮，通过电磁开关接通或切断起动电路。

3. 按传动机构分

（1）普通式起动机　将电动机电枢产生的起动力矩直接通过离合器、驱动齿轮传给飞轮齿圈的起动机称为普通式起动机。

（2）减速式起动机　减速式起动机的基本结构与普通式起动机相同，只是在电枢和驱动齿轮之间装有减速齿轮（一般减速比为 3～4），经减速、增矩后带动驱动齿轮。

（三）起动机的型号

起动机的型号由五部分组成，如图 1-42 所示。

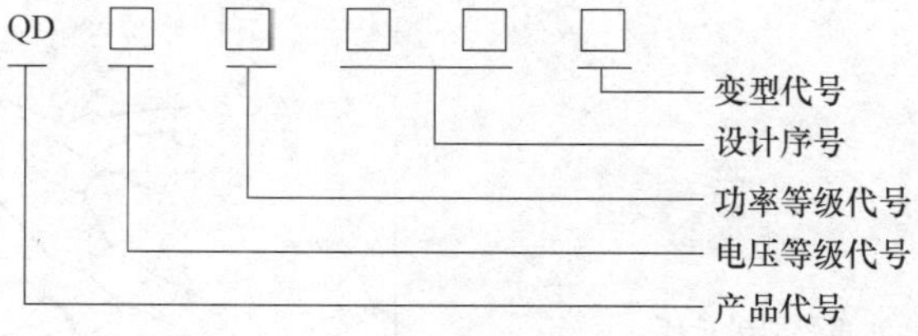

图 1-42　起动机的型号

1）产品代号：QD 为普通型，QDJ 为减速型，QDY 为永磁型。

2）电压等级代号：有 1～12V、2～24V 两种。

3）功率等级代号：“1” 代表 0～1kW，“2” 代表 1～2kW……“9” 代表 8～9kW。

4）设计序号。

5）变型代号。

【信息收集】

一、起动机的拆卸

起动机的拆卸步骤见表1-12。

表1-12 起动机的拆卸步骤

步骤	图示
断开蓄电池负极电缆	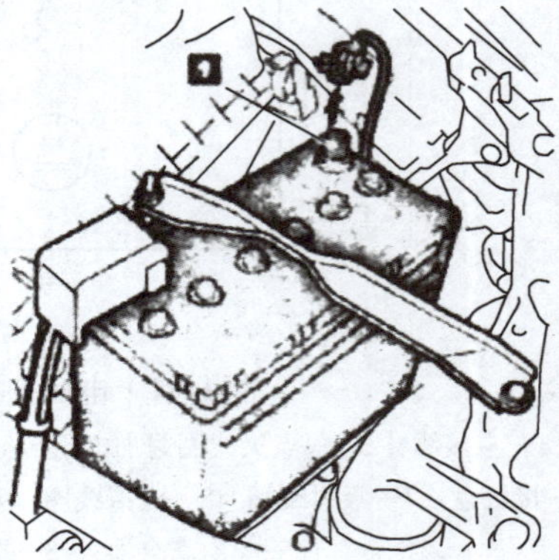
拆卸散热器上的空气导流板	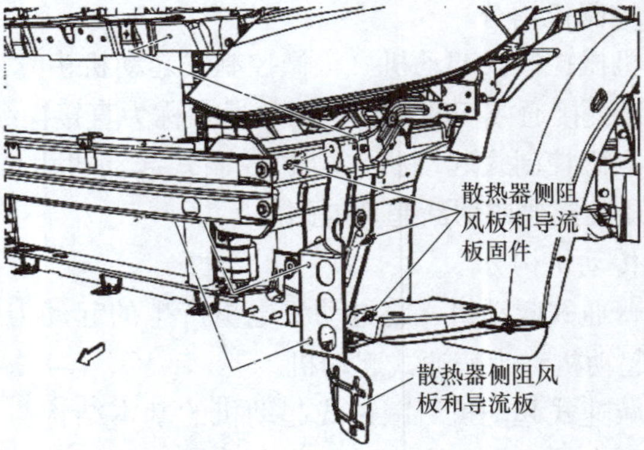
拆卸起动机总成	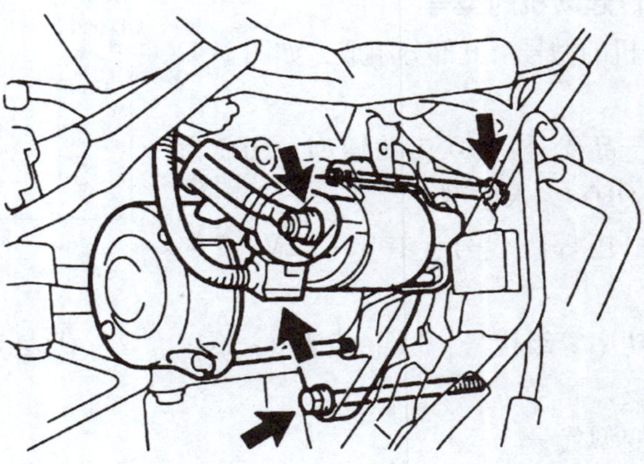

二、起动机的解体与检修

1. 交流发电机的解体步骤与注意事项见表 1-13。

表 1-13　交流发电机的解体步骤与注意事项

项　目	步　骤	拆 装 图	注 意 事 项
拆卸电磁开关总成	拆下螺母，然后从电磁开关总成上断开引线	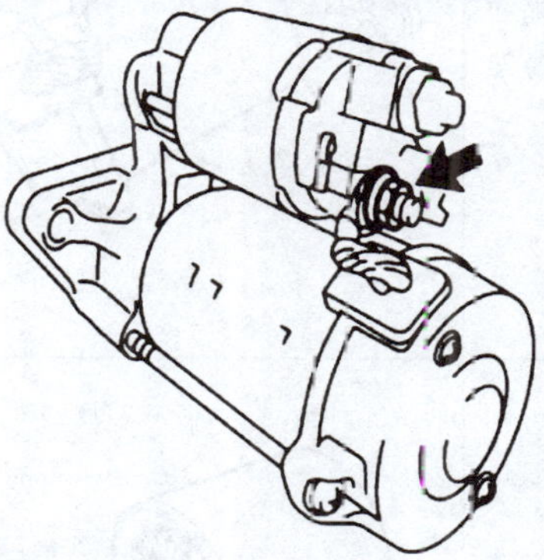	—
	从起动机驱动端盖总成上拆下两个螺母	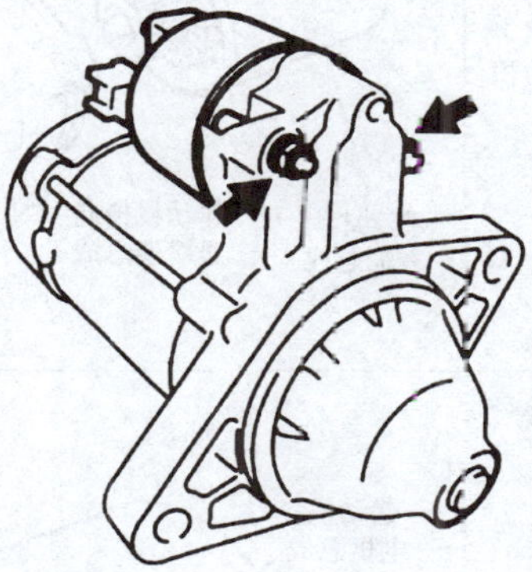	—
	取下电磁开关总成	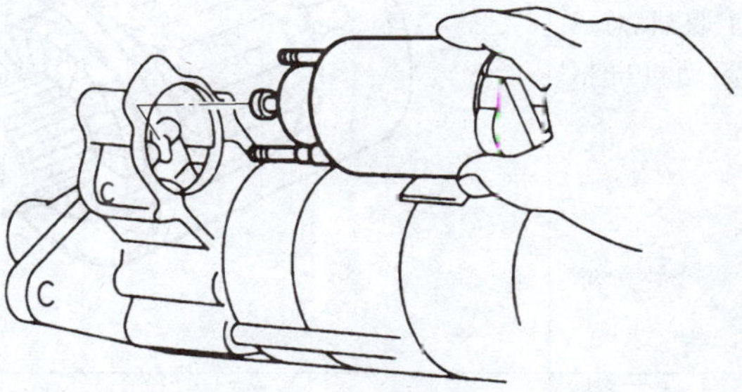	在提起电磁开关总成前部时，从驱动杆和电磁开关总成上松开铁心挂钩
拆卸起动机磁轭总成	拆下两颗贯穿螺栓	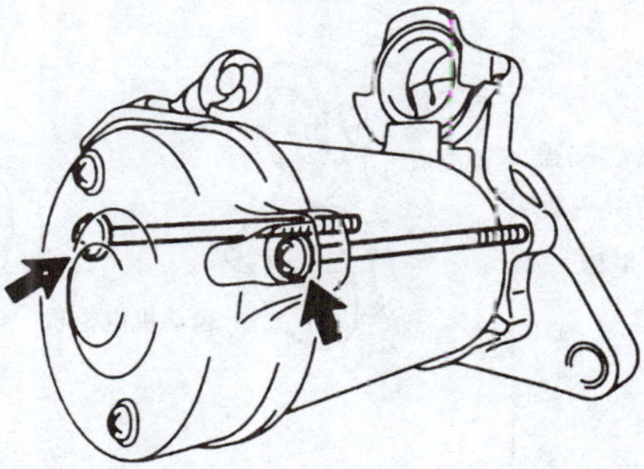	—

（续）

项　目	步　骤	拆　装　图	注意事项
拆卸起动机磁轭总成	拉出起动机磁轭和起动机换向器端架总成	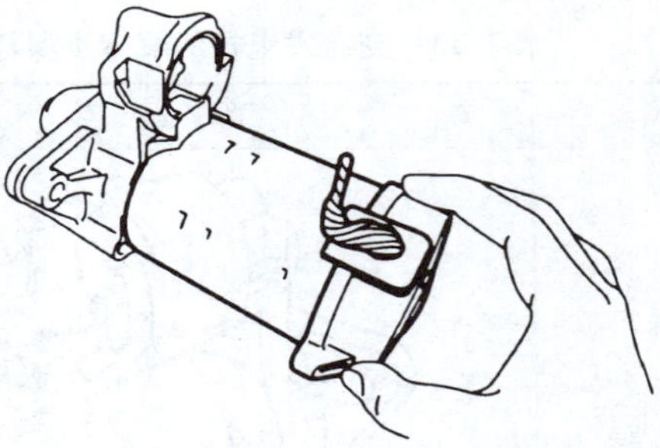	—
	从起动机换向器端架总成上拉出起动机磁轭	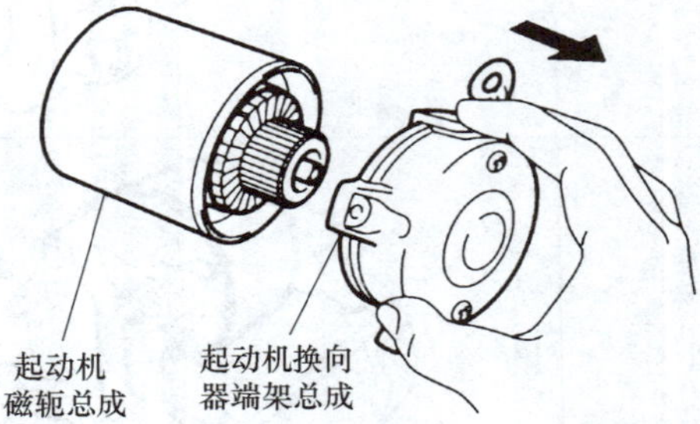	—
拆卸起动机电枢总成	从起动机磁轭总成上拆下起动机电枢总成	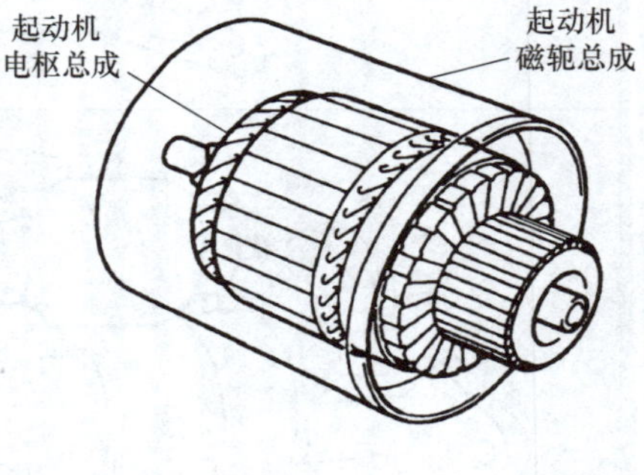	—
拆卸起动机电枢板	从起动机驱动端盖总成或从起动机磁轭总成上拆下电枢板	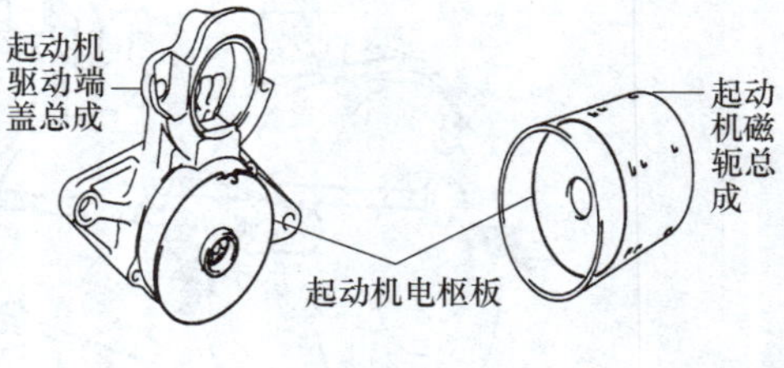	—

（续）

项　　目	步　　骤	拆　装　图	注意事项
拆卸起动机电刷架总成	从起动机换向端架总成上拆下两个螺钉		—
	拆下卡夹卡爪，然后从起动机换向器端架总成上拆下电刷架总成	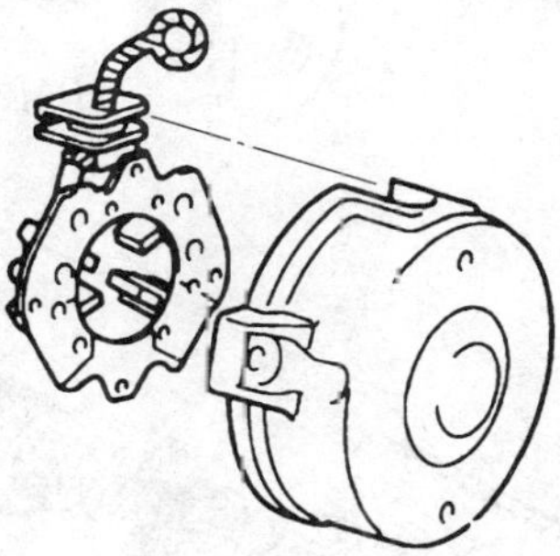	—
拆卸行星齿轮	取下行星齿轮减速机构	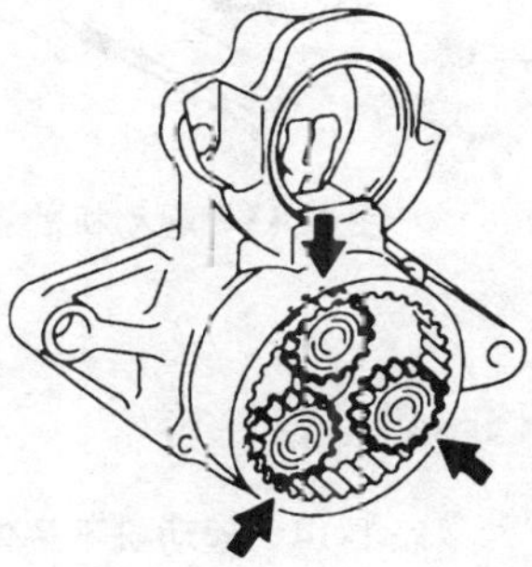	—
拆卸起动机中间轴承离合器分总成	拆下起动机中间轴承离合器分总成、橡胶密封件、起动机小齿轮驱动杆	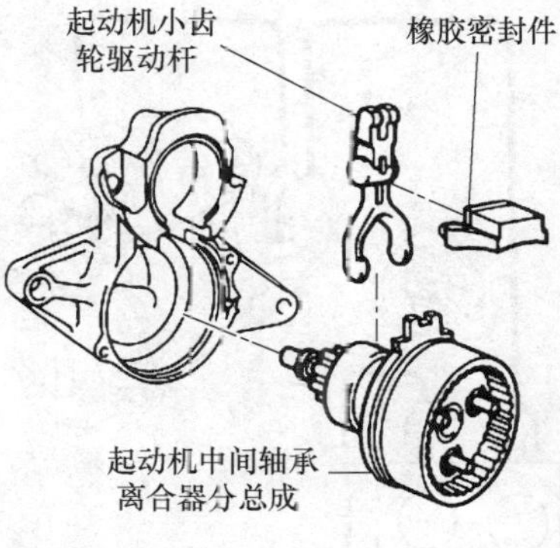	乔卸前、后轴承盖前，要将其与定子铁心对应做记号

起动机的各零部件图如图 1-43 所示。

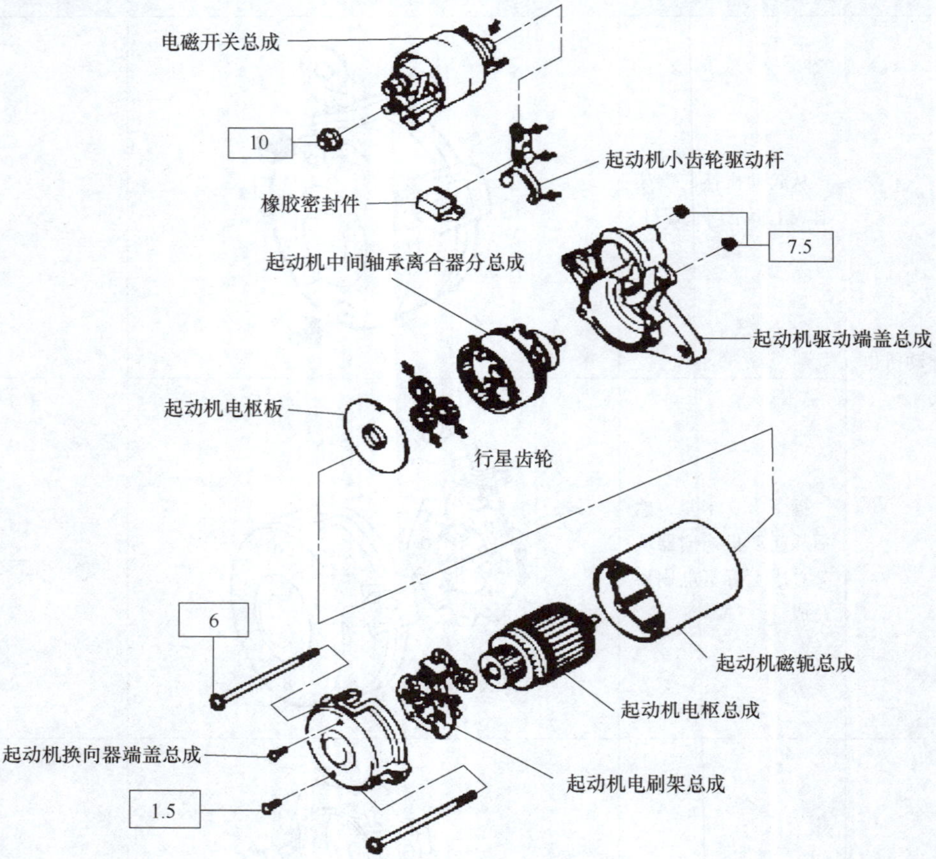

图 1-43　起动机的各零部件图

2. 起动机的检修

1）起动机不解体的检修步骤见表 1-14。

表 1-14　起动机不解体的检修步骤

项　　目	图　　示	操作说明及结果分析
吸引线圈的性能测试	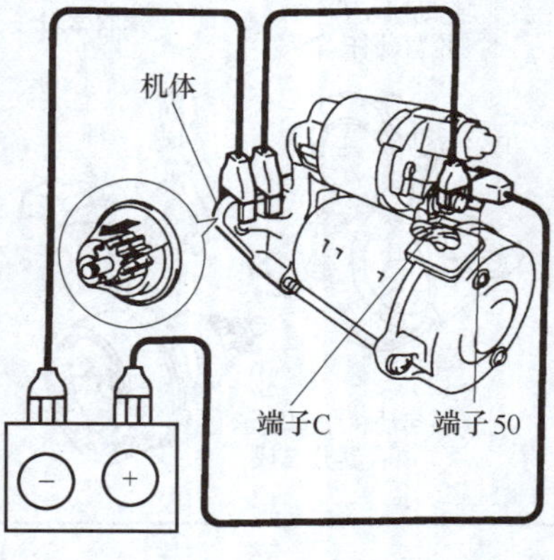	拆下起动机端子 C 上的电缆引线；用带夹子的电缆将起动机端子 C、电磁开关的壳体与蓄电池的负极相连；用带夹子的电缆将起动机端子 50 与蓄电池正极连接，驱动齿轮应向外移动；若不移动，说明电磁开关有故障，应进行修理或更换

（续）

项　目	图　示	操作说明及结果分析
保持线圈的性能测试	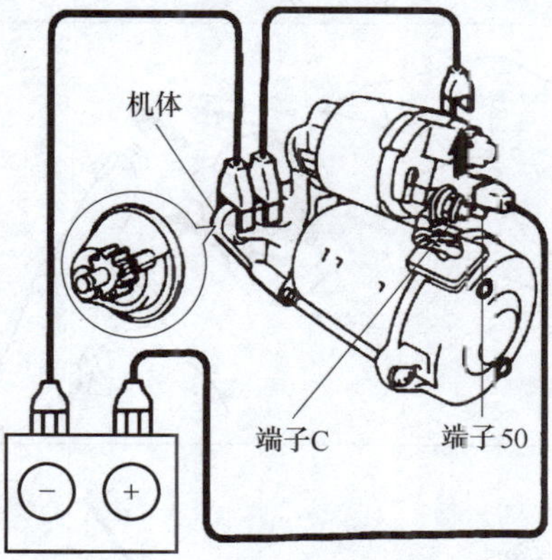	当驱动齿轮保持在伸出位置时，拆下起动机端子 C 上的电缆引线，此时驱动齿轮应保持在伸出位置不动；若驱动齿轮复位，说明保持线圈断路，应进行维修
驱动齿轮回位测试	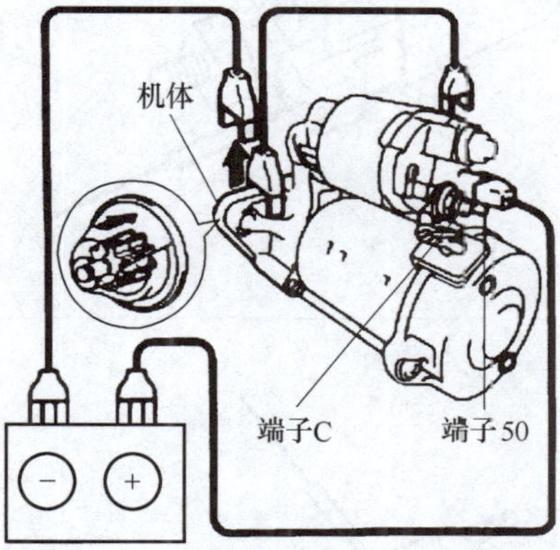	在保持动作的基础上，拆下起动机壳体上的电缆夹，如左图所示，拆开起动机外壳的搭铁线。若驱动小齿轮未立刻退回，应检查回位弹簧及柱塞等
空载测试	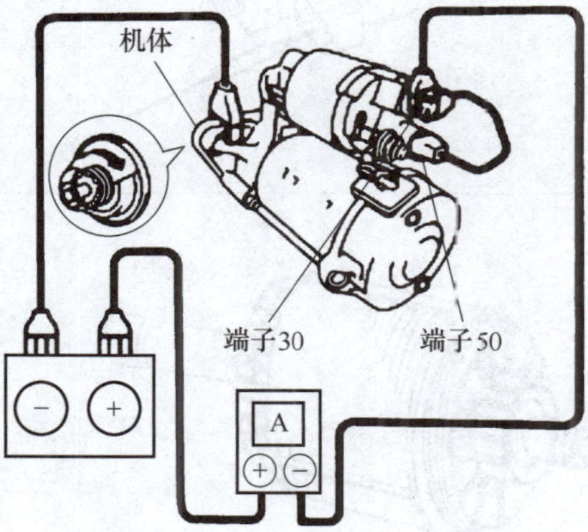	连接励磁线圈引线至端子 C（拧紧力矩为 10N · m），将起动机夹在台虎钳中。如左图所示，将蓄电池和电流表连接到起动机上。检查并确认电流表指示电流符合规定。蓄电池正极端子分别与端子 30、端子 50 之间的标准电流（电压至少为 11.5V）应小于 90A。如果结果不符合规定，更换起动机总成

2）起动机的分解检修步骤见表 1-15。

表 1-15　起动机的分解检修步骤

项　目	步　骤	图　示	操作说明及结果分析
电磁开关总成的检查	检查铁心	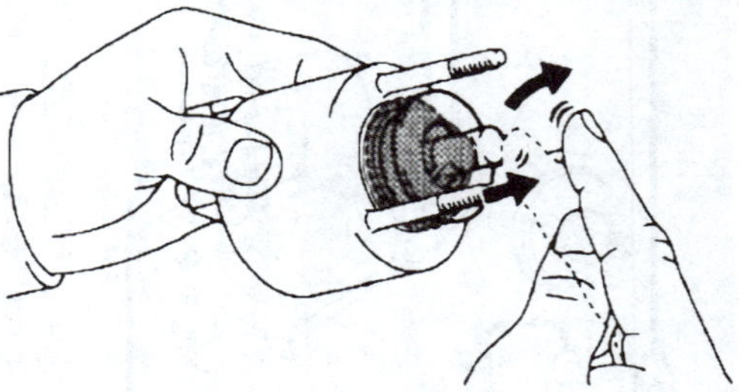	推入铁心，然后检查并确认其是否能够迅速复位到初始位置。如有必要，更换电磁开关总成
	检查吸引线圈是否断路	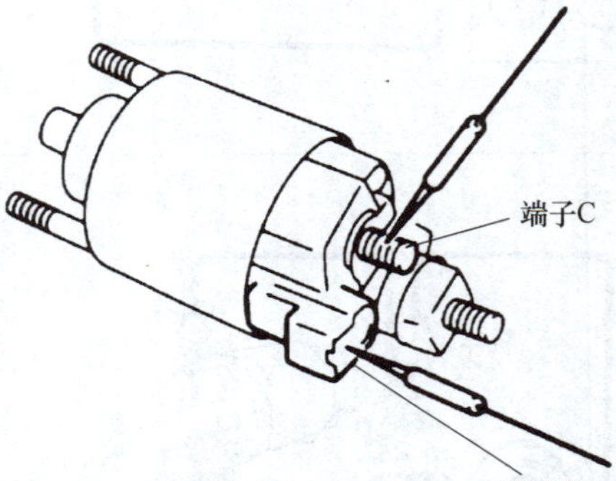	用万用表测量端子 50 和端子 C 间的电阻值 标准电阻：小于 1Ω。如果不符合标准，更换电磁开关总成
	检查保持线圈是否断路	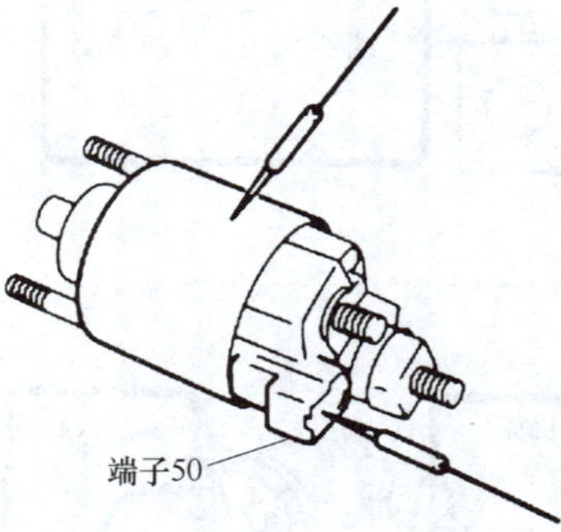	使用万用表测量端子 50 与开关壳体之间的电阻值 标准电阻：小于 2Ω。如果不符合标准，更换电磁开关总成
起动机电枢总成的检查	检查外观	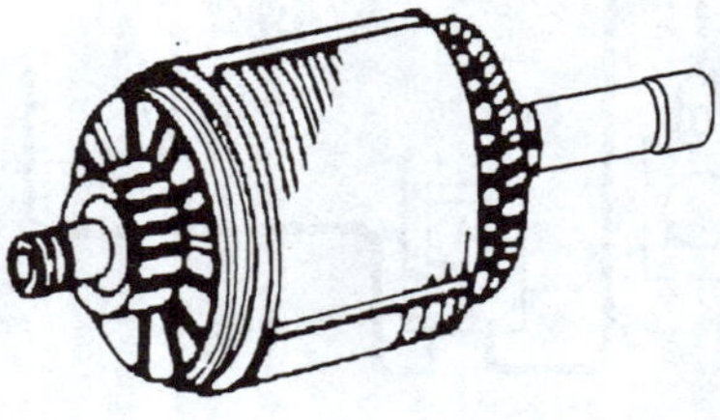	如果表面脏污或烧坏，用砂纸（400 号）或在车床上修复表面

（续）

项　　目	步　　骤	图　　示	操作说明及结果分析
起动机电枢总成的检查	检查换向器是否断路	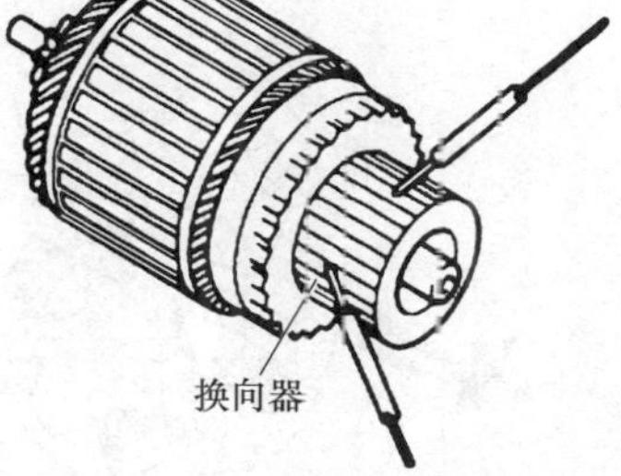	使用万用表测量换向器片间的电阻 标准电阻：小于1Ω。如果不符合标准，更换起动机电枢总成
	检查换向器是否对搭铁短路	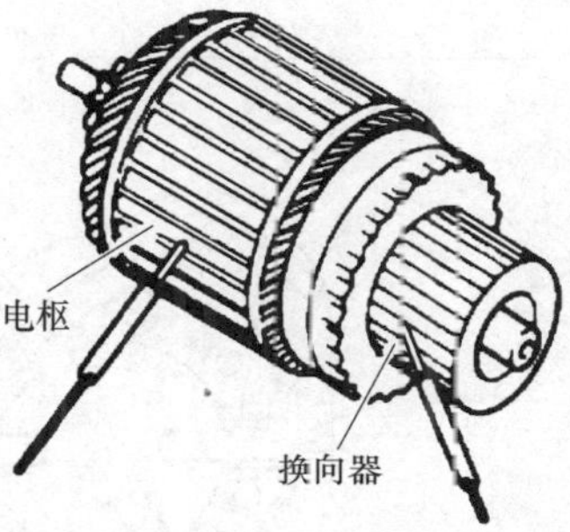	使用万用表测量换向器和电枢线圈间的电阻 标准电阻：10kΩ或更大。如果不符合标准，更换起动机电枢总成
	检查换向器径向圆跳动	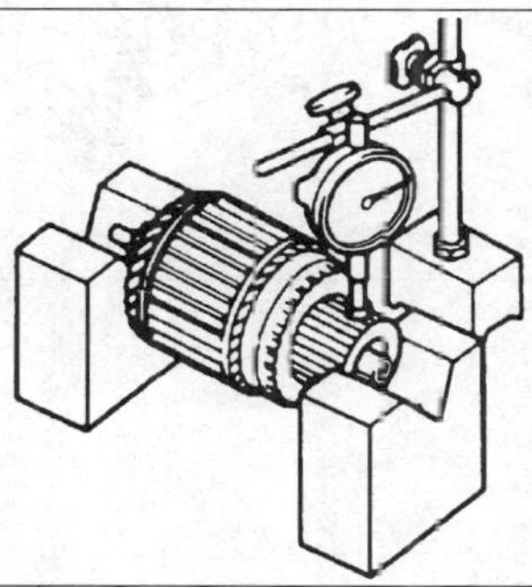	将换向器放在V形架上。用百分表测量径向圆跳动。标准径向圆跳动：0.02mm，最大径向圆跳动：0.05mm。如果径向圆跳动大于最大值，则更换电枢总成
	检查换向器直径	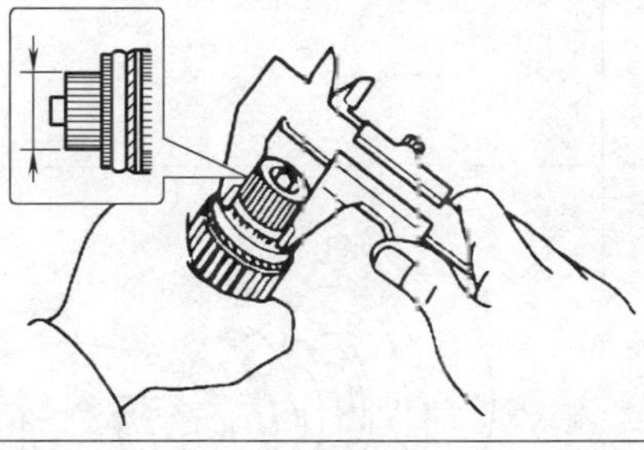	用游标卡尺测量换向器的直径 标准直径：29.0mm，最小直径：28.0mm。如果直径小于最小值，则更换电枢总成
起动机电刷总成的检查	拆下弹簧卡爪	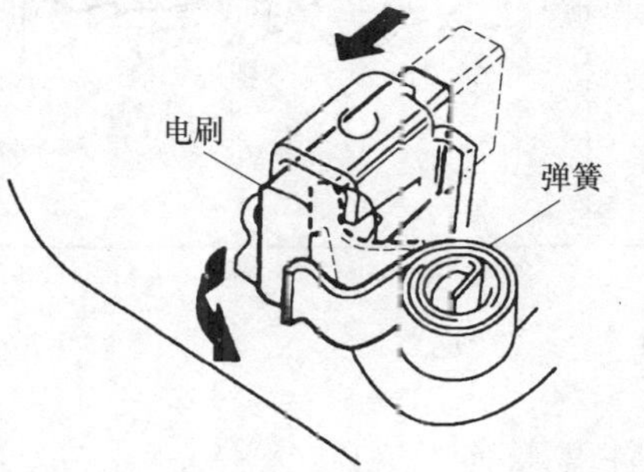	—

（续）

项　目	步　骤	图　示	操作说明及结果分析
起动机电刷总成的检查	测量电刷长度	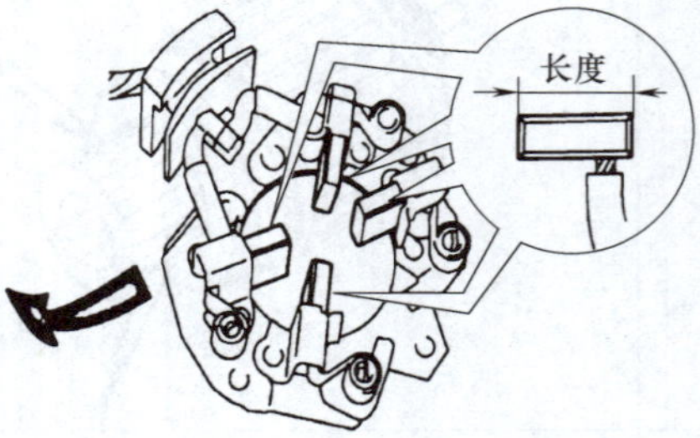	用游标卡尺测量电刷长度 标准长度：14.4mm，最小长度：9.0mm。如果长度小于最小值，更换起动机电刷架总成
	检查电刷架	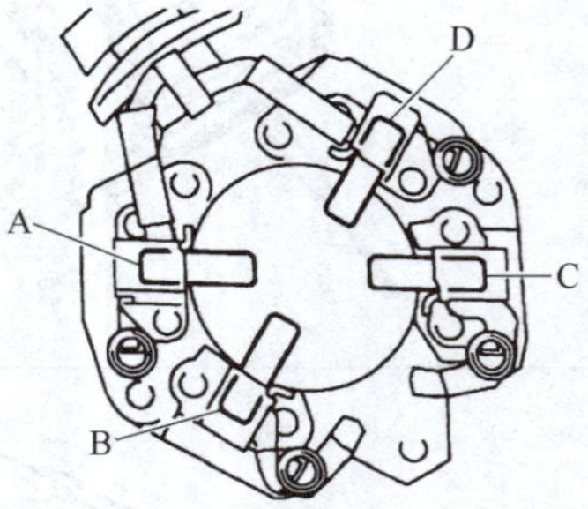	用万用表测量电刷间的电阻 标准电阻应符合规定值：A-B为10kΩ或更大；A-C为10kΩ或更大；A-D为小于1Ω；B-C为小于1Ω；B-D为10kΩ或更大；C-D为10kΩ或更大。如果不符合标准，更换起动机电刷架总成
起动机中间轴承离合器分总成的检查	检查行星齿轮的轮齿、内齿轮和起动机离合器是否磨损并损坏	—	检查行星齿轮的轮齿、内齿轮和起动机离合器是否磨损并损坏 如果损坏，更换齿轮或离合器总成 还要检查行星齿轮是否磨损或损坏
	检查离合器起动机	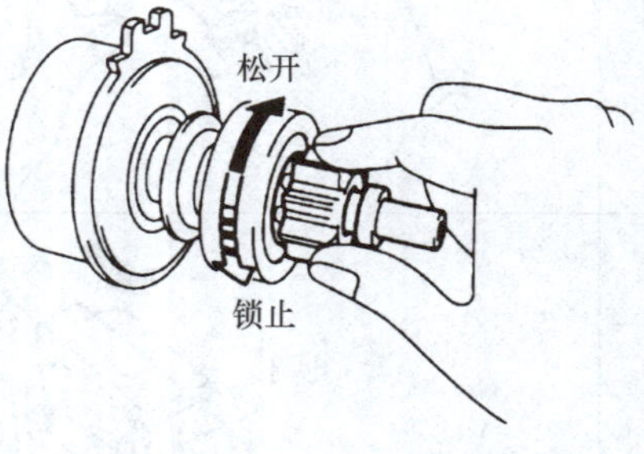	顺时针转动离合器小齿轮，检查并确认其自由转动。尝试逆时针转动离合器小齿轮，检查并确认其锁止。如有必要，则更换起动机中间轴承离合器分总成

三、起动机的组装

起动机的组装步骤及注意事项见表1-16。

表 1-16　起动机的组装步骤及注意事项

项　　目	步　　骤	图　　示	注 意 事 项
安装起动机中间轴承离合器分总成	1）将起动机小齿轮驱动杆和橡胶密封件安装至起动机中间轴承离合器分总成 2）将起动机中间轴承离合器和起动机小齿轮驱动杆一起安装至起动机驱动端盖总成	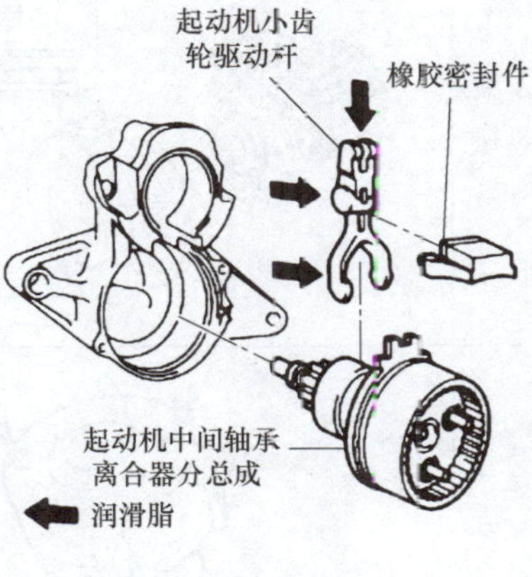	安装前，将润滑脂涂抹到起动机小齿轮驱动杆与起动机小齿轮驱动杆的起动机枢轴的接触部分
安装行星齿轮	安装 3 个行星齿轮	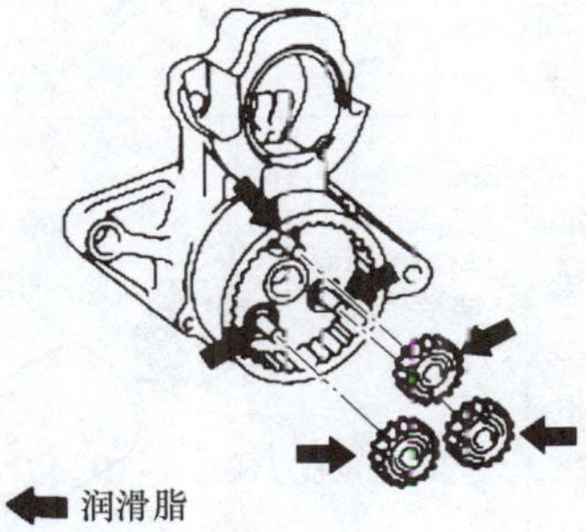	安装行星齿轮前，在行星齿轮和行星轴销部位涂抹润滑脂
安装起动机电刷总成	安装电刷架总成		用螺钉旋具抵住电刷弹簧，将 4 个电刷安装到电刷架上
	安装密封垫	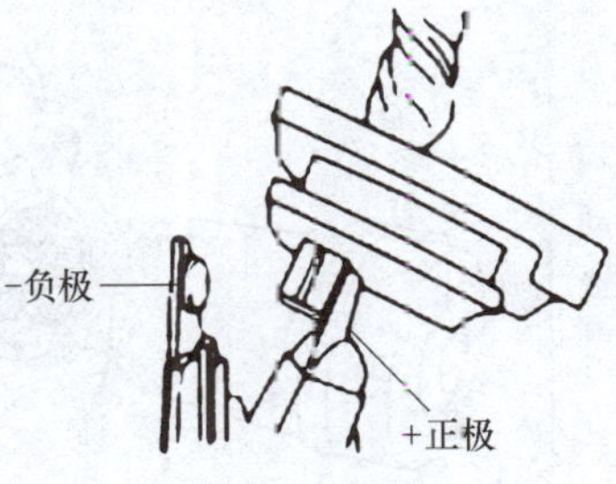	将密封垫插入正极和负极之间

（续）

项　　目	步　　骤	图　　示	注意事项
安装起动机换向器端盖总成	将电刷架卡夹装配到起动机换向器端架总成上	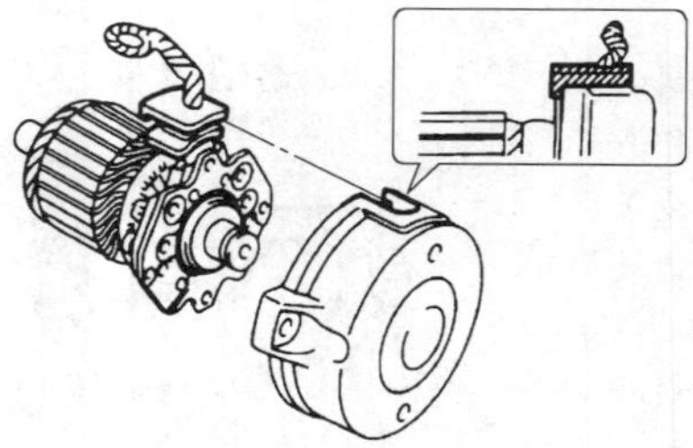	—
	用两颗螺钉安装换向器端架	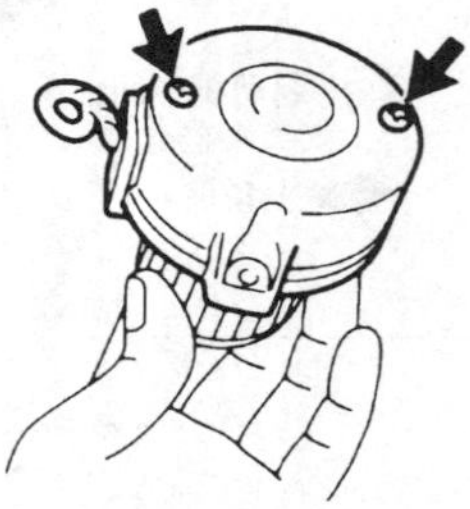	—
安装起动机电枢总成	将橡胶件对准起动机磁轭总成的凹槽，将带电刷的起动机电枢安装到起动机磁轭总成上	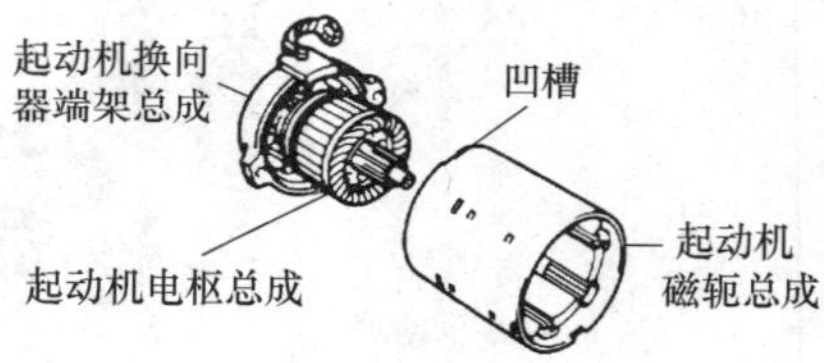	支撑起动机电枢，以防止起动机磁轭总成的磁力将其从起动机电刷架中拉出
安装起动机电枢板	将起动机电枢板安装至起动机磁轭总成	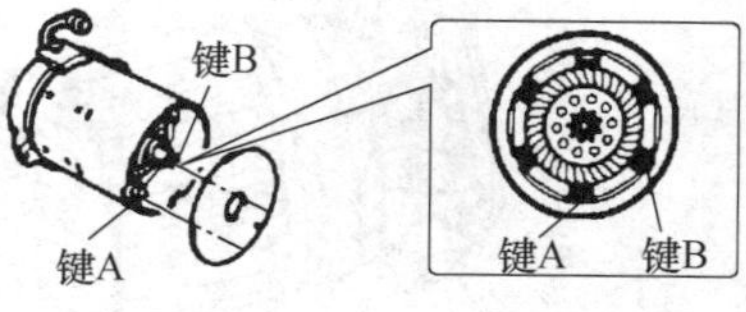	安装时要使键槽位于键 A 和键 B 之间
安装起动机磁轭总成	将起动机磁轭键对准位于起动机驱动端盖总成上的键槽	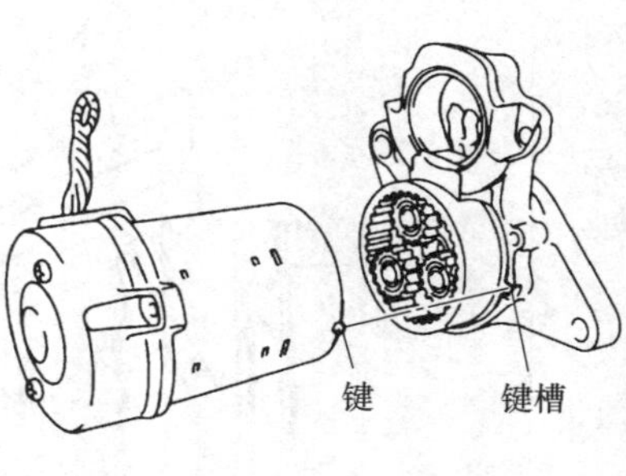	—

（续）

项　目	步　骤	图　示	注意事项
安装起动机磁轭总成	用两个螺钉安装起动机磁轭总成	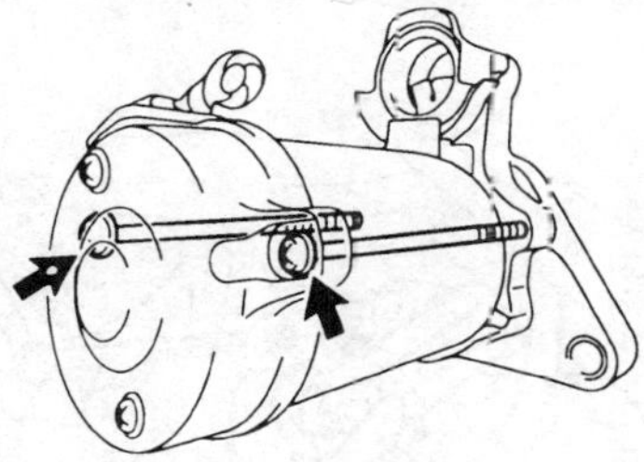	—
安装电磁开关总成	将电磁开关总成的铁心从上侧接合到驱动杆上	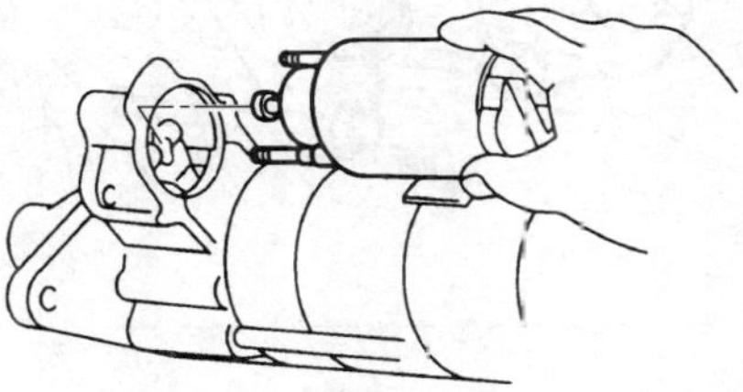	在此之前要在铁心挂钩上涂抹润滑脂
	用两个螺母安装电磁开关总成	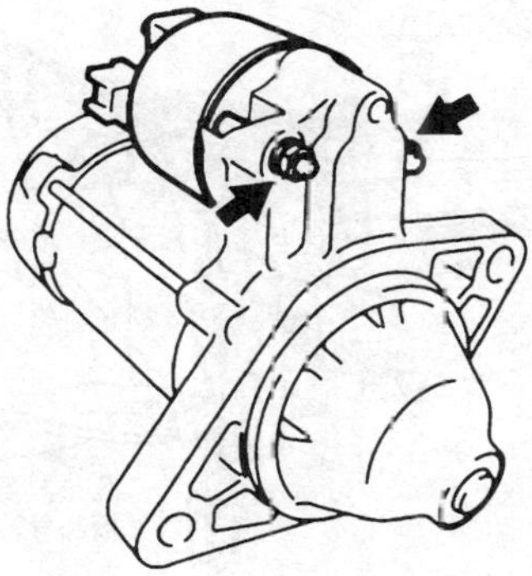	—
	将引线连接至电磁开关，然后用螺母紧固	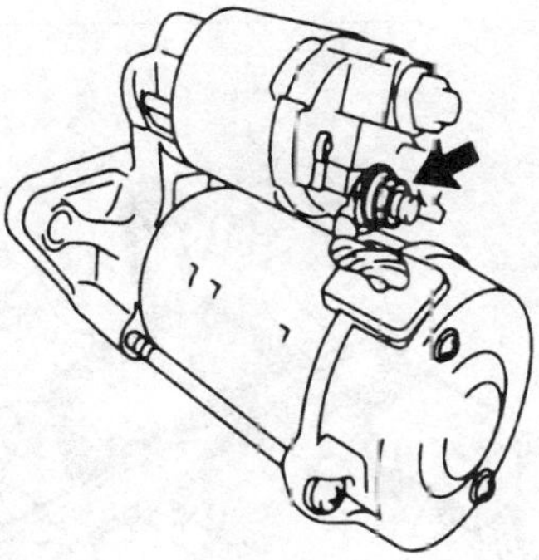	—

四、起动机的安装

起动机的安装步骤及注意事项见表1-17。

表 1-17　起动机的安装步骤及注意事项

步　骤	图　示	注意事项
安装起动机总成	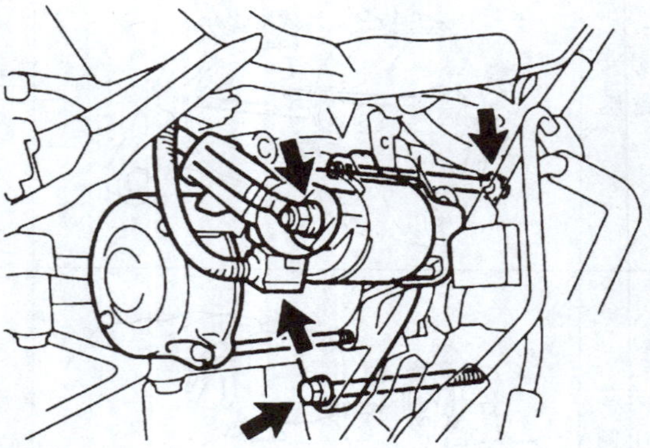	用两颗螺栓安装起动机总成；连接插接器；用螺母连接端子 30；合上端子盖，用螺栓安装线束支架；安装两个线束卡夹
安装散热器上的空气导流板	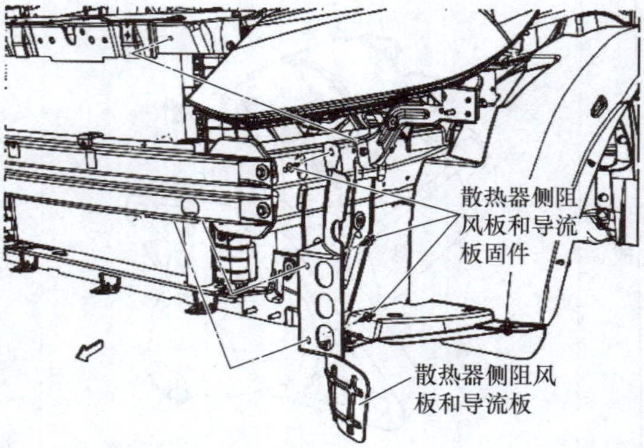	—
将电缆连接到蓄电池负极端子上	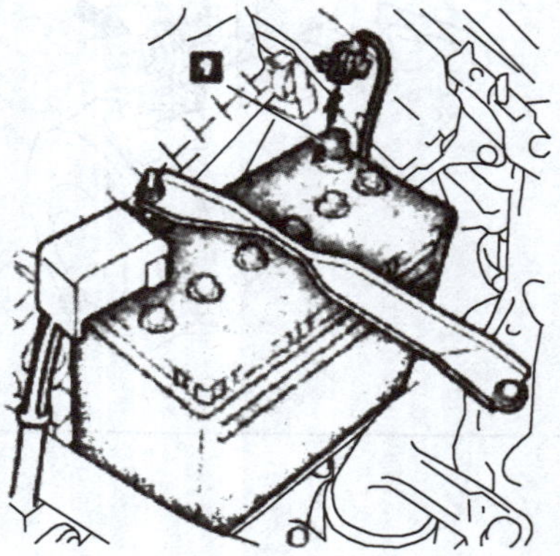	—

【制订计划】

汽车起动机的故障检修方案

<table>
<tr><td>任务分工</td><td colspan="3">组员安排：
①
②
③
④
⑤
⑥</td></tr>
<tr><td rowspan="8">工量具及材料准备
（在对应的选项中画√即可）</td><td>工量具名称</td><td colspan="2">选　择</td></tr>
<tr><td>螺钉旋具</td><td>□可能</td><td>□不可能</td></tr>
<tr><td>万用表</td><td>□可能</td><td>□不可能</td></tr>
<tr><td>顶拔器</td><td>□可能</td><td>□不可能</td></tr>
<tr><td>尖嘴钳</td><td>□可能</td><td>□不可能</td></tr>
<tr><td>毛刷</td><td>□可能</td><td>□不可能</td></tr>
<tr><td>游标卡尺</td><td>□可能</td><td>□不可能</td></tr>
<tr><td>百分表</td><td>□可能</td><td>□不可能</td></tr>
<tr><td>根据任务，列举宝骏 630 轿车发电机不工作的故障原因</td><td colspan="3"></td></tr>
<tr><td>故障检修流程</td><td colspan="3"></td></tr>
<tr><td rowspan="8">检修工作注意事项
（在对应的选项中画√即可）</td><td>内　容</td><td colspan="2">选　择</td></tr>
<tr><td>工量具整齐摆放不落地</td><td>□是</td><td>□否</td></tr>
<tr><td>零件不落地，工量具轻拿轻放</td><td>□是</td><td>□否</td></tr>
<tr><td>工量具使用前要清洁，使用后要保养</td><td>□是</td><td>□否</td></tr>
<tr><td>拔插电路插接器时，需要进行断电</td><td>□是</td><td>□否</td></tr>
<tr><td>检测电路时，根据检测内容，是否断电</td><td>□是</td><td>□否</td></tr>
<tr><td>及时记录测量数据</td><td>□是</td><td>□否</td></tr>
<tr><td>维修工作完成后进行工作现场“6S”</td><td>□是</td><td>□否</td></tr>
</table>

【任务实施】

一、起动机的技术状况检查

1. 起动机的不解体检修

项　目	图　示	结果分析
吸引线圈的性能测试	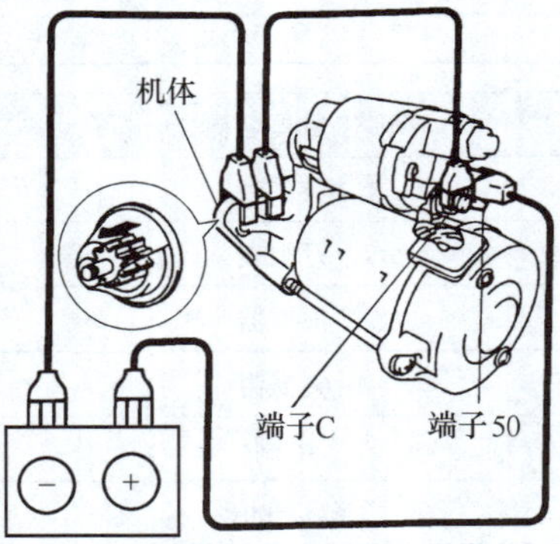 	驱动齿轮是否向外移动：________ 处理意见：________ ________
保持线圈的性能测试	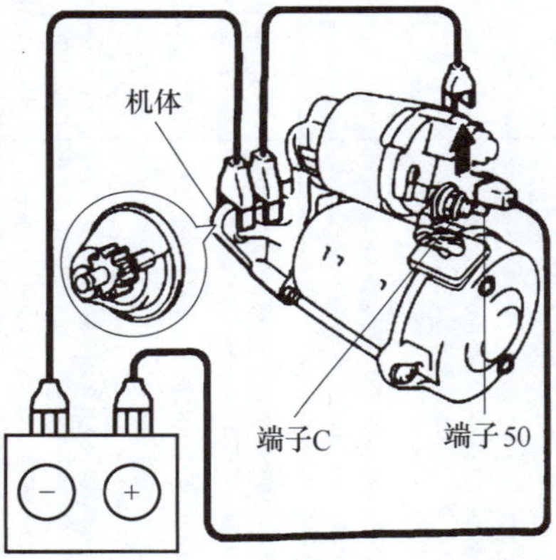 	驱动齿轮是否复位：________ 处理意见：________ ________
驱动齿轮回位测试	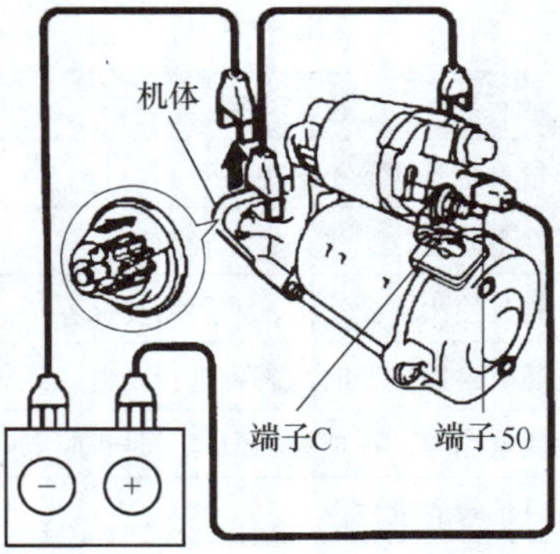 	驱动小齿轮是否立刻退回：________ 处理意见：________ ________

（续）

项　　目	图　　示	结 果 分 析
空载测试	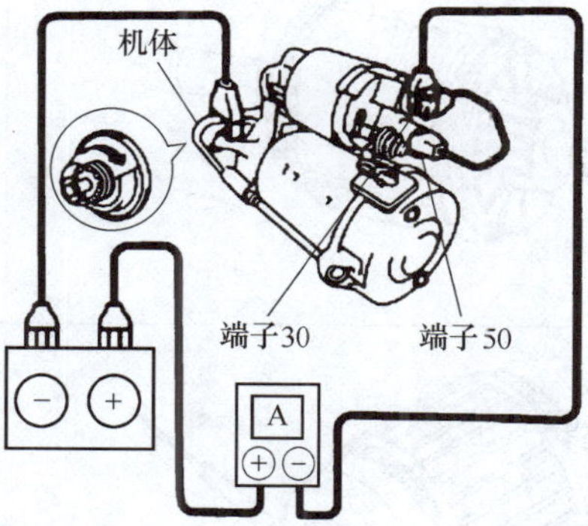	检测工具：________ 档位选择：________ 测量值：________ 结果分析：________ 处理意见：________

2. 起动机的分解检修

项　　目	步　　骤	图　　示	结 果 分 析
电磁开关总成的检查	检查铁心	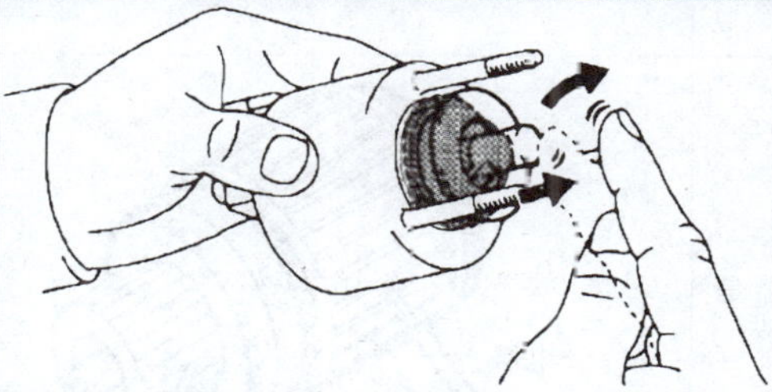	铁心是否能够迅速复位到初始位置：________ 处理意见：________
	检查吸引线圈是否断路	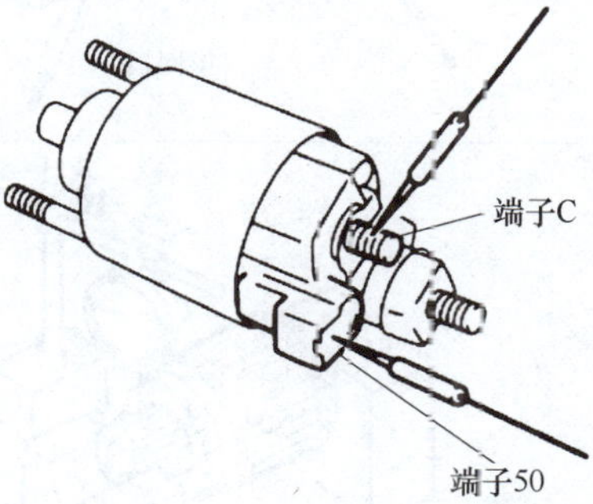	检测工具：________ 档位选择：________ 测量值：________ 结果分析：________ 处理意见：________
	检查保持线圈是否断路	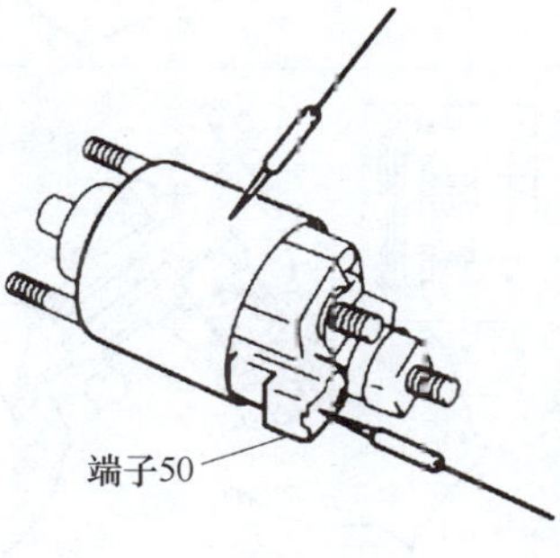	检测工具：________ 档位选择：________ 测量值：________ 结果分析：________ 处理意见：________

（续）

项　目	步　骤	图　示	结果分析
起动机电枢总成的检查	外观检查		是否有脏污：________ 是否烧坏：________ 处理意见：________
	检查换向器是否断路	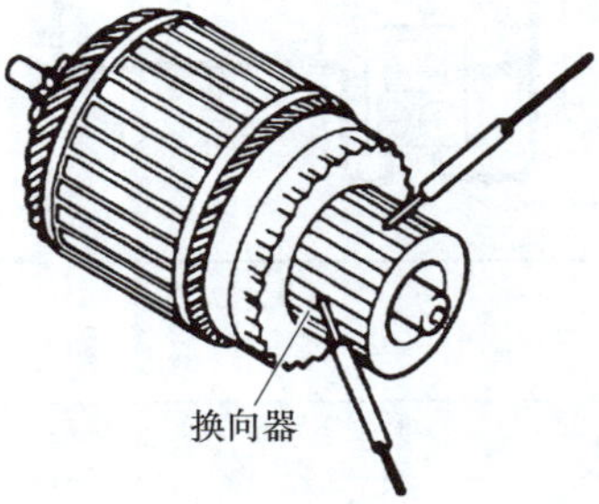 	检测工具：________ 档位选择：________ 测量值：________ 结果分析：________ 处理意见：________
	检查换向器是否对搭铁短路	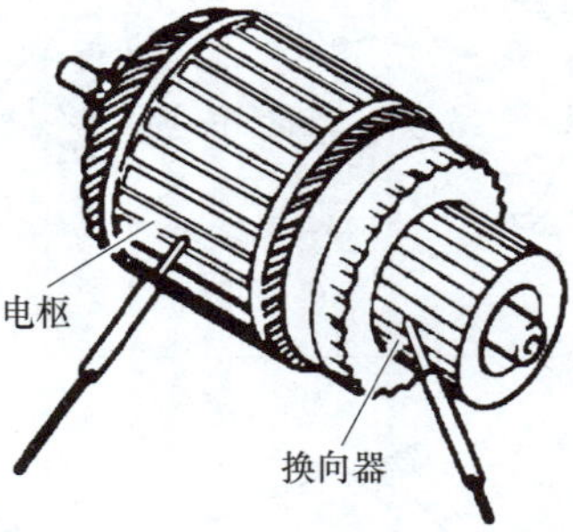 	检测工具：________ 档位选择：________ 测量值：________ 结果分析：________ 处理意见：________
	检查换向器径向圆跳动	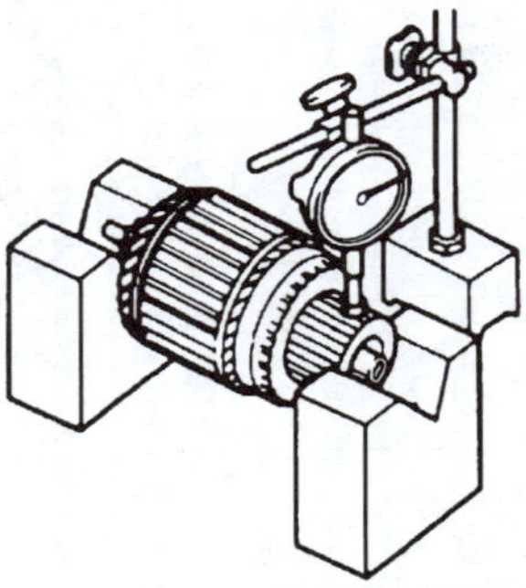	检测工具：________ 测量值：________ 结果分析：________ 处理意见：________
	检查换向器直径	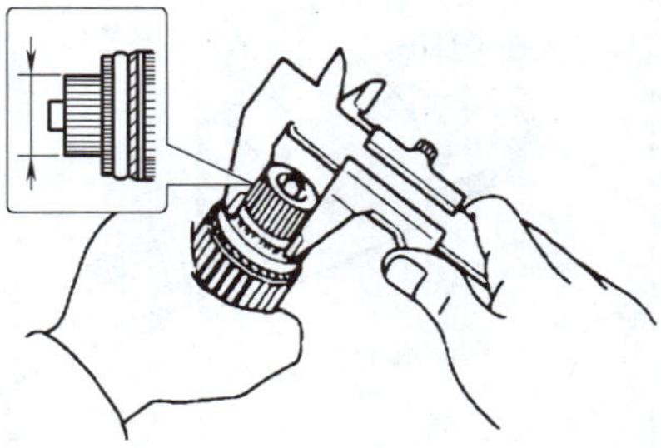	检测工具：________ 测量值：________ 结果分析：________ 处理意见：________

（续）

项　目	步　骤	图　示	结果分析
起动机电刷总成的检查	拆下弹簧卡爪	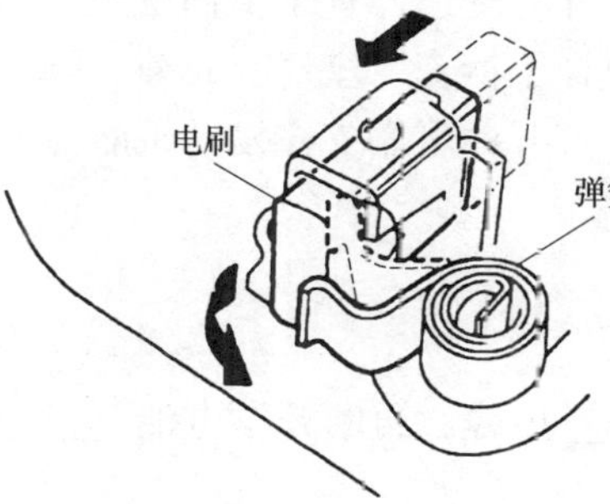	—
	测量电刷长度	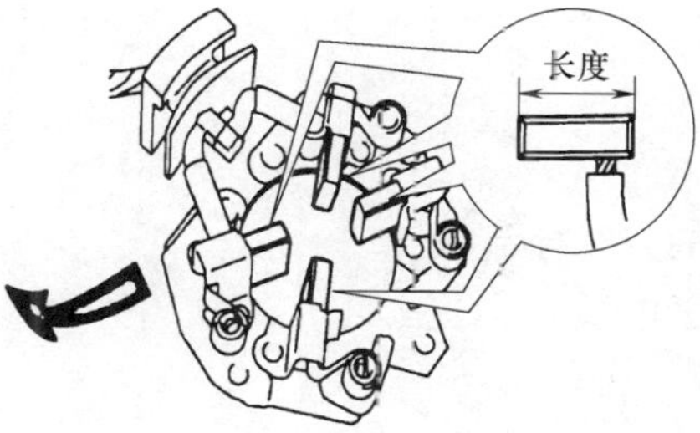	检测工具： 档位选择： 测量值： 结果分析： 处理意见：
	检查电刷架	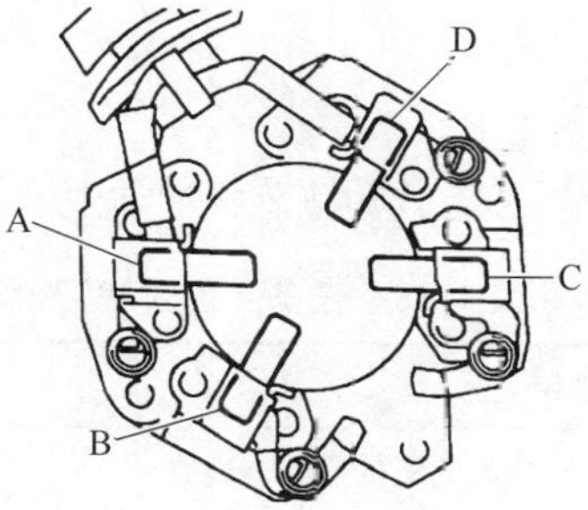	检测工具： 档位选择： 测量值： 结果分析： 处理意见：

二、汽车起动机的故障诊断与排除

1）完成本工作任务，需要用到哪些工量具及材料？

______

______

______

（选项：万用表、试电笔、梅花扳手、螺钉旋具、顶拔器、尖嘴钳、专用工具、毛刷、游标卡尺、百分表、转向盘护套、变速杆手柄套、座椅套、脚垫、翼子板布、前格栅布、举升机、手电筒等）

2）准备工作。

① 填写车辆信息。

车型：__________；行驶里程：__________；车辆识别码（VIN）：________________。

② 起动机在车上的安装位置是：________________________________。
③ 将汽车停驻在指定工位上，准备好相关工量具及材料。 □完成
④ 拉紧驻车制动器手柄，并将变速杆置于空档位置。 □完成
⑤ 套上转向盘护套、变速杆手柄套、座椅套，铺上脚垫。 □完成
⑥ 拉动发动机舱盖手柄，打开并可靠支撑发动机舱盖。 □完成
⑦ 粘贴翼子板布和前格栅布。 □完成

3）拆卸和安装起动机。

① 拆卸步骤。

a. 先断开蓄电池__________电缆，再断开蓄电池__________电缆。 □完成
A. 搭铁　　B. 正极
b. 拆卸散热器上的__________。 □完成
c. 拆卸起动机总成。 □完成

② 安装步骤。

a. 安装起动机总成。 □完成
b. 安装拆卸散热器上的空气导流板。 □完成
③ 安装蓄电池负极端子电缆。 □完成

4）现场6S，完成任务，交车。 是否完成：□是　□否

【检查与考评】

一、任务实施及评价

根据技术规范要求完成整个任务，教师注意引导学生填写任务实施过程评价表（表1-18）。

表1-18　任务实施过程评价表

班级		姓名		学号		
考核内容		起动机的检测与维修		规定考核时间	30min	
序号	基本步骤	作业流程	考核要点	配分	得分	
					自评	互评
1	准备工作	工作服等劳保用品穿戴	戴不规范扣2分/项	5		
		准备工具	工具准备是否齐全	2		
		车辆安全停放	是否拉驻车制动器手柄，安放车轮挡块	5		
		车辆安全防护	是否安装车外四件套	5		
			是否安装车内三件套	3		
2	更换起动机操作	拆卸起动机	操作顺序是否合理	5		
			使用工具是否规范	5		
		安装起动机	操作顺序是否合理	5		
			使用工具是否正确	5		

（续）

序号	基本步骤	作业流程	考核要点	配分	得分	
					自评	互评
3	检查起动机操作	观察起动机	是否能找到发电机型号	5		
		起动机不解体检查	是否漏检，扣2分/项	10		
		技术状况检查	起动机的电磁开关检修是否正确	10		
			起动机电枢总成的检修是否正确	10		
			起动机电刷架总成的检修是否正确	10		
			起动机中间轴承离合器分总成的检修是否正确	5		
4	现场6S	收拾整理工具	扣2分/项	5		
		工具、零件不落地	扣2分/项	5		
总分				100		
监考教师			考核日期		年　月　日	

二、学习效果评价

请根据该组的团体表现及个人表现，对学习效果进行自我评价。学习效果评价表见表1-19。

表1-19　学习效果评价表

项　目	评价内容	评价等级（学生自评）		
		A	B	C
关键能力考核项目	遵守纪律、遵守学习场所管理规定，服从安排			
	安全意识、责任意识，6S管理意识，注重节约、节能与环保			
	学习态度积极主动，能参加实习安排的活动			
	团队合作意识，注重沟通，能自主学习及相互协作			
	仪容仪表符合活动要求			
专业能力考核项目	按时按要求独立完成工作页			
	工具、设备选择得当，使用符合技术要求			
	操作规范，符合要求			
	学习准备充分、齐全			
	注重工作效率与工作质量			
小组评语及建议		组长签名： 年　月　日		
教师评语及建议		教师签名： 年　月　日		

【知识巩固】

一、填空题

① 观察起动机的外壳，找到起动机的型号，记录下来：________________

型号的第一部分表示：________________

第二部分表示：________________

第三部分表示：________________

第四部分表示：________________

第五部分表示：________________

② 汽车起动机的作用有哪些？

____

____

③ 查找资料，了解汽车起动系统，将图中所标名称填入表格中。

汽车充电系统结构图	名　称
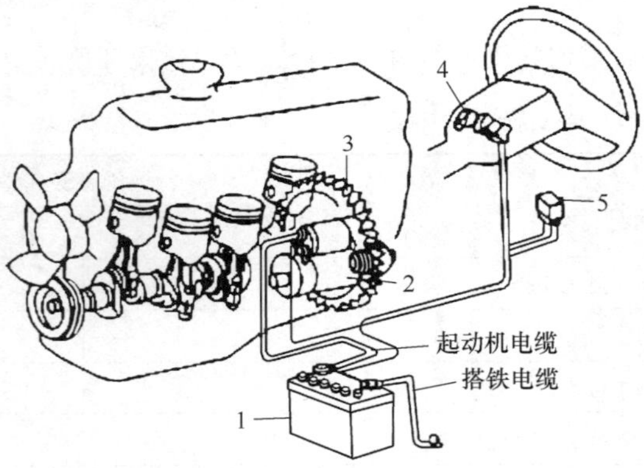	1：
	2：
	3：
	4：
	5：

④ 查找资料，了解汽车起动机直流电动机的结构，将图中所标名称填入表格中。

起动机直流电动机结构图	名　称	
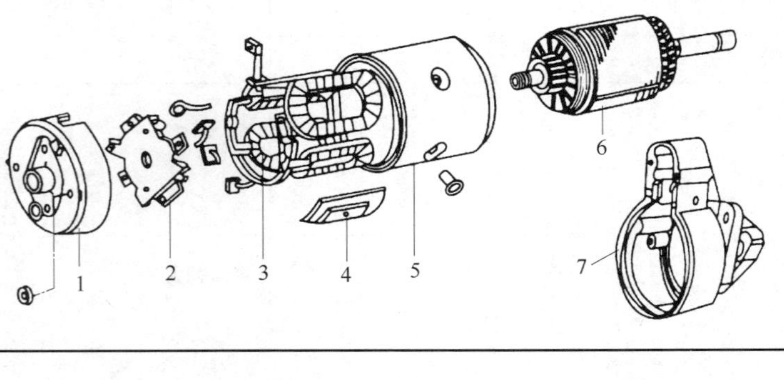	1：	5：
	2：	6：
	3：	7：
	4：	

⑤ 查找资料，了解汽车起动机电磁开关的结构，将图中所标名称填入表格中。

起动机电磁开关结构图	名　称
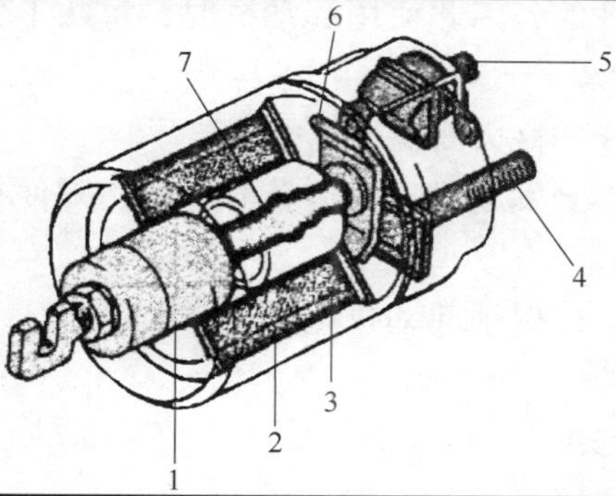	1：
	2：
	3：
	4：
	5：
	6：
	7：

⑥ 查找资料，了解汽车起动机电枢的结构，将图中所标名称填入表格中。

起动机电枢结构图	名　称
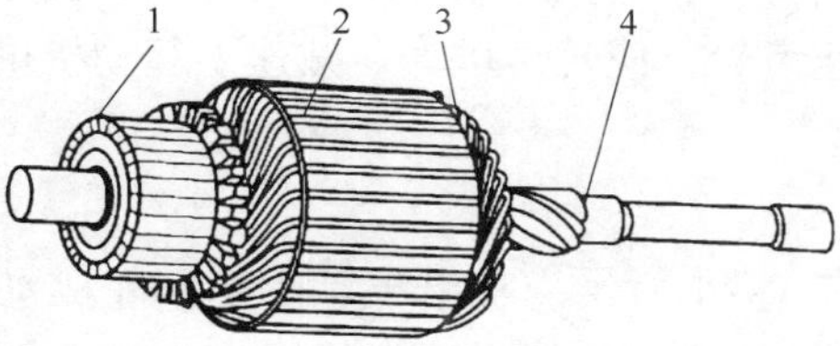	1：
	2：
	3：
	4：

二、选择题

1. 进行全制动试验时，每次起动试验时间不超过（　　）。

A. 3s　　B. 5s　　C. 10s　　D. 15s

2. 起动机空转的原因之一是（　　）。

A. 蓄电池亏电　　B. 单向离合器打滑

C. 电刷过短　　D. 保持线圈断路

3. 某电路设计的最大电流为16A，应选用（　　）A 的熔丝。

A. 15　　B. 16　　C. 18　　D. 20

4. 起动机结构中，用来控制直流电动机主电路通断的是（　　）。

A. 保持线圈　　B. 吸引线圈

C. 吸引线圈和保持线圈　　D. 电磁开关

5. 起动机中共有（　　）个电刷，其中（　　）个为绝缘电刷。

A. 4　2　　B. 2　4　　C. 2　1　　D. 4　4

【知识拓展】

一、汽车起动机的正确使用

为了延长起动机的使用寿命，并保证起动机能迅速、可靠和安全地工作，使用起动机时必须注意以下几点：

1）起动机是按短时间、大电流工作设计的，因此使用起动机时，每次工作时间不得超过5s，反复起动时必须间隔15s以上。

2）起动机电路的导线连接要牢固，导线的截面面积不能太小。

3）在发动机起动后迅速松开点火钥匙，当发动机正常运转时，切勿随便接通点火开关至起动档。

4）尽可能使蓄电池处于充足电的状态，以保证起动机正常工作时的电压和容量，从而减少起动机重复工作的时间。

5）定期对起动机进行全面的保养和检修。

二、减速型起动机的结构及工作原理

现代汽油发动机多已采用减速型起动机。与普通传统式起动机相比，其最大特点为小型化、轻量化及高转矩；但起动机小型化会造成散热不良，故将导线接头的锡焊改为铜焊甚至将铜焊改为熔接方式，绝缘材料使用高耐热材料。电枢线圈导线数的减少，使起动机小型化且高速化，高转速时转矩小，所以需用减速齿轮，使转矩增大。减速型起动机可分为减速齿轮组式与行星齿轮组式两种。

1. 减速齿轮组式减速型起动机的结构

减速齿轮组式减速型起动机的结构如图1-44所示。在电枢轴上的惰轮驱动离合器轴上的较大齿轮，为第一次减速，减速比约为3:1，起动机外壳磁场线圈电枢离合器轴上的小齿轮驱动飞轮齿圈时，为第二次减速；总减速比约为45:1，以提供较高的旋转转矩。

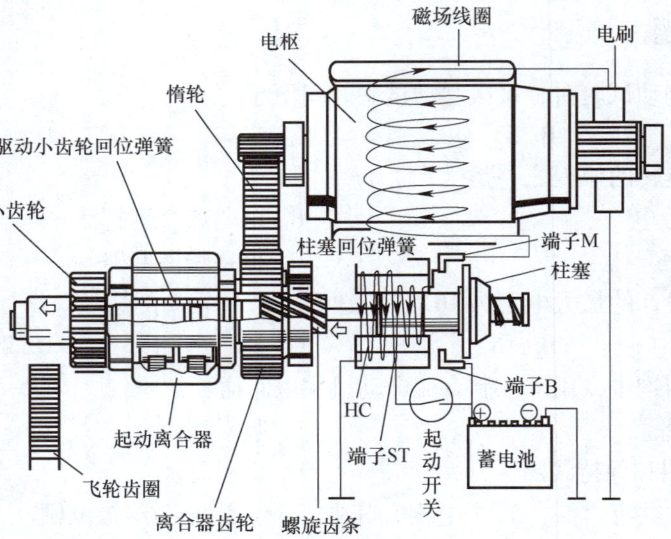

图1-44 减速齿轮组式减速型起动机的结构

2. 行星齿轮组式减速型起动机的结构

行星齿轮组式减速型起动机没有减速齿轮组式减速型起动机的惰齿轮，而是将转速在同轴上减速，可在狭窄处做大幅度减速，因此更小型、轻量化。第一次减速比约为5:1，总减速比约为70:1。行星齿轮组式减速型起动机的结构如图1-45所示。

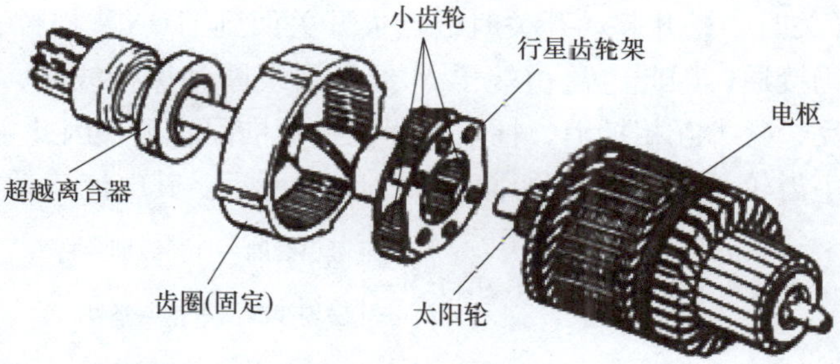

图 1-45　行星齿轮组式减速型起动机的结构

3. 减速型起动机的工作原理

1）起动开关在“ST”位置时。当起动开关转到“ST”位置时，电流经端子 ST 流进吸引线圈与保持线圈，流进吸引线圈的电流经端子 M 进入磁场线圈与电枢线圈，如图 1-46 所示，由于吸引线圈的磁化作用导致电压降，使流入磁场线圈及电枢线圈的电流变小，故起动机只以低速转动。其电流流动方向如下：

蓄电池→起动开关→端子 ST→{ 保持线圈→搭铁；吸引线圈→端子 M→磁场线圈→电枢线圈→搭铁 }

图 1-46　起动开关在“ST”位置时的工作原理

此时保持线圈与吸引线圈建立的磁场克服柱塞回位弹簧的弹力，使柱塞向左移动，驱动小齿轮被向左推与飞轮齿圈啮合。由于起动机转速慢，故可顺利啮合，且螺旋齿条有帮助平顺啮合的作用。

当驱动小齿轮与飞轮齿圈完全啮合后，柱塞左侧的接触片使端子 M 与端子 B 接通，大工作电流流入起动机，使起动机高速旋转，如图 1-47 所示。而此时吸引线圈两端的电压相同而短路，电流不再流入，柱塞仅靠保持线圈的磁力保持在最左边的位置，其电流流动方向如下：

电源→{ 起动开关→端子 ST→保持线圈→搭铁；端子 B→接触片→端子 M→磁场线圈→电枢线圈→搭铁 }

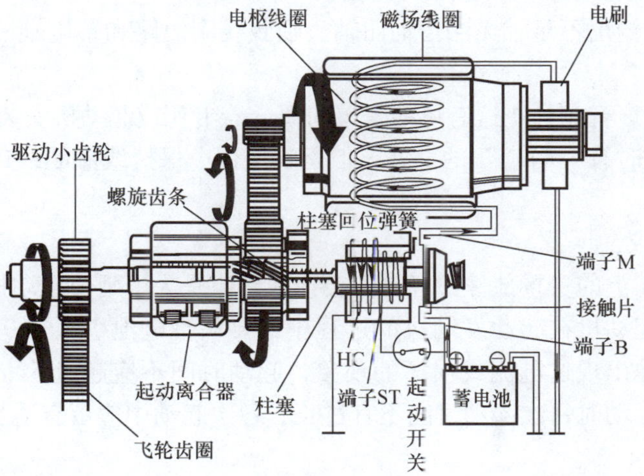

图 1-47　主开关接通时的工作原理图

2）松开起动开关时。松开起动开关时，点火开关回到“ON”档位，此时，端子 ST 电流切断，但主开关仍接通，因此电流由端子 M 经吸引线圈到保持线圈，吸引线圈与保持线圈中的电流方向相反，磁力互相抵消，柱塞被回位弹簧推回右侧，因此主开关通过的大工作电流被切断，驱动小齿轮与飞轮齿圈分离，如图 1-48 所示。其电流流动方向如下：

蓄电池→端子 B→接触片→端子 M→{ 吸引线圈→保持线圈→搭铁；磁场线圈→电枢→搭铁 }

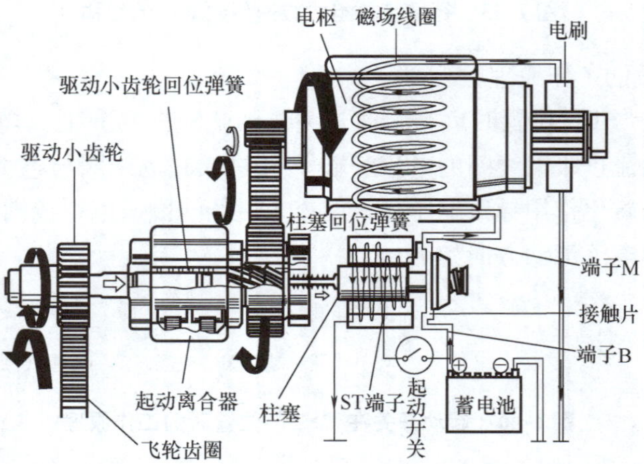

图 1-48　起动开关回到“ON”位置时的工作原理图

三、汽车起动机常见故障及维修保养建议

1. 起动机常见故障现象及可能原因

1）接通起动开关后，起动机高速旋转而发动机曲轴无反应。这种现象表明故障发生在起动机的传动机构上，这有可能是传动齿轮或单向离合器磨损造成的。

2）起动机无法正常工作，驱动齿轮不转。引发这种现象的原因很多，如电源线出现问题、起动开关接触盘烧蚀以及发动机阻力过大等。

3）起动机动力输出不足，无法带动曲轴。励磁线圈短路和蓄电池亏电均可引发起动机动力不足。

4）起动机运转声音刺耳。这有可能是单向离合器卡死或起动机安装不当造成的。

5）起动机开关时有“嗒嗒”的声音，但是不工作。保持线圈断线或蓄电池严重亏电会导致这种现象。

2. 维修保养建议

起动机属于汽车上的贵重部件，轻易不会损坏，但是为了延长起动机的使用寿命，恰当地使用是必需的。起动机在起动发动机的过程中，要从蓄电池引入 300 ~ 400A · h 的电量，因此为了防止蓄电池出现过电流或损坏的现象，起动时间不应超过 5s；冬季容易出现起动困难的现象，多次起动时每次起动时间不宜过长，各次起动中应留有适当间隔。

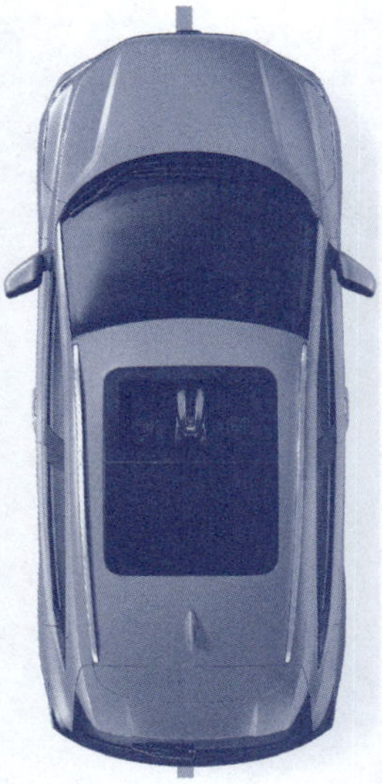

项目二

汽车照明与信号系统检测与维修

本项目主要学习汽车照明与信号系统检测与维修的内容，其目的是让学生深入了解汽车灯光照明系统、灯光信号系统及喇叭的作用、结构及工作原理，让学生能正确使用工量具进行汽车照明与信号系统检测、维修与部件更换作业，为后续汽车车身电控系统故障诊断与排除的学习奠定基础。

本项目包括以下学习任务：

任务一　示廓灯不亮的检测与维修

任务二　前雾灯不亮的检测与维修

任务三　前照灯不亮的检测与维修

任务四　转向灯不亮的检测与维修

任务五　制动灯不亮的检测与维修

任务六　喇叭不响的检测与维修

任务一 示廓灯不亮的检测与维修

【任务描述】

客户王先生的宝骏 630 轿车在行驶时出现左前示廓灯不亮的故障，影响夜间行车的安全，需要进行维修，于是他将车开到 4S 店维修服务中心进行检修。维修技师使用检测仪器对车辆进行检测，找到故障部位，排除故障。

【学习目标】

1. 能准确识读汽车照明系统的工作原理图。
2. 能设计正确的维修方案。
3. 能按技术规范要求完成示廓灯不亮的检测与维修作业。
4. 培养学生自主学习的能力和团队意识。
5. 培养学生爱岗敬业的职业素养。

【学习重点】

1. 汽车示廓灯的作用及组成。
2. 汽车示廓灯的电路工作原理。

【学习难点】

1. 汽车示廓灯检修方案的制订。
2. 汽车示廓灯检修的方法。

【知识准备】

一、照明系统的认识

汽车车灯根据安装位置和用途的不同，一般可分为外部照明装置和内部照明装置。汽车照明灯的种类、特点及用途见表 2-1。

前照灯：俗称为大灯，装在汽车头部的两侧，用于夜间或光线昏暗路面上汽车行驶时的照明，有两灯制和四灯制之分。

雾灯：安装在车头和车尾，位置比前照灯稍低。装于车头的雾灯称为前雾灯，装于车尾的雾灯称为后雾灯。雾灯光色为黄色或橙色（黄色光波较长，透露性能好），用于在有雾、下雪、暴雨或尘埃等恶劣条件下改善道路照明情况。

表 2-1　汽车照明灯的种类、特点及用途

种类	外照明灯			内照明灯		
	前照灯	示廓灯	牌照灯	阅读灯	仪表灯	行李舱灯
工作时的特点	白色常亮，远、近光变化	黄色或橙色，单丝常亮	白色常亮	白色常亮	白色常亮	白色常亮
用途	为驾驶人安全行车提供保障	雨、雪、雾天保证有效照明及提供信号	用于照亮汽车尾部牌照	用于夜间车内照明	用于夜间观察仪表时的照明	用于夜间拿取行李舱中物品时的照明

示廓灯：用于夜间给其他车辆指示车辆位置与宽度，位于前部的俗称为小灯，位于后部的俗称为尾灯。示廓灯为低强度灯。

制动灯：安装在车辆尾部，通知后方的车辆本车正在制动，以免后面的车辆与其后部发生碰撞。

转向信号灯：安装在车辆两端及前翼子板上，向前后左右车辆表明驾驶人正在转向或改换车道。转向信号灯闪烁 60 ~ 120 次/min。

危险警告灯：车辆紧急停车或驻车时，危险警告灯给前后左右车辆指示车辆位置。转向信号灯一起同时闪烁，即作为危险警告灯用。

牌照灯：用于照亮尾部车牌。当尾灯亮时，牌照灯也亮。

倒车灯：安装于车辆尾部，给驾驶人提供额外照明，使其能在夜间倒车时看清车辆后方，也警告后方的车辆，本车驾驶人想要倒车或正在倒车。当点火开关接通，变速杆换至倒车档时，倒车灯亮。

目前，多数汽车上将前照灯、雾灯和示宽灯等组合起来，称为组合前灯；将尾灯、后转向信号灯、制动灯、倒车灯等组合起来，称为组合后灯。

仪表灯：用于夜间照亮仪表盘，使驾驶人能迅速看清仪表。尾灯亮时，仪表灯同时亮。有些车辆加装了灯光控制变阻器，使驾驶人能调整仪表灯的亮度。

顶灯：用于车内乘员照明，但必须不致使驾驶人眩目。通常客车车内灯均位于驾驶室中部，使车内灯光分布均匀。

二、示廓灯的作用

示廓灯装于车头和车尾两侧，一共有 4 盏，要求从车前和车尾 150m 远处能确认灯光信号，要求车前处光色为白色，车尾处为红色。其作用是夜间行车时标识车辆形位。宝骏 630 汽车前车灯的配置情况如图 2-1 所示。

示廓灯在车上与停车灯实际上是同一种灯具，只是开关的位置不一样，控制的方式不一样而已。有些汽车没有专门的停车灯，停车时用示廓灯代替停车灯的功能。

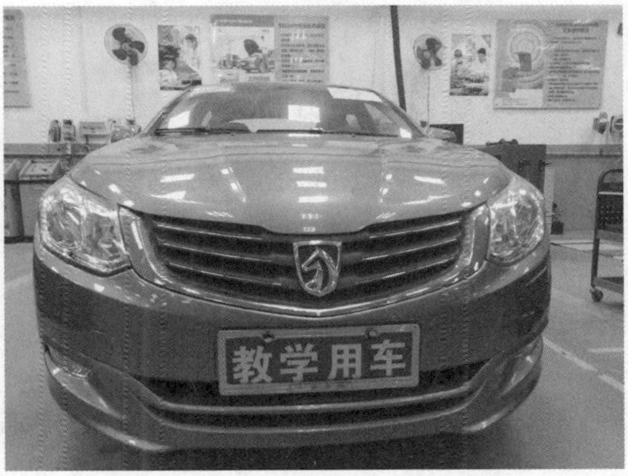

图 2-1　宝骏 630 汽车前车灯的配置情况

三、汽车灯光开关

汽车灯光开关的常见类型有旋钮式和调节杆式两种，如图 2-2 和图 2-3 所示。

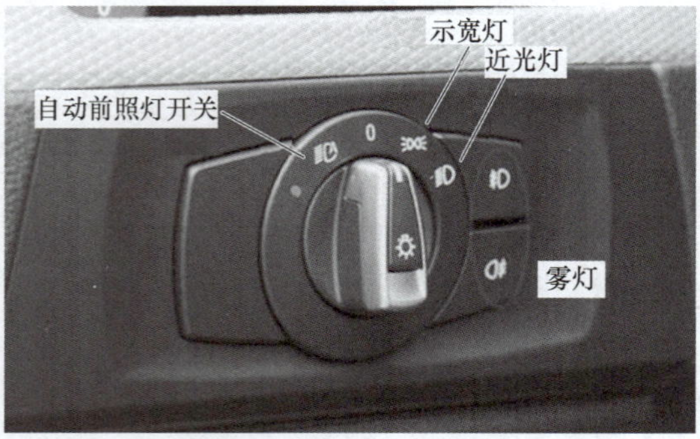

图 2-2　宝马 325 i 轿车的旋钮式灯光开关

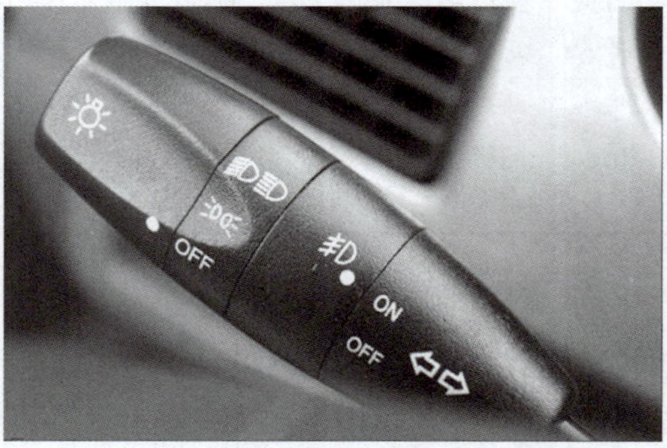

图 2-3　调节杆式汽车灯光开关

汽车灯光开关上的图标含义如图 2-4 所示。

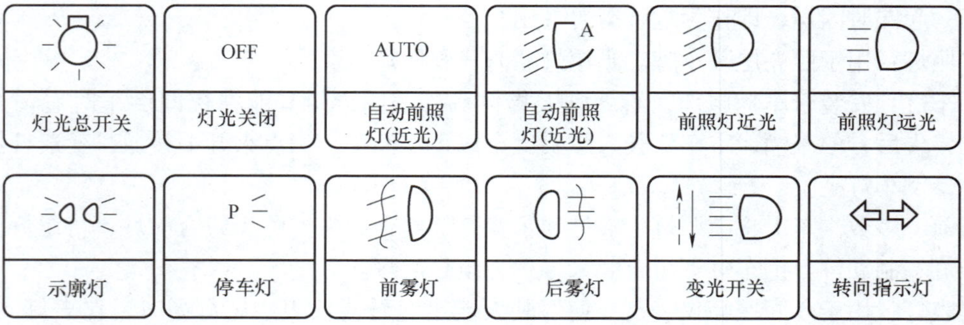

图 2-4　汽车灯光开关上的图标含义

【信息收集】

宝骏 630 轿车驻车灯、牌照灯电路如图 2-5 所示。

一、示廓灯电路分析

宝骏 630 轿车采用的是车身控制模块控制示廓灯工作的方式。

当把灯光开关拨到档位时，示廓灯电路接通，前后左右示廓灯同时亮，指示汽车的位置及宽度。其电流的流向为：车身控制模块 K9→__________→__________。控制电路接通。

灯光主电路电流流向为：车身控制模块 K9
- → 前左右示廓灯 → 搭铁。
- → 后左右示廓灯 → 搭铁。

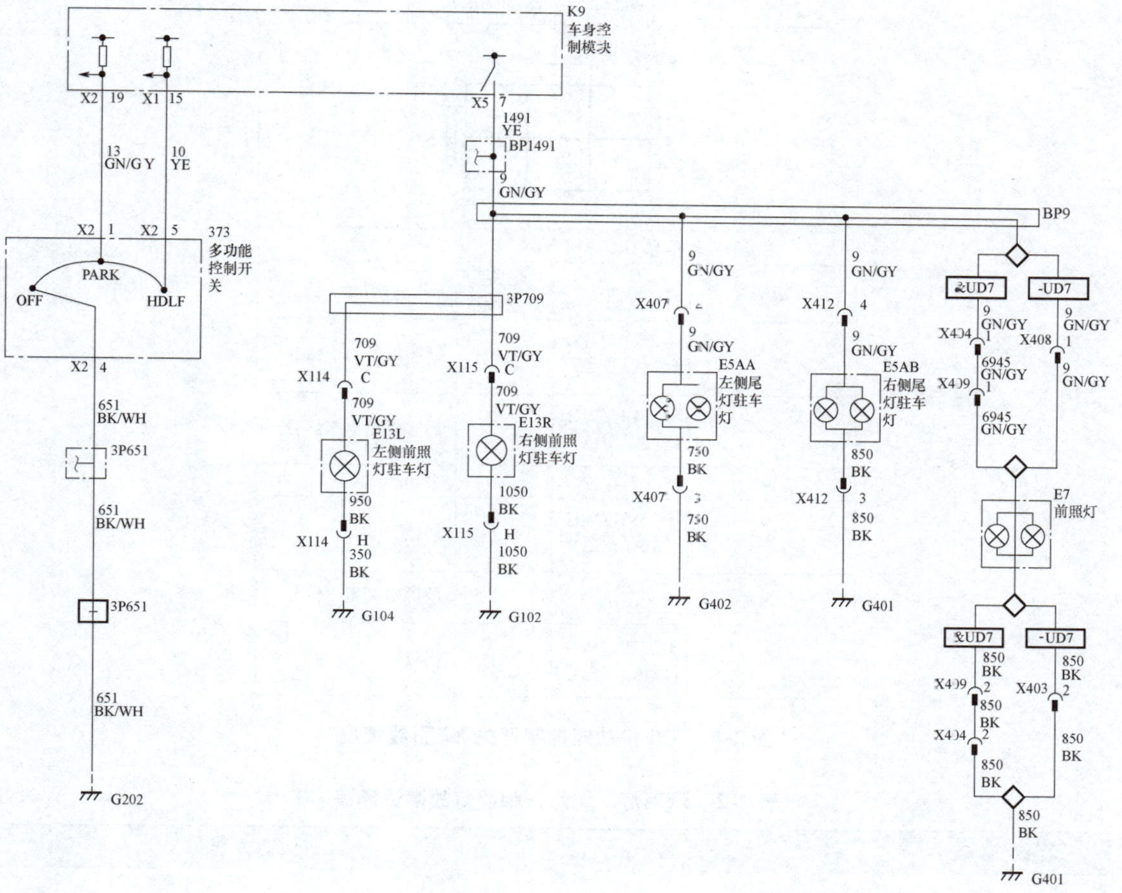

图 2-5　宝骏 630 轿车驻车灯、牌照灯电路

二、示廓灯开关的检测方法

以宝骏 630 轿车的调节杆式组合开关为例，示廓灯开关置于接通位置，根据图 2-6 中插接器端子 1 和端子 4 中电阻值是否小于 5Ω，便可判断示廓灯开关的好坏。从蓄电池上拆下负极电缆，从线束上脱开组合开关导线插头便可开始测量。

描述示廓灯开关检测方法：____

____

____

____

____

三、示廓灯电路系统故障诊断

示廓灯、尾灯、牌照灯故障诊断表见表 2-2。

S78多功能控制开关X2(高配)

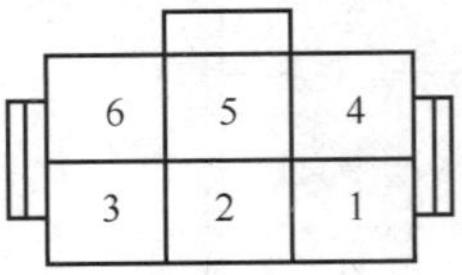

插接器部件信息			
端子	导线	电路号码	功能
1	0.35GN/GY (绿色/灰色)	13	驻车灯高电平信号
2	0.35BU/WH (蓝色/白色)	192	前雾灯高电平信号
3	—	—	未用
4	0.35BK/WH (黑色/白色)	651	搭铁
5	0.35YE (黄色)	10	前照灯高电平信号
6	0.35BK/WH (黑色/白色)	651	搭铁

图 2-6　S78 多功能控制开关 X2 引线情况

表 2-2　示廓灯、尾灯、牌照灯故障诊断表

故障现象	检查内容	处理方法
示廓灯全部不亮	1）熔丝是否熔断□ 2）导线或搭铁线是否故障□ 3）开关是否损坏□ 4）灯泡是否损坏□	1）必要时更换熔丝□ 2）修理电路□ 3）修理或更换开关□ 4）必要时更换坏灯泡□
部分灯不亮	1）灯泡是否损坏□ 2）导线或搭铁线是否故障□	1）必要时更换坏灯泡□ 2）修理电路□

注：在正确内容后框内画“√”。

【制订计划】

示廓灯电路故障检修方案

任务分工	组员安排： ①__________ ②__________ ③__________ ④__________ ⑤__________ ⑥__________

（续）

<table>
<tr><td rowspan="8">工量具及材料准备
（在对应的选项中画√即可）</td><td>工量具名称</td><td colspan="2">选　择</td></tr>
<tr><td>螺钉旋具</td><td>□可能</td><td>□不可能</td></tr>
<tr><td>万用表</td><td>□可能</td><td>□不可能</td></tr>
<tr><td>诊断仪</td><td>□可能</td><td>□不可能</td></tr>
<tr><td>翘板</td><td>□可能</td><td>□不可能</td></tr>
<tr><td>维修手册</td><td>□可能</td><td>□不可能</td></tr>
<tr><td>电路图</td><td>□可能</td><td>□不可能</td></tr>
<tr><td>备件</td><td>□可能</td><td>□不可能</td></tr>
<tr><td>根据任务，请列举宝骏 630 轿车示廓灯不亮的故障原因</td><td colspan="3"></td></tr>
<tr><td>故障检修流程</td><td colspan="3"></td></tr>
<tr><td rowspan="8">检修工作注意事项
（在对应的选项中画√即可）</td><td>内　容</td><td colspan="2">选　择</td></tr>
<tr><td>工量具整齐摆放不落地</td><td>□是</td><td>□否</td></tr>
<tr><td>零件不落地，工量具轻拿轻放</td><td>□是</td><td>□否</td></tr>
<tr><td>工量具使用前要清洁，使用后要保养</td><td>□是</td><td>□否</td></tr>
<tr><td>拔插电路插接器时，需要进行断电</td><td>□是</td><td>□否</td></tr>
<tr><td>检测电路时，根据检测内容，是否断电</td><td>□是</td><td>□否</td></tr>
<tr><td>及时记录测量数据</td><td>□是</td><td>□否</td></tr>
<tr><td>维修工作完成后进行工作现场“6S”</td><td>□是</td><td>□否</td></tr>
</table>

【任务实施】

一、灯光开关的检测

在教师的引导下进行小组讨论，通过查阅教学辅导书或网络，完成下列任务。

1. 组合灯开关的认识

序号	作业内容	作业记录
1	组合灯开关在车上的安放位置	组合灯开关位于转向盘________（左、右）侧位置
2	观察组合灯开关，说出各档位符号的意义，并操作开关 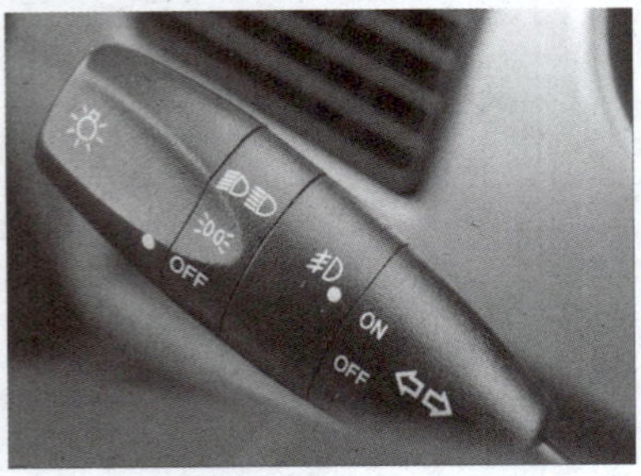 	① OFF 表示：________________ ②  表示：________档，将开关旋转________格 ③  表示：________档，将开关旋转________格，是________档；将开关往下推动，是________档；将开关往上抬起至最上端，是________档 ④  表示：________开关，将开关旋转至________位置打开 ⑤  表示：________开关，将开关往左边推动，是________档，将开关往右边推动，是________档
3	观察组合灯开关引线端子 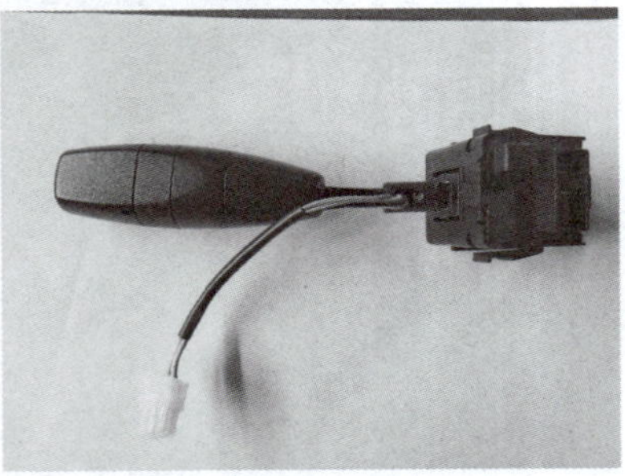	① 细线有________根，颜色分别为____________ ② 右边共有________个引线端子

2. 灯光开关的检测

使用万用表电阻档完成灯光开关的检测，并将检测结果填入表2-3中。

表2-3　组合灯开关检测表

档位		端子												检测结论
		1	2	3	4	5	6	7	8	9	10	11	12	
示廓灯档														
前照灯档	近光灯													
	远光灯													
	超车灯													
转向灯	左转向													
	右转向													
前雾灯														

二、照明系统中示廓灯不亮的故障诊断与排除

1）完成本工作任务，需要用到哪些工量具及材料？

____

____

____

____

____

（选项：万用表、试电笔、扭力扳手、螺钉旋具、套筒扳手、尖嘴钳、刷子、备用灯泡、继电器、转向盘护套、变速杆手柄套、座椅套、脚垫、翼子板布、前格栅布、举升机、手电筒等）

2）准备工作。

① 填写车辆信息。

车型：__________；行驶里程：__________；车辆识别码（VIN）：______________

② 示廓灯在车上的安装位置是：______________________________

③ 将汽车停驻在指定工位上，准备好相关工量具及材料。 □完成

④拉紧驻车制动器手柄，并将变速杆置于空档位置。 □完成

⑤ 套上转向盘护套、变速杆手柄套、座椅套，铺上脚垫。 □完成

⑥ 拉动发动机舱盖手柄，打开并可靠支撑发动机舱盖。 □完成

⑦ 粘贴翼子板布和前格栅布。 □完成

3）车灯的认识：将前、后车灯的名称填写在图 2-7 及图 2-8 中的方框内。

图 2-7　宝骏 630 轿车前车灯的外观

4）验证故障情况。把灯光操纵杆拨到停车灯位置，验证故障情况，故障__________

____

____

____

____

____

图 2-8　宝骏 630 轿车后车灯的外观

5）示廓灯不亮的故障检测步骤（单个车灯不亮的故障诊断）。

序号	检测步骤	图片	操作说明及结果
1	测量灯泡电阻		检查灯泡的电阻，看灯泡是否烧坏 ① 灯泡的电阻值为________ Ω ② 灯泡的判断：□正常　□烧坏 备注：示廓灯灯泡电阻为 3Ω 左右
2	更换示廓灯灯泡		如果灯泡损坏，应更换灯泡 灯泡更换是否完成：□是　□否

（续）

序号	检测步骤	图　　片	操作说明及结果
3	示廓灯电路电压的检测	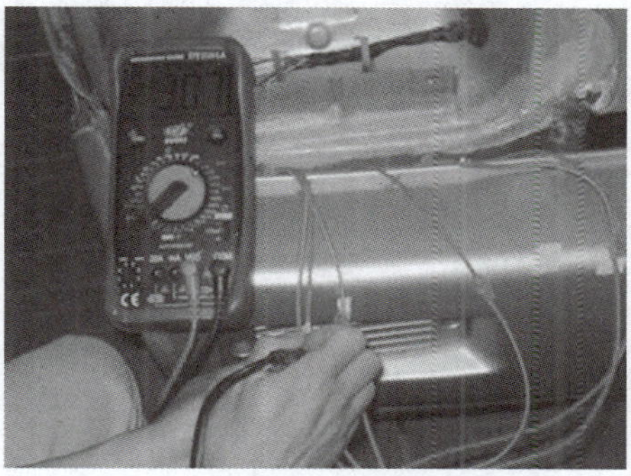 想一想：如果电源线没有电，应如何检查？ ______________________ ______________________ ______________________	如果灯泡正常，进一步检测电路的电压 ① 找到连接灯泡的两条线，把灯关操纵杆拨到停车档的位置 ② 用万用表直流电压档20V量程检测示廓灯电路之间的电压。示廓灯电路间的电压为__________V ③ 电路电压判断：□正常　□不正常
4	负极线搭铁电阻测量	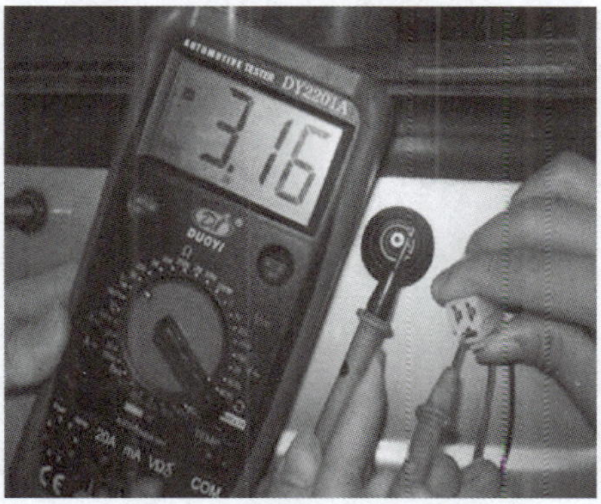 想一想：如果电源线没有电，应如何检查？ ______________________ ______________________ ______________________	如果电路间没有电压，检查电源线是否有电；电源线有电后，用电阻档来检测电路负极线的通断情况（负极线通断比正极线容易检测） 测得负极线搭铁电阻值为__________Ω 负极线搭铁情况： □正常　□不正常 备注：表值显示“1”表示电路断路，当表值显示3Ω左右或更小，表示电路良好

6）现场6S，完成任务，交车。　　　　是否完成：□是　□否

【检查与考评】

一、任务实施及评价

根据技术规范的要求完成整个任务，教师注意引导学生填写任务实施过程评价表（表2-4）。

表 2-4 任务实施过程评价表

<table>
<tr><td>班级</td><td></td><td>姓名</td><td></td><td>学号</td><td colspan="2"></td></tr>
<tr><td rowspan="2">考核内容</td><td colspan="2" rowspan="2">示廓灯不亮的检测与维修</td><td rowspan="1" colspan="2">规定考核时间</td><td colspan="2">15min</td></tr>
<tr><td colspan="2">实际考核时间</td><td colspan="2"></td></tr>
<tr><td>序号</td><td colspan="2">检查维修内容/评分标准</td><td>配分</td><td>自评</td><td>互评</td><td>得分</td></tr>
<tr><td rowspan="2">1</td><td rowspan="2">准备</td><td>检查车辆状况，安装车轮挡块</td><td>5</td><td></td><td></td><td></td></tr>
<tr><td>检查车灯外观</td><td>5</td><td></td><td></td><td></td></tr>
<tr><td>2</td><td>验证故障</td><td>把灯光操纵杆拨到示廓灯档位，检查验证故障</td><td>10</td><td></td><td></td><td></td></tr>
<tr><td rowspan="7">3</td><td rowspan="7">拆除诊断</td><td>拆除保险杠上方胶条</td><td>10</td><td></td><td></td><td></td></tr>
<tr><td>拆下前车灯</td><td>10</td><td></td><td></td><td></td></tr>
<tr><td>检查灯泡电阻，视情更换灯泡</td><td>10</td><td></td><td></td><td></td></tr>
<tr><td>检查示廓灯电路的电压</td><td>10</td><td></td><td></td><td></td></tr>
<tr><td>检查示廓灯电路搭铁情况</td><td>10</td><td></td><td></td><td></td></tr>
<tr><td>判断故障点并排除故障</td><td>10</td><td></td><td></td><td></td></tr>
<tr><td>装复拆卸件，现场 6S</td><td>10</td><td></td><td></td><td></td></tr>
<tr><td rowspan="2">4</td><td rowspan="2">安全文明</td><td>防护措施得当，作业规范安全整洁</td><td>3</td><td></td><td></td><td></td></tr>
<tr><td>工具、零件不落地</td><td>2</td><td></td><td></td><td></td></tr>
<tr><td rowspan="2">5</td><td rowspan="2">工具使用</td><td>工具选用合理</td><td>2</td><td></td><td></td><td></td></tr>
<tr><td>工具使用规范</td><td>3</td><td></td><td></td><td></td></tr>
<tr><td>6</td><td>考核时间</td><td>每超 1min 扣 3 分，超时 3min 终止考核</td><td></td><td></td><td></td><td></td></tr>
<tr><td colspan="3">合　计</td><td>100</td><td></td><td></td><td></td></tr>
<tr><td>监考教师</td><td colspan="2"></td><td>考核日期</td><td colspan="3">年　月　日</td></tr>
</table>

二、学习效果评价

请根据该组的团体表现及个人表现，对学习效果进行自我评价。学习效果评价表见表 2-5。

表 2-5 学习效果评价表

<table>
<tr><td rowspan="2">项　目</td><td rowspan="2">评 价 内 容</td><td colspan="3">评价等级（学生自评）</td></tr>
<tr><td>A</td><td>B</td><td>C</td></tr>
<tr><td rowspan="5">关键能力考核项目</td><td>遵守纪律、遵守学习场所管理规定，服从安排</td><td></td><td></td><td></td></tr>
<tr><td>安全意识、责任意识，6S 管理意识，注重节约、节能与环保</td><td></td><td></td><td></td></tr>
<tr><td>学习态度积极主动，能参加实习安排的活动</td><td></td><td></td><td></td></tr>
<tr><td>团队合作意识，注重沟通，能自主学习及相互协作</td><td></td><td></td><td></td></tr>
<tr><td>仪容仪表符合活动要求</td><td></td><td></td><td></td></tr>
</table>

（续）

项　目	评价内容	评价等级（学生自评）		
		A	B	C
专业能力考核项目	按时按要求独立完成工作页			
	工具、设备选择得当，使用符合技术要求			
	操作规范，符合要求			
	学习准备充分、齐全			
	注重工作效率与工作质量			
小组评语及建议		组长签名： 年　月　日		
教师评语及建议		教师签名： 年　月　日		

【知识巩固】

选择题

1. 汽车照明系统可分为车外照明系统和车内照明系统。下列选项中，不属于车外照明系统的是（　　）。

A. 前雾灯　　B. 牌照灯　　C. 前照灯　　D. 阅读灯

2. 下列选项中，不属于示廓灯开关控制的是（　　）。

A. 前雾灯　　B. 前照灯　　C. 制动灯　　D. 牌照灯

3. 下列选项中，灯光的光色不是红色的是（　　）。

A. 示位灯　　B. 尾灯　　C. 制动灯　　D. 后雾灯

【知识拓展】

智能车灯是当前车灯技术的一个发展主流，智能车灯系统由微机控制，微机从车内的电子传感器获得信息，由传感器来辨别各种照明状况。速度传感器能够为智能车灯提供各种数据，辅助传感器用于周围环境灯光及能见度、道路状况，包括干、湿、雾、直道、弯道等，不仅可以向照明系统提供重要数据，还能为其他电子控制系统（如 ABS、ASR）提供数据，从而对驾驶人提供有效帮助。智能车灯与导航系统相连后，可以对各种驾驶情况进行预见，从而实现多种照明分布，如自动动态光束高度调节，可以旋转到另一侧的车前灯，以及用于不同照明分布的可调节反射器。

灯具最新发展：LED 光源固体发光即发光二极管，发光效率高达 100lm/W，是光源的发展方向，目前在光色及光衰减方面有待完善。

任务二
前雾灯不亮的检测与维修

【任务描述】

顾客把汽车开进修理厂，报修雾灯故障。老师组织学生按汽修厂的工作过程实施雾灯故障的检查和排除工作，并在完成任务的过程中学习雾灯故障的检查诊断技能，以及相关的理论知识。

【学习目标】

1. 掌握前雾灯的作用和前雾灯电路的组成和工作原理。
2. 掌握汽车内部照明系统各灯具在汽车上的安装位置。
3. 能按技术规范正确更换前雾灯。
4. 能按维修手册对前雾灯进行检测与诊断。
5. 培养学生自主学习的能力和团队意识。
6. 培养学生爱岗敬业的职业素养。

【学习重点】

1. 汽车前雾灯的作用及组成。
2. 汽车前雾灯的电路和工作原理。

【学习难点】

1. 汽车前雾灯检修方案的制订。
2. 汽车前雾灯检修的方法。

【知识准备】

一、雾灯的作用和安装位置

雾灯安装在汽车头部和尾部。在雾天、雨雪天或尘埃弥漫等情况下，用来提醒对面和后面驾驶人，也可以改善车前道路的照明情况。前雾灯为双灯布置，功率为 45 ~ 55W，光色为橙黄色，安装在车辆头部比前照灯稍低的地方。后雾灯为双灯或单灯布置，功率一般为 21W，光色为红色，以警示尾随车辆保持安全间距。

在使用中需要注意的是：前雾灯的主要作用是照明，后雾灯的主要作用是警示而不是照明。所以晴好天气即使黑夜也不要随意使用雾灯，否则会使对面驾驶人炫目或使后面驾驶人分不清制动灯（后雾灯的功率与制动灯的功率一样），反而影响交通安全。

二、雾灯控制电路

汽车雾灯电路受示廓灯控制，而后雾灯电路受前雾灯控制。

开雾灯前先开示廓灯，示廓灯开关闭合，信号到达车身模块 K9，前雾灯开关闭合，信号到达车身模块 K9，车身控制模块 K9 控制前雾灯继电器闭合，前雾灯继电器线圈得电，动合触点闭合，两前雾灯亮。电源经 F3UA 和 F21UD 两熔丝到前雾灯继电器线圈，继电器得电后，继电器触点闭合向左、右前雾灯送电。

闭合后雾灯开关，车身控制模块 K9 给后雾灯送电。

三、雾灯的操作方法

1. 旋钮式组合开关

打开雾灯的方法：先把组合开关转到示廓灯档位，再往外拉动开关打开雾灯，如图 2-9 所示。

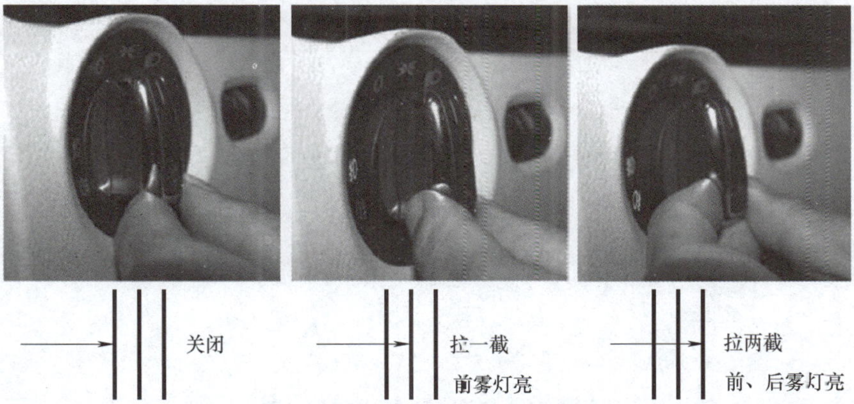

图 2-9 旋钮式组合开关雾灯的打开方法

2. 调节杆式组合开关

打开雾灯的方法：先开示廓灯（把灯开关定位点转到“≡○≡”位置），再把前雾灯开关转到“ON”的位置。如需开后雾灯，打开后雾灯开关（有些后雾灯开关单独设在刮水器开关手柄上或仪表台上）。如果前、后雾灯开关单独设置，则打开示廓灯之后再开雾灯。

【信息收集】

一、雾灯电路分析

图 2-10 所示为宝骏 630 轿车雾灯电路，对雾灯电路进行分析。

前雾灯开关闭合，控制电路电流流向为：车身控制模块 K9（X315）→__________→搭铁。

前雾灯继电器控制电路电流流向为：蓄电池 +→__________→__________→前雾灯继电器线圈 KR46→__________→搭铁（K9 内部）。

前雾灯主电路电流流向为：蓄电池 +→__________→F21UD（仪表板熔丝盒 15A）→前

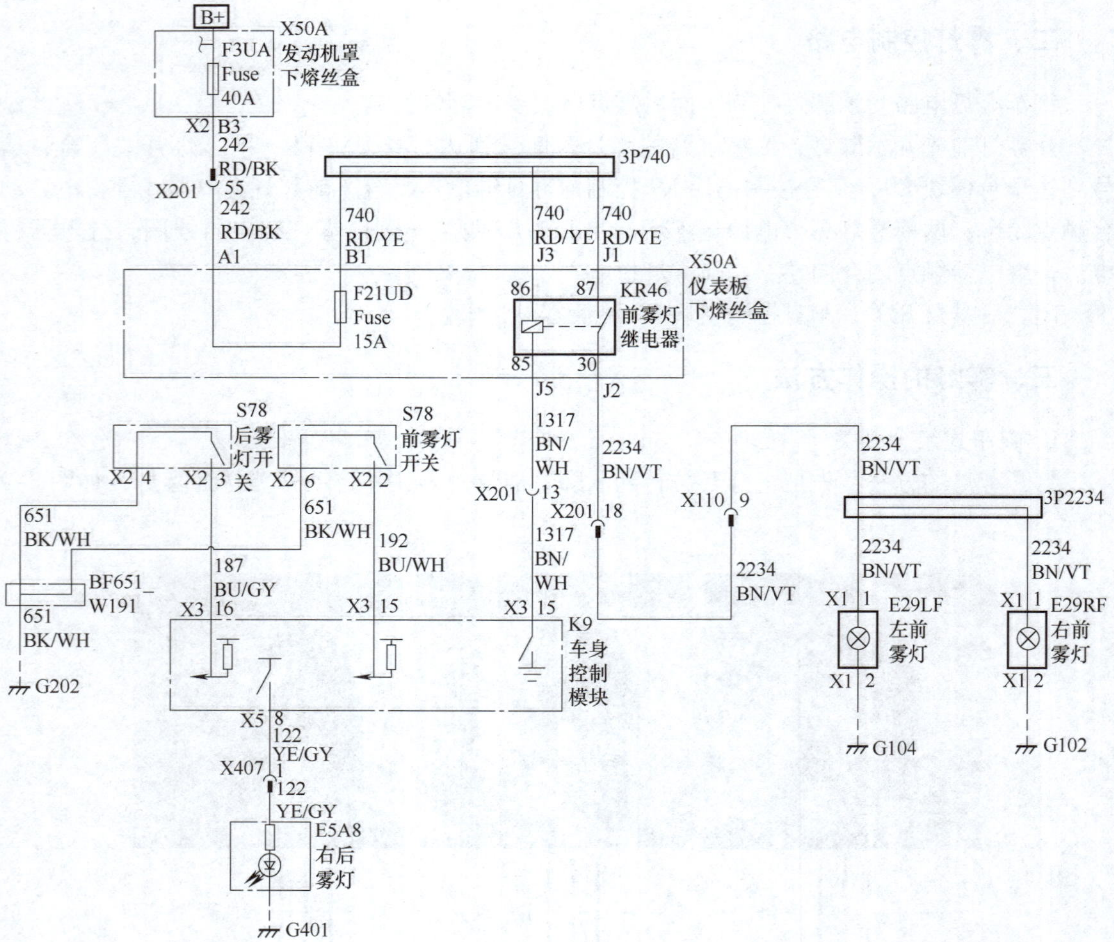

图 2-10　宝骏 630 轿车雾灯电路

雾灯继电器 KR46 触点→__________→搭铁。

后雾灯开关闭合，控制电路电流流向为：__________→后雾灯开关 S78→搭铁。

后雾灯主电路电流流向为：车身控制模块 K9（X58）→右后雾灯→搭铁。

二、雾灯开关的检测

1. 雾灯开关的检测方法

以宝骏 630 轿车的调节杆式组合开关为例，后雾灯开关动作与接通位置，根据插接器端子 3 和端子 4 间电阻值是否小于 5Ω，便可判断后雾灯开关的好坏。前雾灯开关动作时，X2 插接器的端子 2 和端子 6 间的电阻值应小于 5Ω。从蓄电池上拆下负极电缆，从线束上脱开组合开关导线插头便可开始检查。

描述前雾灯开关检测方法：______________________________

____

____

____

____

2. 车身模块的检测

前雾灯继电器始终由蓄电池电压供电。通过按下前雾灯开关，使前雾灯开关信号电路通过电阻器瞬时搭铁。车身控制模块（BCM）通过向前雾灯继电器控制电路提供搭铁，使前雾灯继电器通电。当前雾灯继电器通电时，继电器开关触点闭合，蓄电池电压通过前雾灯熔丝提供至前雾灯电源电压电路，从而使前雾灯亮。

测试 K9 车身控制模块 12V 参考电压电路 X2 线束插接器的端子 15 和 K9 车身控制模块信号电路线束插接器的端子 9 之间的电阻值是否为 2.5～3.0kΩ。如果不在规定范围内，则测试 12V 参考电压电路和信号电路是否断路/电阻过大。如果电路测试正常，则更换 S78 多功能控制开关。如果所有电路测试正常，则更换 K9 车身控制模块。

三、雾灯故障诊断的一般思路

前雾灯故障诊断思路见表 2-6。

表 2-6　前雾灯故障诊断思路

故障现象	检查内容	处理方法
前雾灯不亮	1）灯泡是否损坏 2）雾灯熔丝是否熔断 3）前雾灯开关是否损坏 4）前雾灯继电器是否损坏 5）导线或搭铁线是否损坏或其他故障	1）必要时更换坏灯泡 2）必要时更换熔丝（更换前，应查出原因并消除） 3）修理，必要时更换前雾灯开关 4）修理，必要时更换前雾灯继电器 5）修理，必要时更换前照灯开关 6）修理电路
仅一只前雾灯不亮	1）灯泡是否损坏 2）导线或搭铁线是否损坏或其他故障	1）必要时更换坏灯泡 2）修理电路

【制订计划】

前雾灯电路系统故障检修方案

任务分工	组员安排： ①____________ ②____________ ③____________ ④____________ ⑤____________ ⑥____________		
工量具及材料准备 （在对应的选项中画√即可）	工量具名称	选	择
	螺钉旋具	□可能	□不可能
	万用表	□可能	□不可能
	诊断仪	□可能	□不可能
	撬板	□可能	□不可能
	维修手册	□可能	□不可能
	电路图	□可能	□不可能
	备件	□可能	□不可能

（续）

根据任务，请列举宝骏630轿车前雾灯不亮的故障原因	
故障检修流程	

<table>
<tr><td rowspan="8">检修工作注意事项
（在对应的选项中打√即可）</td><th>内　容</th><th colspan="2">选　择</th></tr>
<tr><td>工量具整齐摆放不落地</td><td>□是</td><td>□否</td></tr>
<tr><td>零件不落地，工量具轻拿轻放</td><td>□是</td><td>□否</td></tr>
<tr><td>工量具使用前要清洁，使用后要保养</td><td>□是</td><td>□否</td></tr>
<tr><td>拔插电路插接器时，需要进行断电</td><td>□是</td><td>□否</td></tr>
<tr><td>检测电路时，根据检测内容，是否断电</td><td>□是</td><td>□否</td></tr>
<tr><td>及时记录测量数据</td><td>□是</td><td>□否</td></tr>
<tr><td>维修工作完成后进行工作现场“6S”</td><td>□是</td><td>□否</td></tr>
</table>

【任务实施】

根据任务情境的描述，请排除雾灯不亮的故障，分组讨论并完成如下任务。

1）完成本工作任务，需要用到哪些工量具及材料？

____

____

____

（选项：万用表、试电笔、扭力扳手、螺钉旋具、套筒扳手、尖嘴钳、刷子、备用灯泡、继电器、转向盘护套、变速杆手柄套、座椅套、脚垫、翼子板布、前格栅布、举升机、手电筒等）

2）准备工作。

① 填写车辆信息。

车型：__________；行驶里程：__________；车辆识别码（VIN）：______________。

② 雾灯在车上安装的位置______________________________。

③ 将汽车停驻在指定工位上，准备好相关工量具及材料。 □完成

④ 拉紧驻车制动器手柄，并将变速杆置于空档位置。 □完成

⑤ 套上转向盘护套、变速杆手柄套和座椅套，铺上脚垫。 □完成

⑥ 拉动发动机舱盖手柄，打开并可靠支撑发动机舱盖。 □完成

⑦ 粘贴翼子板布和前格栅布。 □完成

3）打开灯光开关，验证故障现象（查找资料，完成灯图表标识）。

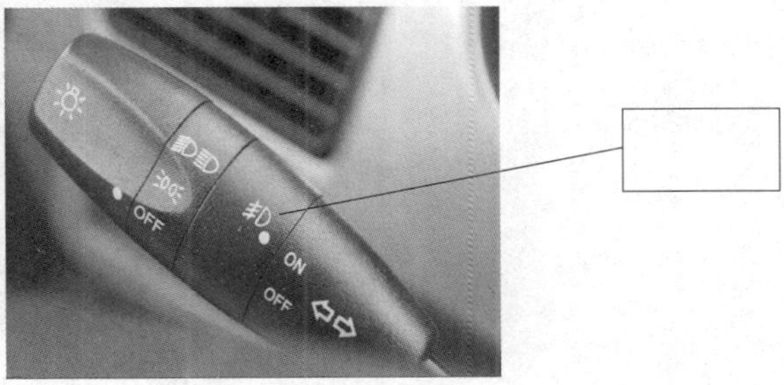

车灯的认识：将前、后车灯的名称填写在下图中的方框内。

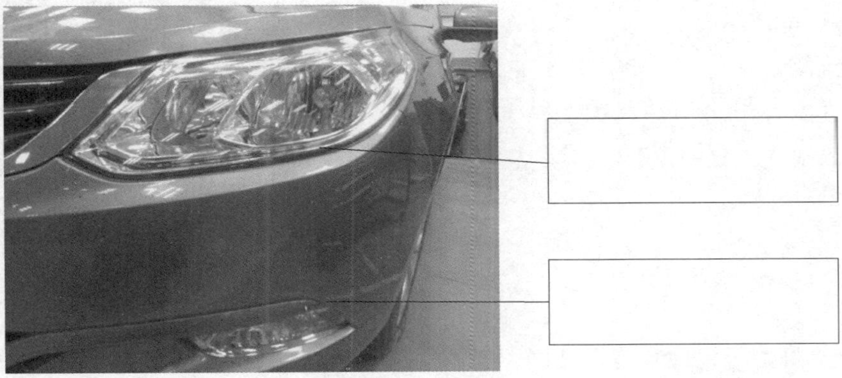

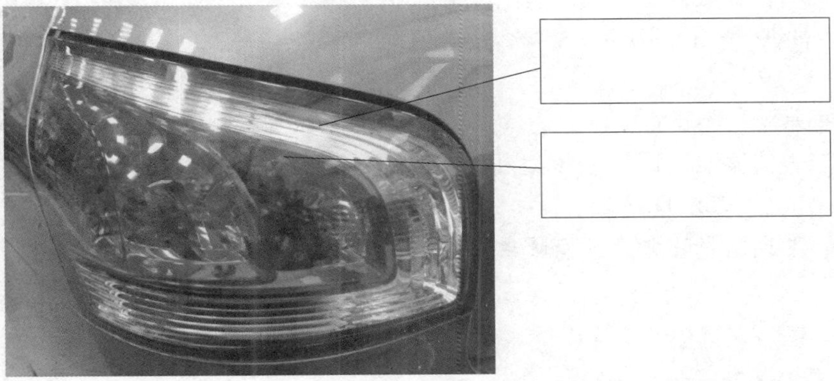

4）观察故障情况。如右图所示，开示廓灯，并把灯光操纵杆拨到雾灯及后雾灯位置，验证故障情况。

故障现象是：________________________。

想一想：如果不开示廓灯，直接开雾灯，雾灯会亮吗？

5）雾灯故障检查步骤。

先拆前保险杠蒙皮，才能拆雾灯。

① 前雾灯全部不亮。

a. 检查熔丝。

找到熔丝盒，拆下熔丝盒盖，对照并查找盒盖上标注有 F3UA 位置的熔丝。

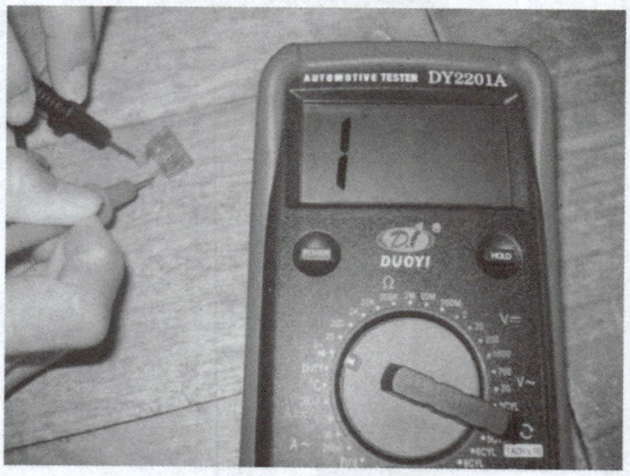

b. 拆下雾灯熔丝，检查是否良好，如右图所示。若熔丝烧断，更换同型号的熔丝（更换前查找熔丝烧断的原因并解决）。熔丝电阻值为__________ Ω。

熔丝：正常□　不正常□

说明：当表值显示“1”，表示烧断；当表值显示“002”左右，表示良好。

想一想：如果熔丝正常，还有哪些可能的故障点？

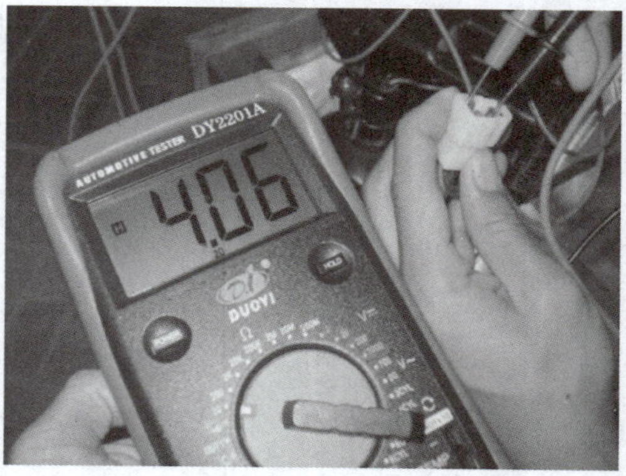

② 单个雾灯不亮。

a. 检查灯泡。

查看灯泡是否损坏，可以测量灯泡的电阻。正常的灯泡电阻值为 4Ω 左右，如果灯泡烧坏，直接更换灯泡。

雾灯灯泡电阻值为__________ Ω。

雾灯灯泡：正常□　不正常□

b. 如果灯泡正常，检测雾灯的电路电压。

打开示廓灯和雾灯开关，用万用表检测雾灯插接器中电源线与搭铁线之间的电压值，如右图所示。

雾灯电路电压为__________V。

雾灯电路电压：正常□　不正常□

想一想：用试灯检查可以吗？怎么检查？

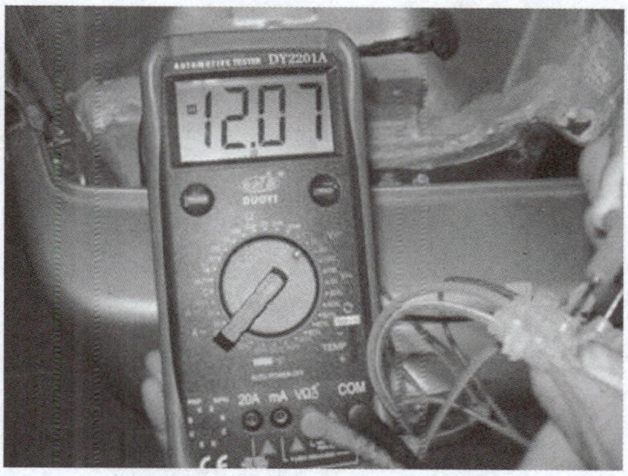

c. 如果电源线与搭铁线间没有电压，检查电源线是否有电。检查电源线对搭铁电压值。电源线对搭铁电压值为__________V。

雾灯电源线：正常□　不正常□

想一想：用试灯检查可以吗？怎么检查？

如果雾灯电源线电压不正常，可能的故障点有哪些？

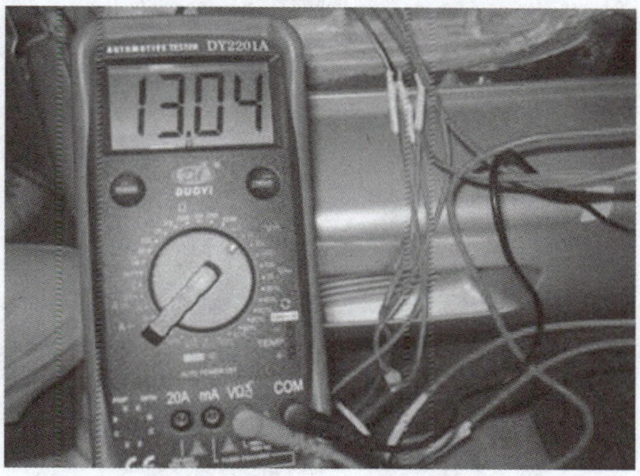

d. 如果电源线电压正常，用电阻档检测雾灯搭铁线的通断情况，搭铁线对搭铁电阻值为__________Ω。

搭铁线：正常□　不正常□

说明：表值显示“1”，表示电路断路，当表值显示3Ω左右或更小，表示电路良好。

想一想：用试灯检查可以吗？怎么检查？

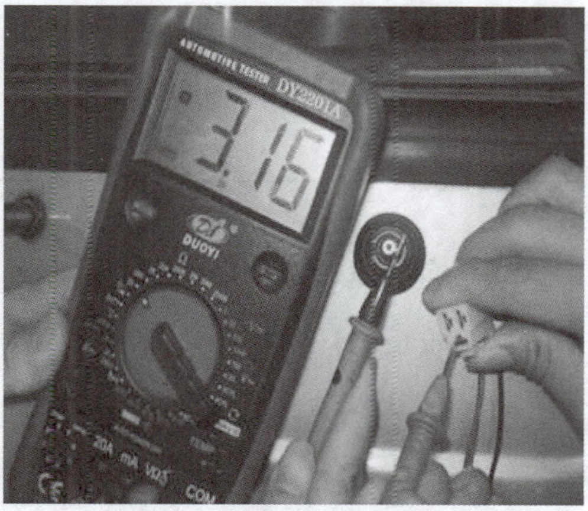

6）现场6S，完成任务，交车。　　　　是否完成：□是　□否

【检查与考评】

一、任务实施及评价

根据技术规范要求完成整个任务，教师注意引导学生填写任务实施过程评价表（表2-7）。

表 2-7　任务实施过程评价表

<table>
<tr><td>班级</td><td colspan="2"></td><td>姓名</td><td></td><td>学号</td><td colspan="3"></td></tr>
<tr><td rowspan="2">考核内容</td><td colspan="4" rowspan="2">前雾灯不亮的检测与维修</td><td colspan="2">规定考核时间</td><td colspan="2">20min</td></tr>
<tr><td colspan="2">实际考核时间</td><td colspan="2"></td></tr>
<tr><td>序号</td><td colspan="3">检查维修内容/评分标准</td><td>配　分</td><td>自　评</td><td>互　评</td><td>得　分</td></tr>
<tr><td>1</td><td>准备</td><td colspan="2">把车开进工位，停车</td><td>5</td><td></td><td></td><td></td></tr>
<tr><td rowspan="2">2</td><td rowspan="2">验证故障</td><td colspan="2">检查车灯外观</td><td>5</td><td></td><td></td><td></td></tr>
<tr><td colspan="2">开雾灯，验证故障情况</td><td>10</td><td></td><td></td><td></td></tr>
<tr><td rowspan="2">3</td><td rowspan="2">拆卸</td><td colspan="2">视情况拆下前雾灯</td><td>10</td><td></td><td></td><td></td></tr>
<tr><td colspan="2">视情况拆下后雾灯</td><td>10</td><td></td><td></td><td></td></tr>
<tr><td rowspan="5">4</td><td rowspan="5">检查维修</td><td colspan="2">检查雾灯熔丝是否良好</td><td>10</td><td></td><td></td><td></td></tr>
<tr><td colspan="2">检查雾灯灯泡</td><td>10</td><td></td><td></td><td></td></tr>
<tr><td colspan="2">检查雾灯电路电压</td><td>10</td><td></td><td></td><td></td></tr>
<tr><td colspan="2">检查雾灯电路通断情况</td><td>10</td><td></td><td></td><td></td></tr>
<tr><td colspan="2">检查雾灯开关</td><td>10</td><td></td><td></td><td></td></tr>
<tr><td rowspan="2">5</td><td rowspan="2">安全文明</td><td colspan="2">防护措施得当，作业规范安全整洁</td><td>3</td><td></td><td></td><td></td></tr>
<tr><td colspan="2">工具、零件不落地</td><td>2</td><td></td><td></td><td></td></tr>
<tr><td rowspan="2">6</td><td rowspan="2">工具使用</td><td colspan="2">工具选用合理</td><td>2</td><td></td><td></td><td></td></tr>
<tr><td colspan="2">工具使用规范</td><td>3</td><td></td><td></td><td></td></tr>
<tr><td>7</td><td>考核时间</td><td colspan="2">每超 1min 扣 3 分，超时 3min 终止考核</td><td></td><td></td><td></td><td></td></tr>
<tr><td colspan="4">合　计</td><td>100</td><td></td><td></td><td></td></tr>
<tr><td colspan="2">监考教师</td><td></td><td colspan="2">考核日期</td><td colspan="3">年　月　日</td></tr>
</table>

二、学习效果评价

请根据该组的团体表现及个人表现，对学习效果进行自我评价。学习效果评价表见表 2-8。

表 2-8　学习效果评价表

<table>
<tr><td rowspan="2">项　目</td><td rowspan="2">评 价 内 容</td><td colspan="3">评价等级（学生自评）</td></tr>
<tr><td>A</td><td>B</td><td>C</td></tr>
<tr><td rowspan="5">关键能力考核项目</td><td>遵守纪律、遵守学习场所管理规定，服从安排</td><td></td><td></td><td></td></tr>
<tr><td>安全意识、责任意识，6S 管理意识，注重节约、节能与环保</td><td></td><td></td><td></td></tr>
<tr><td>学习态度积极主动，能参加实习安排的活动</td><td></td><td></td><td></td></tr>
<tr><td>团队合作意识，注重沟通，能自主学习及相互协作</td><td></td><td></td><td></td></tr>
<tr><td>仪容、仪表符合活动要求</td><td></td><td></td><td></td></tr>
</table>

（续）

项　目	评价内容	评价等级（学生自评）		
		A	B	C
专业能力考核项目	按时、按要求独立完成工作页			
	工具、设备选择得当，使用符合技术要求			
	操作规范，符合要求			
	学习准备充分、齐全			
	注重工作效率与工作质量			
小组评语及建议		组长签名： 年　月　日		
教师评语及建议		教师签名： 年　月　日		

【知识巩固】

一、填空题

请在横线上写出图 2-11 中各数字所代表的汽车照明灯具的名称。

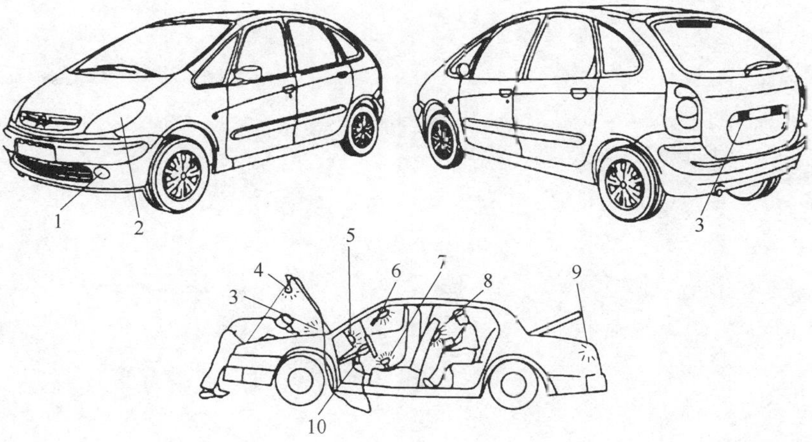

图 2-11　汽车照明灯

1 __________ 2 __________ 3 __________ 4 __________

5 __________ 6 __________ 7 __________ 8 __________

9 __________ 10 __________

二、选择题

1. 汽车前雾灯一般采用（　　）型卤素灯泡。

A. H1　　B. H2　　C. H3　　D. H4

2. 前雾灯灯泡的光色为（　　）。

A. 红色　　B. 黄色　　C. 橙色　　D. 白色或橙色

3. 下列选项中，既属于照明灯具又属于信号灯具的是（　　）。

A. 示廓灯　　B. 制动灯　　C. 倒车灯　　D. 后雾灯

任务三 前照灯不亮的检测与维修

【任务描述】

某汽车的前照灯出现故障，要求检查维修。老师引导学生按汽修厂前照灯的维修过程诊断和排除故障，在完成任务的过程中学习前照灯故障的检查诊断技能，以及相关的理论知识。

【学习目标】

1. 能准确识读汽车照明系统的工作原理图。
2. 能设计正确的维修方案。
3. 能按技术规范要求完成前照灯不亮的检测与维修作业。
4. 培养学生自主学习的能力和团队意识。
5. 培养学生爱岗敬业的职业素养。

【学习重点】

1. 汽车前照灯的作用及组成。
2. 汽车前照灯的电路和工作原理。

【学习难点】

1. 汽车前照灯检修方案的制订。
2. 汽车前照灯检修的方法。

【知识准备】

一、前照灯的作用

前照灯俗称为“大灯”，装在汽车头部两侧，用来照明车前道路，有两灯制、四灯制之分。四灯制前照灯并排安装时，装于外侧的一对应为近、远光双光束灯；装于内侧的一对应为远光单光束灯。远光灯功率一般为 40～60W，近光灯功率一般为 35～55 W。

二、前照灯的基本要求

由于汽车前照灯的照明效果对夜间行车安全影响很大，故世界各国多以法律的形式规定了前照灯的照明标准，其基本要求主要有如下两个方面：

1）前照灯应能保证车前有明亮而又均匀的照明，使驾驶人能够看清车前 100m 内路面上的物体。随着现代汽车行驶速度的不断提高，对前照灯的要求越来越高，现代高速汽车前照灯的照明距离应达到250m。

2）前照灯应能防止眩目，以避免夜间两车相会时使对方驾驶人眩目而造成交通事故。

三、前照灯的组成

前照灯由反射镜、配光镜和灯泡三部分组成，如图2-12所示，汽车组合前照灯的结构如图2-13所示。

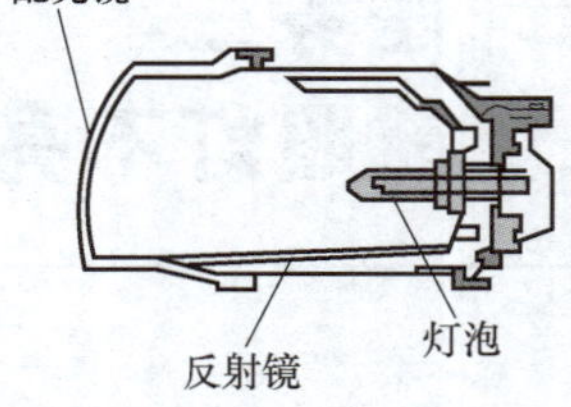

图2-12 前照灯的组成

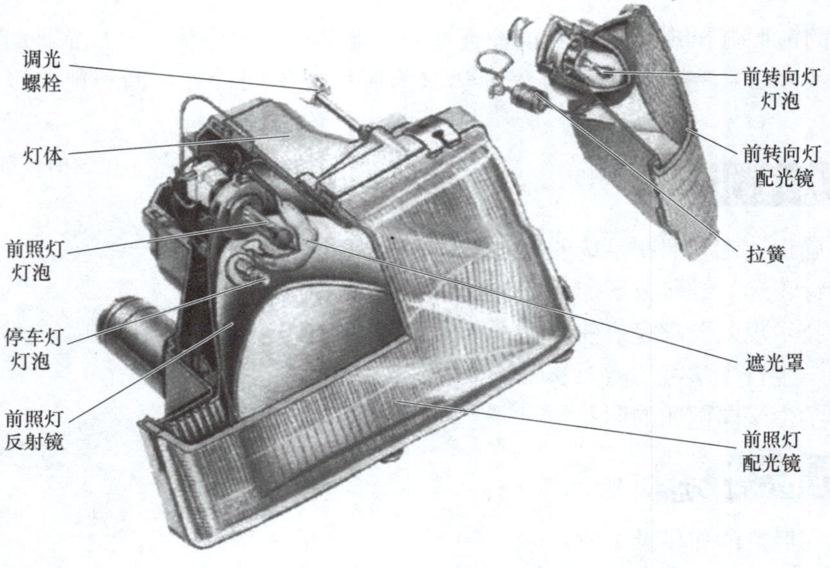

图2-13 汽车组合前照灯的结构

1. 反射镜

反射镜的作用是最大限度地将灯泡发出的光线聚合成强光束，以增加照射距离。它一般呈抛物面状，内表面镀铬、铝或银，然后抛光，目前多采用真空镀铝。灯丝位于反射镜的焦点处，其大部分光线经反射后，成为平行光束射向远方，其距离可达150m或更远，如图2-14所示。

2. 配光镜

配光镜又称为散光玻璃，装于反射镜之前，作用是将反射镜反射出的平行光束进行折射，使车前路面和行驶路线上都有良好而均匀的照明。配光镜是由透明玻璃压制而成的棱镜和透镜的组合体，如图2-15所示。

3. 灯泡

汽车前照灯的灯泡主要有两种，

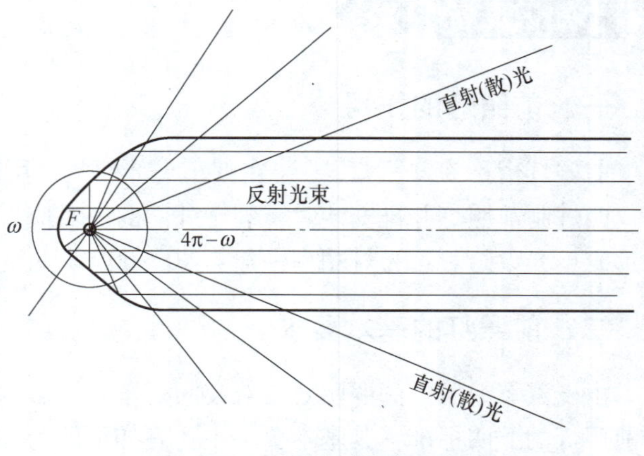

图2-14 反射镜的聚光示意图

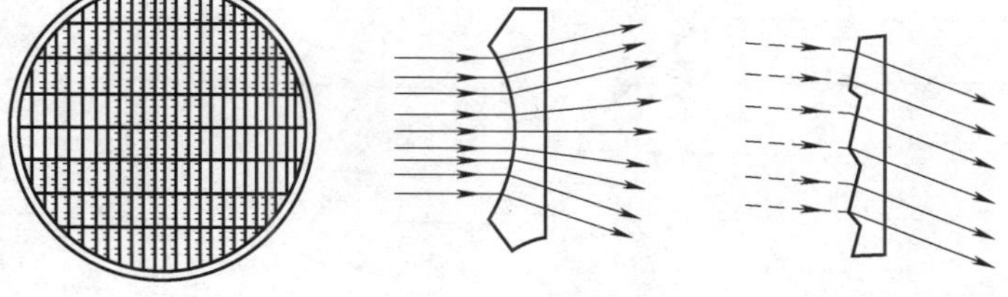

图 2-15　配光镜的构造与作用

即白炽灯泡和卤钨灯泡，两种灯泡的灯丝都是用钨丝制成的。由于钨丝在使用时蒸发损耗，使灯泡的使用寿命缩短，为了延长其寿命，将玻璃泡中的空气抽出，然后充入其他气体。若充入玻璃泡中的气体为惰性气体，即为白炽灯泡；若充入的是卤族元素（一般为碘或溴）即为卤钨灯，如图 2-16 所示。我国生产的大部分前照灯是溴钨灯。

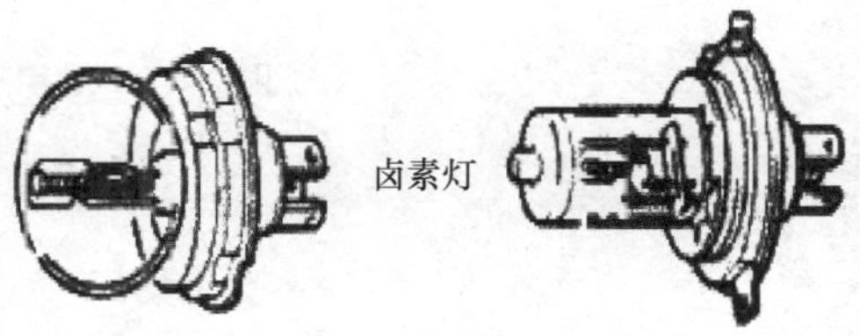

图 2-16　前照灯的灯泡

卤钨灯泡在使用时，从灯丝上蒸发出来的气态钨与卤素反应生成一种挥发性的卤化钨，它扩散到灯丝附近的高温区时会受热分解，使钨重新回到钨丝上，防止了钨的蒸发和钨灯泡的黑化现象。因此，卤钨灯泡与白炽灯泡相比较具有使用寿命长、亮度大的特点。

四、前照灯的防眩目措施

夜间会车时，前照灯强烈的灯光可造成迎面驾驶人眩目，容易引发交通事故，所以为了避免前照灯的眩目，一般在汽车上都采用双丝灯泡的前照灯，可以通过变光开关切换远光和近光。我国交通法规规定，夜间会车时，需在距对面来车 150m 以外互闭远光灯，改用防眩目近光灯。

国内外生产的双丝灯泡的前照灯，按近光的配光不同，分为对称形和非对称形两种不同的配光形式。

1. 对称形配光（SAE 方式）

远光灯丝功率较大（45～60W），位于反射镜的焦点位置，射出的光线远而亮；近光灯丝功率较小（22～55W），位于反射镜焦点的上方并稍向右偏斜，由于其光线弱，且经反射镜反射后光线大部分向下倾斜，从而减少了对迎面来车驾驶人的眩目，如图 2-17 所示。美国、日本产汽车上采用这一配光方式。

2. 非对称形配光（ECE 方式）

远光灯丝位于反射镜的焦点处，近光灯丝则位于焦点前方且稍高出光学轴线，其下方装有金属配光屏，如图 2-18 所示。我国及欧洲产汽车上采用这种配光方式。

由近光灯丝射向反射镜上部的光线反射后倾向路面，而配光屏（遮光罩）挡住了灯丝射向反射镜下半部的光线，故没有向上反射能引起炫目的光线。配光屏在安装时偏转一定的角度，使其近光的光形分布不对称，形成一条明显的明暗截止线。

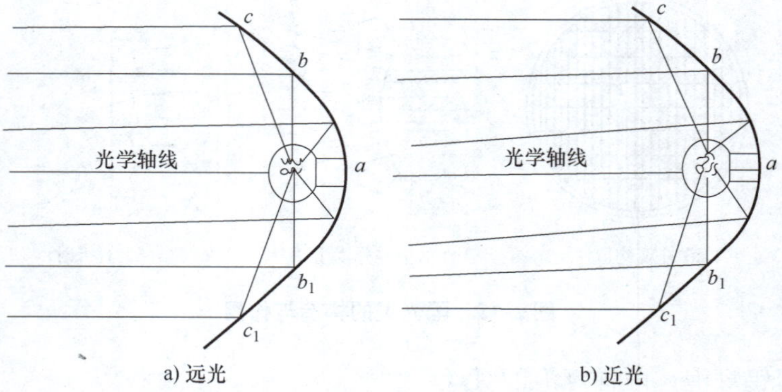

图 2-17　对称形配光前照灯的工作情况

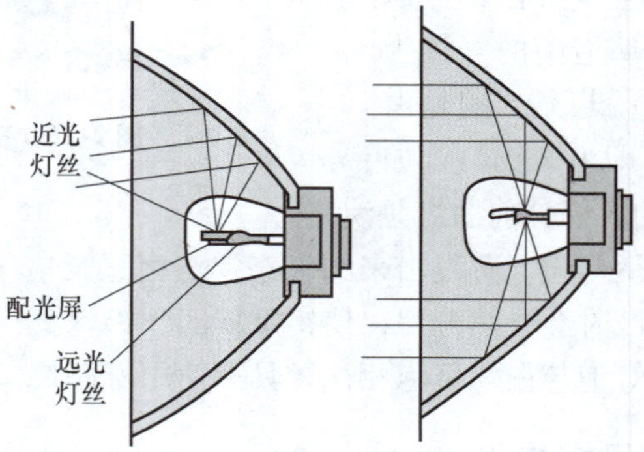

图 2-18　具有配光屏双丝灯泡的工作情况

还有一种更优良的非对称配光方式，因其配光光形的明暗截止线呈 Z 形，故称为 Z 形配光。它不仅可以避免迎面来车驾驶人的眩目，还可以防止迎面而来的行人和非机动车使用者的眩目，更加保证了汽车夜间行驶的安全。前照灯的配光光形如图 2-19 所示。

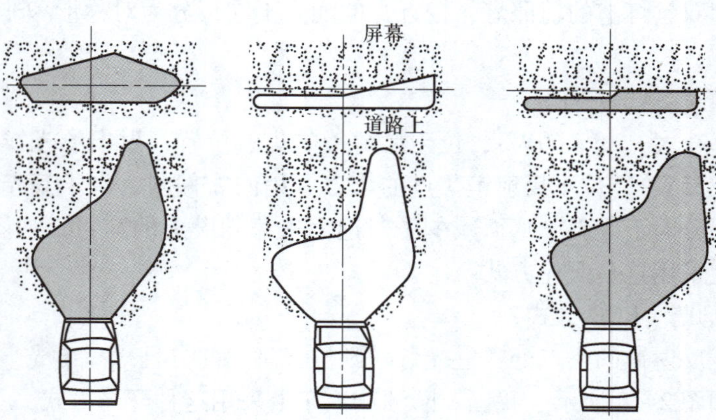

图 2-19　前照灯的配光光形

五、前照灯的分类、检测与调整

1. 前照灯的分类

（1）可拆式前照灯　可拆式前照灯是最早使用的一种前照灯，其反射镜边缘的齿簧与配光镜组合，再用箍圈和螺钉安装于灯壳上，灯泡的装拆必须将全部光学组件取出后才能进行，因而密封性很差，反射镜易受外界环境气候的影响而污染变黑，严重降低照明效果，目前已很少使用。

（2）半封闭式前照灯　半封闭式前照灯的结构如图 2-20 所示，配光镜是靠卷曲反射镜周沿的牙齿而紧固在反射镜上，两者之间垫有橡胶密封圈，其灯泡拆卸只能从反射镜的后方进行。

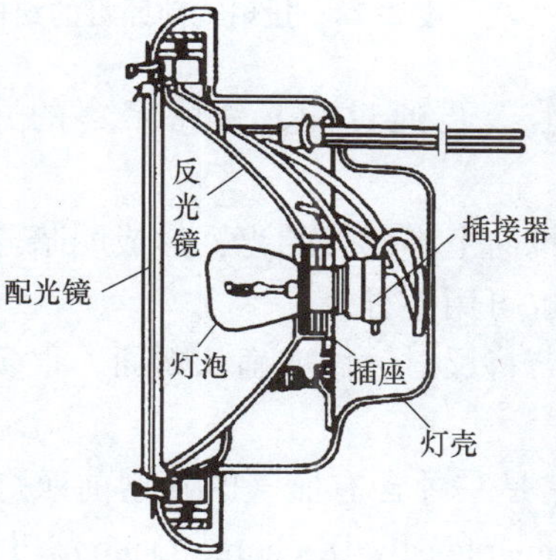

a) 构造

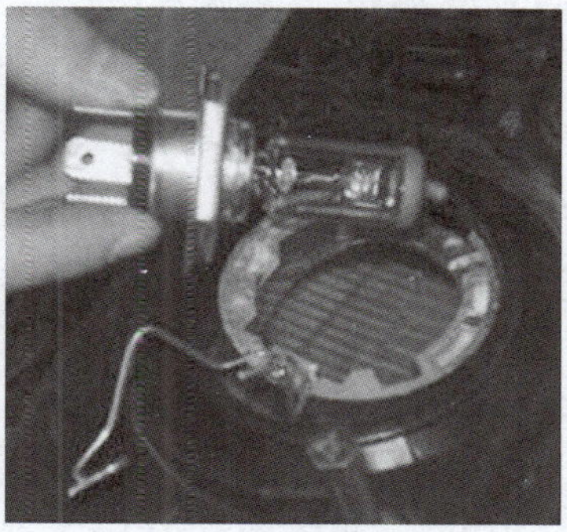
b) 灯泡更换

图 2-20　半封闭式前照灯的结构

半封闭式前照灯内部灯泡可以单独更换，最常见的故障解决方法就是更换灯泡。若半封闭式前照灯的配光镜等损坏，需要更换整个前照灯。更换时，先拔下灯泡上的插座，取下密封罩、卡簧，即可取下灯泡。

（3）封闭式前照灯　封闭式前照灯没有分开的灯泡，其整个总成本身就是一个灯泡。灯丝安装在反射镜前面，配光镜与反射镜焊接在一起，如图 2-21a 所示。更换时，先拔下灯

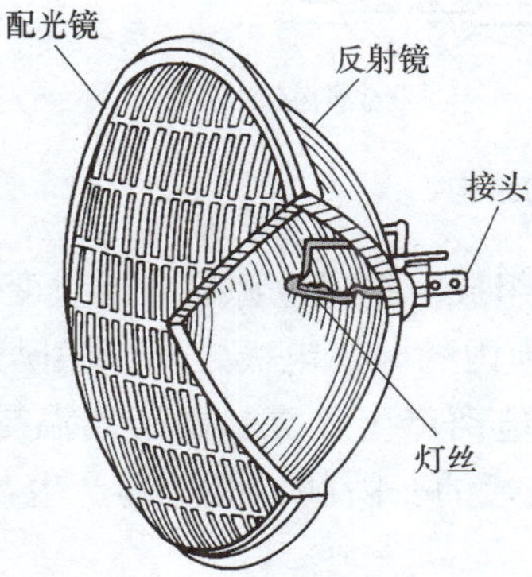

a) 封闭式前照灯灯泡（灯芯）

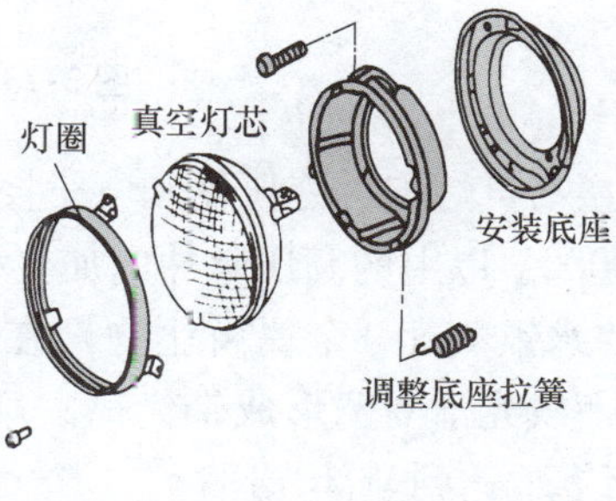

b) 封闭式前照灯的更换

图 2-21　封闭式前照灯

脚与线束连接的插座，然后拆下灯圈，即可取下灯芯，如图 2-21b 所示；安装灯芯时，应注意配光镜上的标记（如向上的箭头或字符），不应出现倒置或偏斜现象。

封闭式前照灯完全避免了反射镜的污染，但价格较高。为了使前照灯更亮、照亮更远、更美观，现代轿车上出现了投射式前照灯和高亮度弧光灯。

（4）投射式前照灯　投射式前照灯采用了凸形配光镜，反光镜为椭圆形，所以其外径很小，结构如图 2-22 所示。

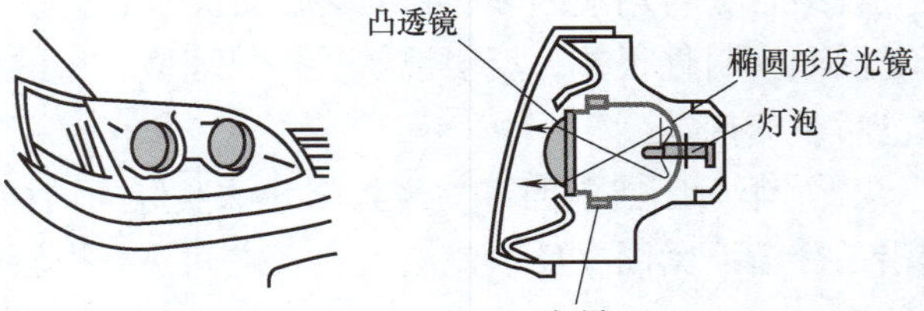

图 2-22　投射式前照灯的结构

由于投射式前照灯的反射镜呈椭圆形状，有两个焦点。在第一个焦点处放置灯泡，光束经反射会聚至第二个焦点。凸形配光镜的焦点与第二焦点重合，灯泡发出的光被反射镜聚成第二焦点，再通过配光镜将聚集的光投射到远方。投射式前照灯使用的光源为卤素灯泡。

在第二焦点附近设有遮光板，可用于遮住投向上半部分的光，形成明暗分明的配光。它的这种配光特性可适用于前照灯近、远光灯，也可用作雾灯。

采用投射式前照灯，可利用的光束增多，若将反射镜做成扁长断面，很多光束便可横向扩散，不仅结构紧凑，而且经济实用。

（5）氙灯　氙灯的结构如图 2-23 所示，它是一种含有氙气的新型前照灯，又称为高强度放电灯或气体放电灯，英文简称为 HID（High Intensity Discharge Lamp）。目前很多中高档轿车都使用这种新型前照灯。氙灯亮度大，发出的亮色调与太阳光比较接近，消耗功率低，可靠性高，不受车上电压波动影响。

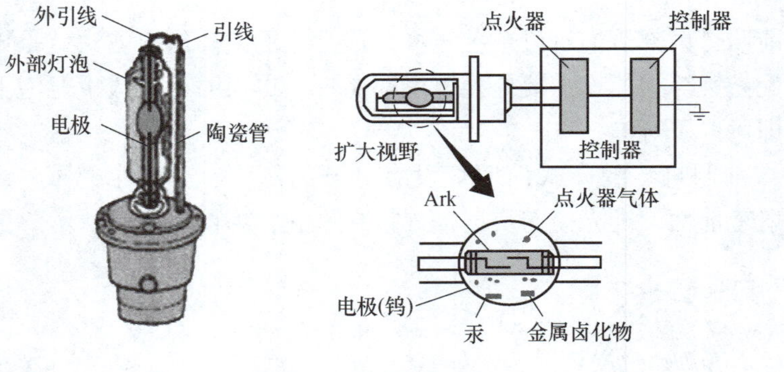

图 2-23　氙灯的结构

氙灯由小型石英灯泡、变压器和电子控制单元组成。接通电源后，通过变压器，在几微秒内升压到 20000V 以上的高压脉冲电加在石英灯泡内的金属电极之间，激励灯泡内的物质（氙气、少量的水银蒸气、金属卤化物）在电弧中电离产生光亮。由于高温导致碰撞激发，并随压力升高使线光谱变宽形成带光谱。灯开关接通的一瞬间，氙灯即产生与 55W 卤素灯一样的亮度，约 3s 达到全部光通量。

氙灯灯泡用坚硬的耐温耐压石英玻璃（二氧化硅）做成，灯内充入高压氙气，缩短灯被点亮的时间，灯的发光颜色则由充入灯泡内的氙气、水银蒸气和少量金属卤化物所决定。

电子控制器系统是一个独立的系统，包括变压器和电子控制单元（ECU），具有产生点火电压和工作电压两种功能。变压器将低电压变为高电压输出，ECU 的主要功能是限制氙灯灯泡的工作电流，向灯泡提供 20000V 以上的点火电压和维持工作的低电压（80V 左右）。

氙灯与卤素灯的主要区别在于，前者通过气体电离发光，后者通过加热钨丝发光。虽然氙灯的发光电弧与卤素灯的钨丝长度直径一样，但发光效率和亮度提高了 2 倍。由于不用灯丝，没有了传统灯丝易脆断的缺陷，使用寿命也延长了 4 倍。据测试，一个 35W 的氙灯光源可产生 55W 卤素灯 2 倍的光通量，使用寿命与汽车差不多。因此，安装氙灯不但可以减少电能消耗，还相应提高了车辆的性能，这对于轿车而言具有很重要的意义。

2. 前照灯的检测与调整

前照灯在使用过程中，会因灯泡老化、反射镜变暗、照射位置不正而使前照灯的发光强度不足或照射位置不准确，影响汽车行驶速度和行车安全，因此必须对前照灯进行检测和调整。

前照灯的检测项目有发光强度和光束照射位置。

前照灯的发光强度是指光源在给定方向上所能发出的光线强度（单位为坎，cd）。国家标准对汽车前照灯远光光束的发光强度有明确的要求，具体标准见表 2-9。

表 2-9 前照灯远光光束发光强度要求 （单位：cd）

车辆类型	新注册机动车		在用机动车	
	两灯制	四灯制	两灯制	四灯制
汽车、无轨电车	15000	12000	12000	10000
四轮农用运输车	10000	10000	8000	6000

注：采用四灯制的机动车其中两只对称的灯达到两灯制的要求时视为合格。

前照灯的发光强度一般用前照灯检测仪进行检测。前照灯的光束照射位置是光轴中心相对于前照灯配光镜几何中心在垂直方向偏上或偏下、水平方向偏左或偏右的距离。对于对称配光特性的前照灯，一般把光束最亮区域的中心作为光轴中心，用此检测光束的照射位置。

对于非对称配光特性的前照灯，一般以光束明暗截止线交点或中心作为光轴中心，用此检测光束照射位置。前照灯的远光一般采用对称式配光，光形分布具有水平方向宽、垂直方向窄等特点。前照灯的近光采用非对称式配光，光形分布是近光光束最亮部分向右下偏移，在配光屏幕上具有明显的明暗截止线。

用屏幕可以检测前照灯的光束照射位置，国家标准对汽车前照灯光束照射位置的规定是：机动车在检验前照灯的近光光束照射位置时，被测车辆空载（允许乘坐一名驾驶人），轮胎气压正常，汽车正对屏幕 10m 处，光束明暗截止线转角或中心的高度应为 $0.6H \sim 0.8H$（H 为前照灯中心高度），其水平方向位置向左偏或向右偏均不得超过 100mm。四灯制前照灯远光单束灯的调整，要求在屏幕上光束中心离地面高度为 $0.85H \sim 0.90H$，水平位置要求左灯向左或向右偏均不得大于 170mm。前照灯光束照射位置不符合规定要求时，应利用上下、左右调整螺钉进行调整，装用远、近双丝灯的前照灯以调整近光光束为主。

图 2-24 所示为五菱之光汽车前照灯光束的检查、调整方法。

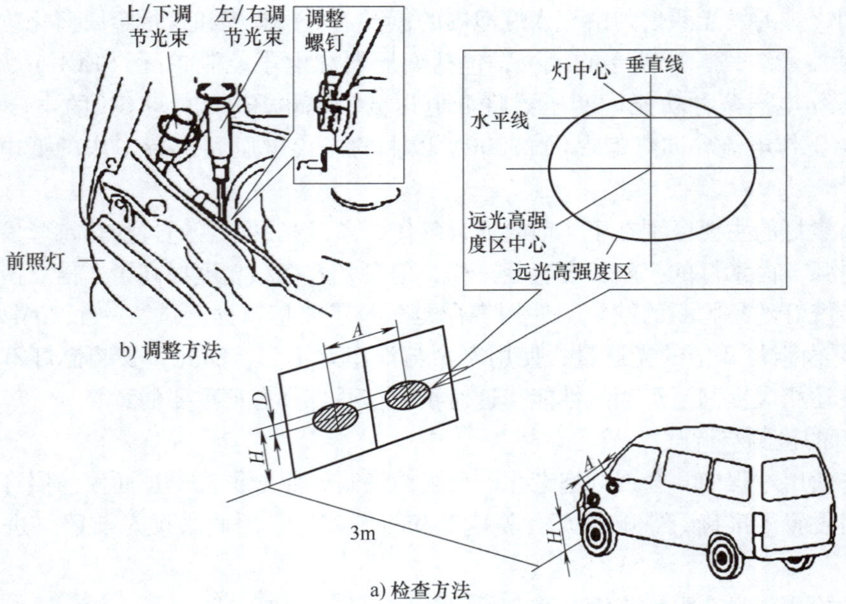

图 2-24　五菱之光汽车前照灯光束的检查、调整方法

检查时，将车辆停在平坦的地面上，面对着距前照灯 3m 的屏幕或墙壁，轮胎充气至所规定的压力并卸除负荷（除驾驶人外），使发动机的转速在充电指示灯处于充电状态。在屏幕上画出水平线和垂直线，拧动调整螺钉，使远光灯光束的高强度中心与水平线距离为 22mm，然后换成近光灯，这时近光灯的光线应能满足前照灯的防眩目要求。

用屏幕只能检测前照灯的光束照射位置，不能检测发光强度。目前汽车维修企业和汽车检测站广泛采用前照灯检测仪来检测前照灯的发光强度和光束照射位置，据此来检验和调整汽车前照灯的发光强度和光轴偏斜量。前照灯检测仪检测前照灯的光束位置一般是将 4 块光电池组合在一起，位于上、下的光电池接有上下偏斜指示计，位于左、右的光电池接有作用偏斜指示计。当前照灯照射在光电池上后，上下偏斜指示计和左右指示计发生摆动，据此可测出前照灯的光束照射位置。前照灯检测仪按测量方法的不同分为聚光式、屏幕式、投影式、自动追踪光轴式和全自动式等多种，使用方法虽各不相同，但检测原理大同小异，具体的使用方法可以参考其说明书。目前应用较多的是全自动式检测仪。

【信息收集】

一、前照灯控制电路分析

宝骏 630 轿车采用的是车身控制模块控制前照灯继电器负极来控制前照灯点亮的控制方式，如图 2-25 所示。

当灯光开关转到近光灯图标位置时，近光灯亮，此时若把灯光开关手柄往下压——变光，远光灯亮，同时近光灯也亮。

当灯光开关转到近光灯图标位置时，首先接通前照灯继电器线圈电路（控制电路），使前照灯继电器动合触点闭合，从而接通近光灯电路（主电路）。

近光灯控制电路的电流流向为：蓄电池 + →__________→__________→车身控制模块

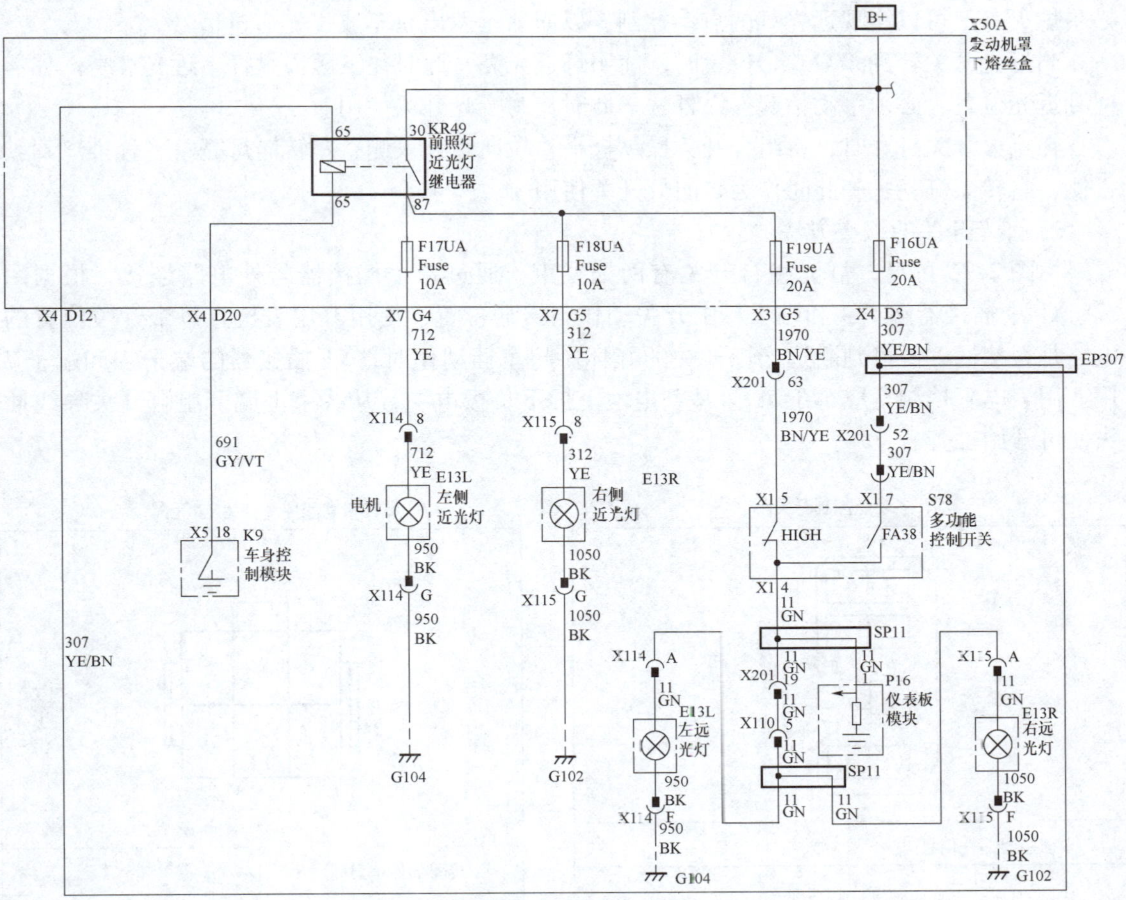

图 2-25　宝骏 630 轿车前照灯（远、近光灯）电路

K9（X518）→搭铁。

近光灯主电路的电流流向为：蓄电池+极→前照灯近光灯继电器 KR49 触点

F17UA(10A) → 左侧近光灯 → 搭铁。

F18UA(10A) → 右侧近光灯 → 搭铁。

当把灯光开关手柄往下压——变光，远光灯亮，同时近光灯也亮。

远光灯的控制电路与近光的电流走向相同。

远光灯的主电路电流流向为：蓄电池+极→__________→F19UA（20A）→__________→左、右远光灯→搭铁。

开超车灯时，前照灯开关无须打到 档。直接提起开关手柄至最上面的位置。手离开手柄时，手柄自动回到原来位置。超车灯电路电流流向为：蓄电池+极→__________→多功能控制开关 S78（X1 7）→左、右远光灯→__________。

二、灯光开关的使用与检查

1. 灯光开关的使用

以宝骏 630 轿车的调节杆式组合开关为例，在任意位置往上抬操纵杆，前照灯远光亮，松手熄灭——可以实现远光灯的点动控制，以向前车发出超车或优先通过信号。

当灯光开关转到或位置时，前照灯近光亮，此时往下压操纵杆，远光灯亮。如需回到近光位置，必须手动抬起操纵杆——此时作为变光开关使用。

在点火开关打开时，将组合开关操纵杆平移拉向驾驶人侧，左转向灯亮；平移推离驾驶人侧，右转向灯亮——此时作为转向灯开关使用。

2. 灯光开关的检查方法

由图2-26可见，灯光组合开关有两把线束，通过两个插接器与外电路连接。根据图S78 X1中插接器端子4和端子6中开关动作与接通位置，使用万用表检查每个开关位置的电路是否接通，便可判断远光灯开关的好坏。超车档动作时，X1插接器的端子4和端子7用万用表电阻档测量应小于5Ω。从蓄电池上拆下负极电缆，从线束上脱开组合开关导线插头便可开始检查。

S78多功能控制开关X1

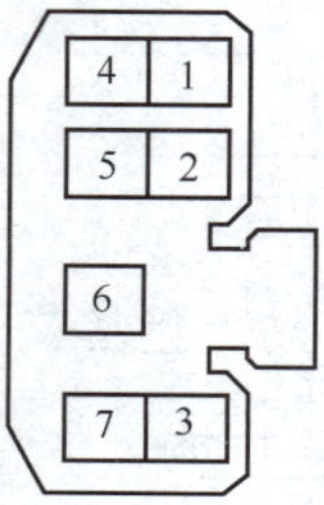

插接器部件信息			
端子	导线	电路号码	功能
1	0.75BU/WH (蓝色/白色)	14	左侧转向信号灯控制
2	0.75VT/BU (紫色/蓝色)	16	仪表板熔丝盒闪灯继电器
3	0.75GN/VT (绿色/紫色)	15	右侧转向信号灯控制
4	1.5GN (绿色)	11	前照灯远光灯控制
5	—	—	未用
6	1.5BN/YE (棕色/黄色)	1970	多功能控制开关远光灯电源
7	1.5YE/BN (黄色/棕色)	307	多功能控制开关电源

S78多功能控制开关X2(高配)

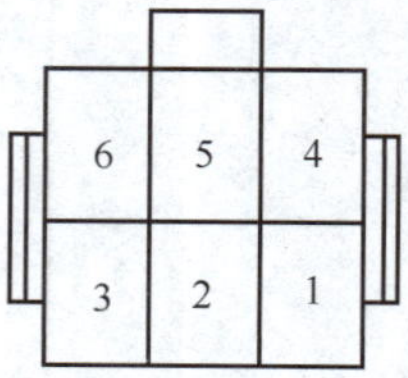

插接器部件信息			
端子	导线	电路号码	功能
1	0.35GN/GY (绿色/灰色)	13	驻车灯高电平信号
2	0.35BU/WH (蓝色/白色)	192	前雾灯高电平信号
3	—	—	未用
4	0.35BK/WH (黑色/白色)	651	搭铁
5	0.35YE (黄色)	10	前照灯高电平信号
6	0.35BK/WH (黑色/白色)	651	搭铁

图2-26　S78多功能开关插接器

描述前照灯开关检测方法：____

____

____

____

____

____

____

____

三、前照灯故障诊断的一般思路

前照灯故障诊断思路见表2-10。

表2-10　前照灯故障诊断思路

故障现象	检查内容	处理方法
一个前照灯不亮或左、右前照灯都不亮	1）前照灯左、右熔丝熔断情况 2）灯泡是否损坏 3）前照灯开关 4）导线或搭铁是否损坏或其他故障	1）必要时更换坏灯泡 2）必要时更换熔丝（更换前，应查出原因并消除） 3）必要时更换前照灯开关 4）修理电路

【制订计划】

前照灯电路系统故障检修方案

<table>
<tr><td>任务分工</td><td colspan="3">组员安排：
①________________
②________________
③________________
④________________
⑤________________
⑥________________</td></tr>
<tr><td rowspan="8">工量具及材料准备
（在对应的选项中画√即可）</td><td>工量具名称</td><td colspan="2">选　择</td></tr>
<tr><td>螺钉旋具</td><td>□可能</td><td>□不可能</td></tr>
<tr><td>万用表</td><td>□可能</td><td>□不可能</td></tr>
<tr><td>诊断仪</td><td>□可能</td><td>□不可能</td></tr>
<tr><td>撬板</td><td>□可能</td><td>□不可能</td></tr>
<tr><td>维修手册</td><td>□可能</td><td>□不可能</td></tr>
<tr><td>电路图</td><td>□可能</td><td>□不可能</td></tr>
<tr><td>备件</td><td>□可能</td><td>□不可能</td></tr>
</table>

（续）

<table>
<tr><td>根据任务，请列举宝骏 630 轿车前照灯不亮的故障原因</td><td colspan="3"></td></tr>
<tr><td>故障检修流程</td><td colspan="3"></td></tr>
<tr><td rowspan="8">检修工作注意事项
（在对应的选项中画√即可）</td><td>内　　容</td><td colspan="2">选　　择</td></tr>
<tr><td>工量具整齐摆放不落地</td><td>□是</td><td>□否</td></tr>
<tr><td>零件不落地，工量具轻拿轻放</td><td>□是</td><td>□否</td></tr>
<tr><td>工量具使用前要清洁，使用后要保养</td><td>□是</td><td>□否</td></tr>
<tr><td>拔插电路插接器时，需要进行断电</td><td>□是</td><td>□否</td></tr>
<tr><td>检测电路时，根据检测内容，是否断电</td><td>□是</td><td>□否</td></tr>
<tr><td>及时记录测量数据</td><td>□是</td><td>□否</td></tr>
<tr><td>维修工作完成后进行工作现场“6S”</td><td>□是</td><td>□否</td></tr>
</table>

【任务实施】

根据任务情境的描述，请为王先生前照灯不亮的故障进行分组讨论并完成如下任务：

1）完成本工作任务，需要用到哪些工量具及材料？

____

____

____

（选项：万用表、试电笔、扭力扳手、螺钉旋具、套筒扳手、尖嘴钳、刷子、备用灯泡、继电器、转向盘护套、变速杆手柄套、座椅套、脚垫、翼子板布、前格栅布、举升机、手电筒等）

2）准备工作。

① 填写车辆信息。

车型：__________；行驶里程：__________；车辆识别码（VIN）：______________。

② 前照灯在车上的安装位置是：______________________________。

③ 将汽车停驻在指定工位上，准备好相关工量具及材料。 □完成

④ 拉紧驻车制动器手柄，并将变速杆置于空档位置。 □完成

⑤ 套上转向盘护套、变速杆手柄套、座椅套，铺上脚垫。 □完成

⑥ 拉动发动机舱盖手柄，打开并可靠支撑发动机舱盖。 □完成

⑦ 粘贴翼子板布和前格栅布。 □完成

3）打开灯光开关，验证故障现象（查找资料，完成灯图表标识）。

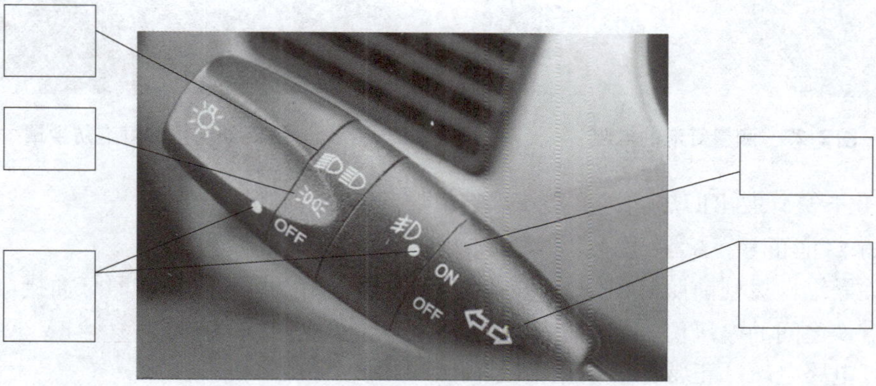

车灯的认识：将宝骏 630 轿车前照灯的各部分名称填入下图的方框内。

4）验证故障情况。把钥匙插进点火开关并转到“ON”档，然后把灯光操纵杆拨到前照灯位置，验证故障情况。故障现象是____________________________________。

5）查找资料，画出前照灯电路图，分析故障原因。

6）前照灯不亮的故障检测步骤。

① 单个前照灯不亮的故障诊断。

a. 先测量灯泡的电阻，看灯泡是否烧坏，如图 2-27 所示。远近光灯泡的电阻是 0. 5Ω 左右，如果灯泡烧坏，直接更换灯泡。

灯泡的电阻值为__________Ω。

灯泡的电阻：正常□　不正常□

b. 如果灯泡烧坏，取下灯泡防尘罩，如图 2-28 所示。

图 2-27　测量灯泡的电阻

图 2-28　拆卸灯泡防尘罩

c. 扳开卡簧，取出旧灯泡，更换新灯泡，如图 2-29 所示。

d. 如果灯泡正常，检测远（近）灯光的电路电压。

把灯关操纵杆拨到前照灯档位，此时为近光位置，用万用表测量前照灯插接器中近光灯电源线与搭铁之间的电压值，如图 2-30 所示。近光灯电路电压为__________V。

近光灯电路电压：正常□　不正常□

想一想：用试灯检查可以吗？怎么检查？

图 2-29　更换灯泡

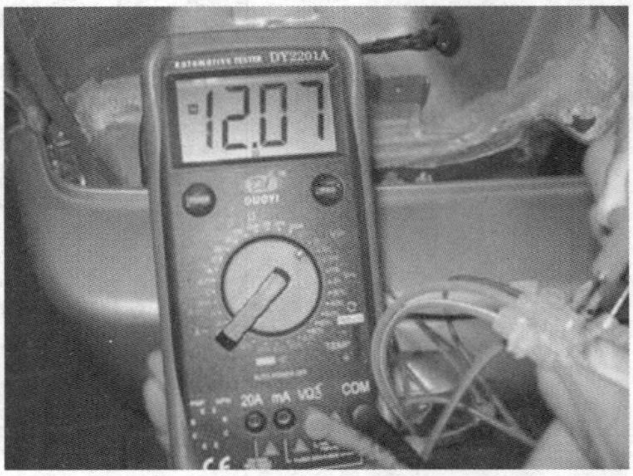

图 2-30　测量近光灯电源线与搭铁之间的电压值

e. 如果电源线与搭铁间没有电压，检查电源线是否有电。检查电源线与搭铁之间的电压值如图 2-31 所示。电源线对搭铁电压值为__________V。

近光灯电源线：正常□　不正常□

想一想：用试灯检查可以吗？怎么检查？

如果电源线没有电。可能的故障点有哪些？

f. 如果电源线电压正常，用万用表电阻档检测近光灯搭铁线的通断情况（图 2-32）。搭铁线对搭铁电阻值为__________Ω。

搭铁线：正常□　不正常□

说明：当表值显示“1”时，表示电路断路；当表值显示 3Ω 左右或更小时，表示电路良好。

想一想：用试灯检查可以吗？怎么检查？

如果要检查远光灯，灯关操纵杆如何操作？

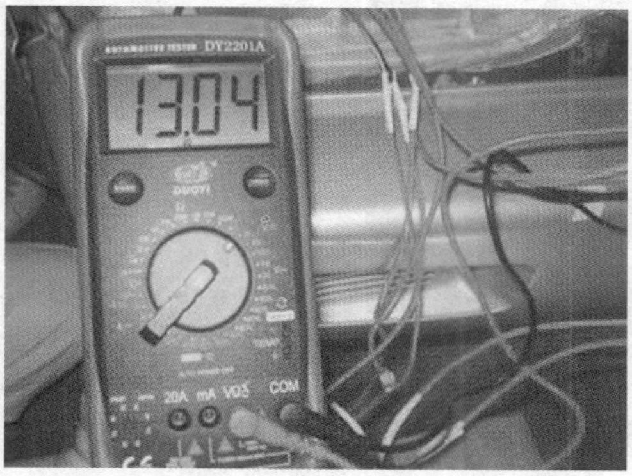

图 2-31　测量电源线与搭铁之间的电压值

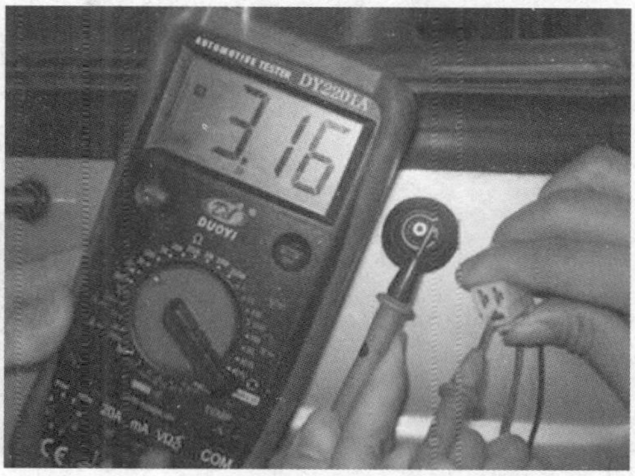

图 2-32　检查近光灯搭铁线的通断情况

② 所有前照灯不亮的故障诊断。

a. 先检查蓄电池电压，如图 2-33 所示。如果蓄电池电压异常，先把蓄电池充足电或者更换一个新的蓄电池。

蓄电池电压为__________ V。

蓄电池电压：正常□　不正常□

b. 如果蓄电池电压正常，检测熔丝的好坏情况。如图 2-34 所示，拆下熔丝盒盖，对照并查找盒盖上标注有“近光灯”位置的熔丝。

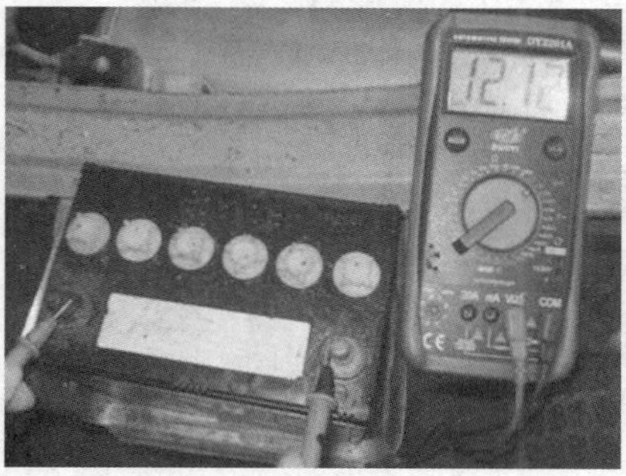

图 2-33　检查蓄电池电压

图 2-34　拆下熔丝盒盖

c. 拆下近光灯熔丝，检查是否良好，如图 2-35 所示。

若熔丝烧断，更换同型号的熔丝（更换前查找熔丝烧断的原因并解决）。

熔丝的电阻值为__________ Ω。

熔丝：正常□　不正常□

说明：当表值显示“1”时，表示烧断；当表值显示“002”左右时，表示良好。

7）现场 6S，完成任务，交车。

① 按照“后拆的先装、先拆的后装”的顺序把车灯和胶条装好。

② 收集整理车辆护套和工具。

③ 清洁车辆，清理现场。

④ 车辆驶出工位，交车。

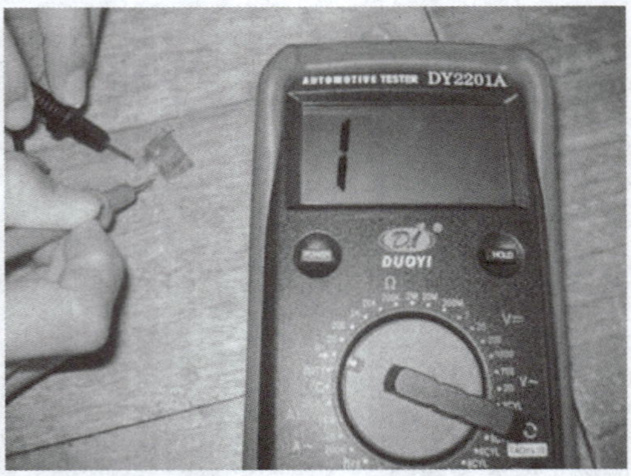

图 2-35 检查近光灯熔丝

【检查与考评】

一、任务实施及评价

根据技术规范要求完成整个任务，教师注意引导学生填写任务实施过程评价表（表 2-11）。

表 2-11 任务实施过程评价表

班级		姓名		学号		
考核内容	前照灯不亮的检测与维修			规定考核时间		20min
				实际考核时间		
序号	检查维修内容/评分标准		配分	自评	互评	得分
1	准备	把车辆开进工位，停车；准备工具	5			
2	检查诊断	检查车灯外观	5			
		验证故障情况	10			
		拆除保险杠上方胶条	10			
		拆下前车灯	10			
		检查灯泡电阻	10			
		更换灯泡	10			
		检查电路的电压	10			
		检查电路的通断	10			
		检查蓄电池的电压	5			
		检查熔丝的通断	5			

（续）

序号	检查维修内容/评分标准		配　分	自　评	互　评	得　分
3	安全文明	防护措施得当，作业规范安全整洁	3			
		工具、零件不落地	2			
4	工具使用	工具选用合理	2			
		工具使用规范	3			
5	考核时间	每超 1min 扣 3 分，超时 3min 终止考核				
合　计			100			
监考教师		考核日期		年　月　日		

二、学习效果评价

请根据该组的团体表现及个人表现，对学习效果进行自我评价。学习效果评价表见表 2-12。

表 2-12　学习效果评价表

项　目	评 价 内 容	评价等级（学生自评）		
		A	B	C
关键能力考核项目	遵守纪律、遵守学习场所管理规定，服从安排			
	安全意识、责任意识，6S 管理意识，注重节约、节能与环保			
	学习态度积极主动，能参加实习安排的活动			
	团队合作意识，注重沟通，能自主学习及相互协作			
	仪容、仪表符合活动要求			
专业能力考核项目	按时、按要求独立完成工作页			
	工具、设备选择得当，使用符合技术要求			
	操作规范，符合要求			
	学习准备充分、齐全			
	注重工作效率与工作质量			
小组评语及建议		组长签名： 年　月　日		
教师评语及建议		教师签名： 年　月　日		

【知识巩固】

选择题

1. 远光灯的功率一般为（　　）。

A. 20～30W　　B. 30～40W　　C. 40～50W　　D. 45～60W

2. 近光灯的功率一般为（　　）。

A. 20～30W　　B. 30～40W　　C. 45～55W　　D. 45～60W

3. 下列选项中，不属于灯光组合开关的是（　　）。

A. 变光开关　　B. 危险警告灯开关

C. 灯光开关　　D. 超车灯开关

4. 前照灯的远光灯灯丝必须位于（　　）。

A. 反射镜的焦点上　　B. 反射镜焦点上方

C. 反射镜焦点下方　　D. 反射镜焦点后方

5. 前照灯的光束调整有（　　）方向。

A. 1 个　　B. 2 个　　C. 3 个　　D. 4 个

【知识拓展】

一、前照灯自动变光器

前照灯自动变光器是一种根据对面车辆灯光的亮度自动变远光为近光或变近光为远光的自动控制装置。

在夜间两车相对行驶相距 150～200m 时，对面的灯光照射到自动变光器上，自动变光器立即自动变远光为近光，从而有效地避免了远光给对面驾驶人带来的眩目，待两车相会后，变光器自动变近光为远光，汽车即可恢复原来的行驶速度。

优点：实现了自动控制，不需要驾驶人操纵，自动变光器的体积小，性能稳定可靠，且灵敏度高。

二、屏幕检验法

屏幕检验法只能检测前照灯的光束位置，不能检测发光强度。

国家标准对汽车前照灯光束位置的规定是：机动车在检验前照灯的近光光束照射位置时，前照灯在距离屏幕 10m 处，光束明暗截止线转角或中点的高度应为 $0.6H$～$0.8H$（H 为前照灯基准中心高度，下同），其水平方向位置向左向右偏差均不得超过 100mm。

四灯制前照灯其远光单光束灯的调整，要求在屏幕上光束中心离地高度为 $0.85H$～$0.90H$，水平位置要求左灯向左偏不得大于 100mm，向右偏不得大于 170mm；右灯向左或向右偏均不得大于 170mm。机动车装用远光和近光双光束灯时以调整近光光束为主。对于只能调整远光单光束的前照灯，调整远光单光束。屏幕检验法具体的检测方法如下：

将汽车停在水平地面上，并且按规定充足轮胎气压，从车上卸下所有负载（只允许驾驶人乘坐）；距汽车前照灯 10m 处（不同车型有不同的规定）设一屏幕（或利用白墙），在屏幕上画两条垂线（各线通过各前照灯的中心）和一条水平线 H（与前照灯的离地高度相等）；再画一条比 H 线低 Dmm 的水平线与两条前照灯的垂直中心线分别相交于 a、b 两点，如图 2-36 所示。起动发动机，使之以 2000r/min 的转速旋转，即在蓄电池不放电的情况下使前照灯亮；先将一只灯遮住，检查另一只前照灯的光束是否对准 a 点或 b 点（光照中心）。

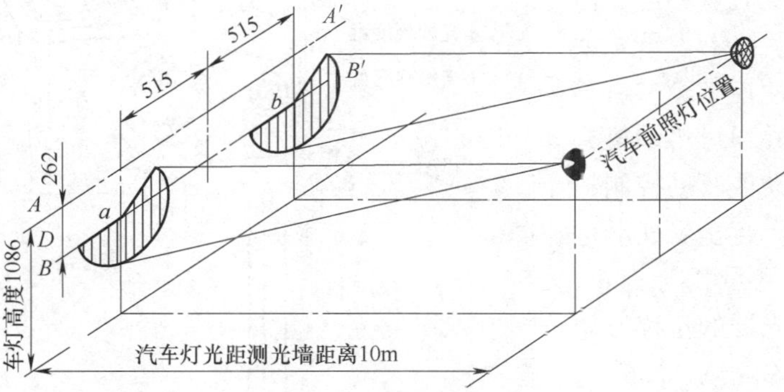

图 2-36 屏幕检测法

三、仪器检测法

仪器检测法不仅能检测前照灯的光束位置，还能检测前照灯的发光强度。按测量方法的不同，检测仪可分为聚光式、屏幕式、投影式、自动追踪光轴式和全自动式等。各类仪器使用方法虽各不相同，但检测原理大同小异。一般均采用能把吸收的光能变成电流的光电池作为传感器，按照前照灯主光束照射光电池产生电流的大小和比例，来测量前照灯发光强度和光轴偏斜量。

四、发光强度的检测原理

测量前照灯发光强度的电路由光度计、可变电阻和光电池等组成，如图 2-37 所示。按规定的距离使前照灯照射光电池，光电池便按受光强度的大小产生相应的光电流使光度计指针摆动，指示出前照灯的发光强度。

聚光式前照灯检测仪利用受光器的聚光透镜把前照灯的散射光束聚合起来，并导引到光电池的光照面上，根据其对光电池的照射强度，来检测前照灯的发光强度和光轴偏斜量。检测时，检测仪放在前照灯前方距离 1m 处。

屏幕式前照灯检测仪在固定屏幕上装有可以左右移动的活动屏幕，在活动屏幕上装有能上下移动的内部带有光电池的受光器。前照灯的光束照射到屏幕上，检测发光强度和光轴偏斜量。通常其测试距离为 3m。投影式前照灯检测仪通过把前照灯光束的影像映射到投影屏上，来检测发光强度和光轴偏斜量。检测时，测试距离一般为 3m。检测时，通过上下、左右移动受光器使光轴偏斜指示计指示为零，从而找到被测前照灯主光轴的方向，然后根据投影屏上前照灯光束影像的位置即可得出主光轴的偏斜量，同时可从光度计的指示中读取发光强度。

自动追踪光轴式前照灯检测仪采用受光器自动追踪光轴的方法检测前照灯发光强度和光

轴偏斜量，如图 2-38 所示。一般其检测距离为 3m。检测时，前照灯的光束照射到检测仪的受光器上。此时，若前照灯光束照射方向偏斜，则主、副受光器的上下光电池或左右光电池的受光量不等，由其电流的差值控制受光器上下移动的电动机运转，或使控制箱左右移动的电动机运转，并通过传动机构牵动受光器上下移动或驱动控制箱在轨道上左右移动，直至受光器上下、左右光电池受光量相等为止。在追踪光轴时，受光器的位移方向和位移量由光轴偏斜指示计指示，即前照灯光束的偏斜方向和偏斜量、发光强度由光度计指示。

GB 7258—2017《机动车运行安全技术条件》规定，机动车每只前照灯的远光光束发光强度应达到要求。测试时，其电源系统应处于充电状态。

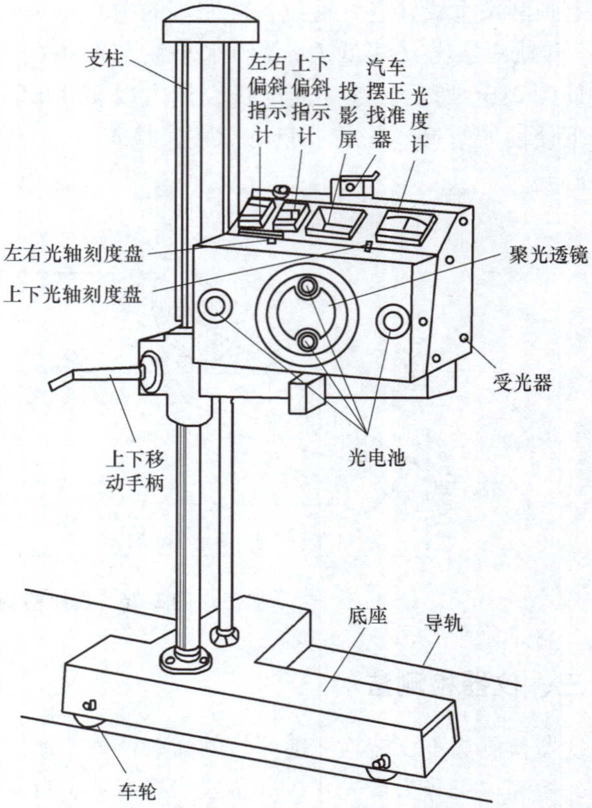

图 2-37　投影式前照灯检测仪

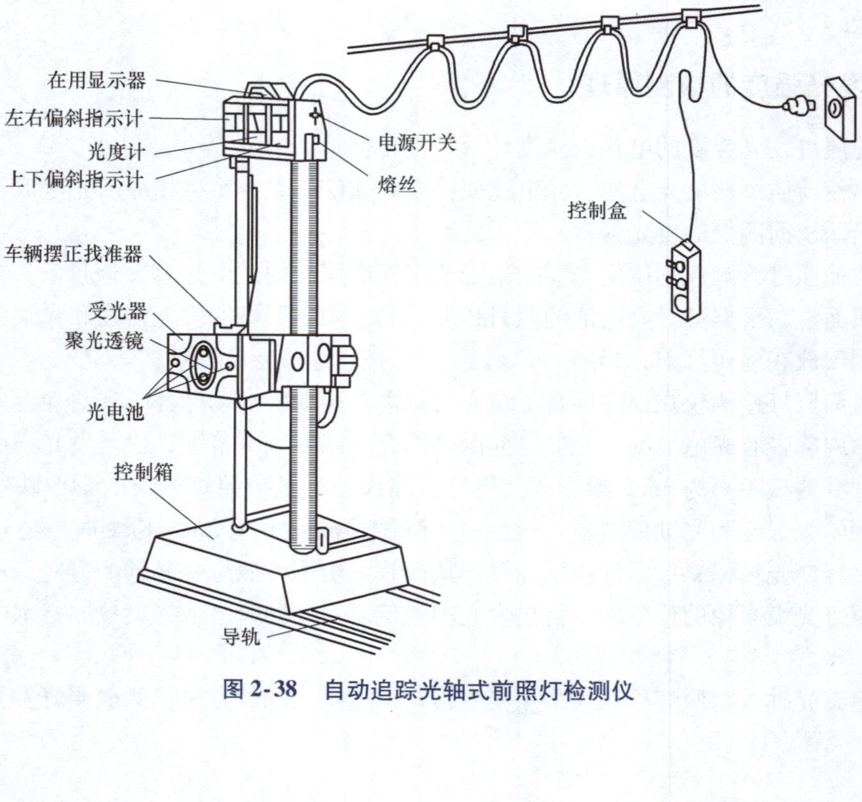

图 2-38　自动追踪光轴式前照灯检测仪

任务四
转向灯不亮的检测与维修

【任务描述】

客户林女士的宝骏630轿车在行驶时出现左前侧转向灯不亮的故障，影响车辆行驶安全，需要进行维修。林女士将车开到4S店维修服务中心进行维修。维修技师需要按维修操作流程对车辆转向电路进行分析和诊断，找到故障原因，使用检测仪器进行检测以找到故障部位，制订维修方案，排除故障。

【学习目标】

1. 能叙述汽车转向灯及危险警告灯系统的组成和功能。
2. 能识读转向灯电路图。
3. 能查阅相关资料，以分析信号系统工作原理。
4. 能拆装汽车灯具并判断转向灯灯泡是否完好。
5. 能检测与诊断转向信号系统故障部位及进行部件更换。
6. 培养学生自主学习的能力和团队意识。
7. 培养学生爱岗敬业的职业素养。

【学习重点】

转向灯及危险警告灯的组成。

【学习难点】

1. 信号系统的工作原理。
2. 危险警告开关的检测与维修。

【知识准备】

汽车信号系统的作用是产生特定的声音和灯光信号，向其他车辆的驾驶人和行人发出警告，以引起注意，确保汽车的行驶安全。汽车信号系统分为灯光信号系统和声音信号系统两部分，灯光信号系统主要包括转向信号装置、制动信号装置和倒车信号装置等，声音信号系统主要指喇叭信号装置或蜂鸣器。

转向及紧急信号灯及危险警告灯电路由闪光器、转向灯开关、警告灯开关、转向灯及转向指示灯等部件组成，如图2-39所示。闪光器控制电流断续即可使转向灯闪烁。闪光器与危险警告闪光器可以共用，也可以单独设置。对于受转向柱上组合开关控制的转向灯，当接通转向灯时，如果转向盘回正，组合开关中的转向灯开关就被转向盘回正销拨动自动切断转向灯电路。

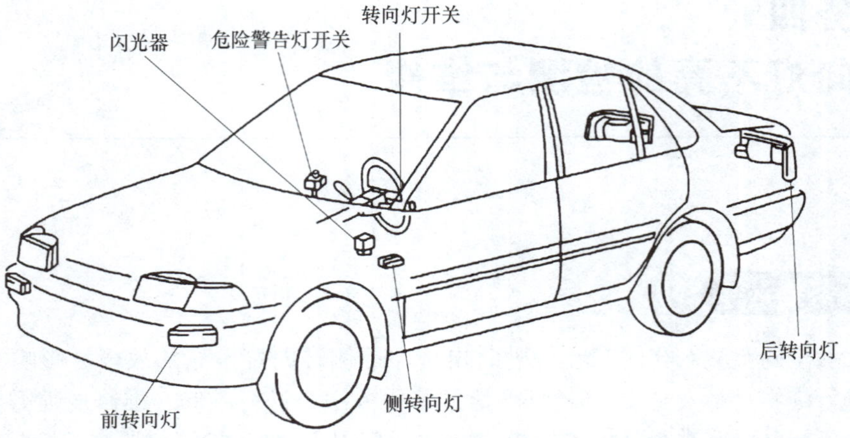

图 2-39　转向信号系统的组成

1. 闪光器的分类及特点

转向灯的闪烁是由闪光器控制的。常见的闪光器有热丝式、电容式、翼片式和电子式等，闪光器的外形如图 2-40 所示。

图 2-40　闪光器的外形

1）热丝式闪光器结构简单、成本低，但闪光频率不够稳定，使用寿命短，信号明暗不明显，现已被淘汰。

2）电容式和翼片式闪光器闪光频率较为稳定，翼片式闪光器还具有结构简单、体积小，工作时伴有响声可监控等特点。

3）电子式闪光器具有性能稳定和工作可靠的特点，目前已广泛应用。

2. 电子式闪光器的工作原理

（1）触点式电子闪光器　图 2-41 所示为触点式电子闪光器的电路。当转向开关接通时，电流从蓄电池“+”→点火开关 K→闪光器端子 B→电阻 R_1→闪光器动断触点→闪光器端子 L→转向开关→搭铁，转向灯亮。与此同时，由于电阻 R_1 上产生电压降，晶体管 VT 导通，集电极电流通过闪光器的线圈 J，使触点立即断开，转向灯熄灭。晶体管 VT 导通的同时，其基极电流向电容 C 充电，随着电容器 C 电荷的积累，充电电流逐渐减小，集电极电流随之减小，当电流不足，以使线圈的磁性保持触点断开时，继电器触点重新闭合，转向灯再次亮。这时电容器 C 通过电阻 R_2、动断触点、电阻 R_3 放电，放电电流在 R_2 上产生的电压降为晶体管 VT 提供反向电压，加速了晶体管 VT 的截止。当放电电流接近零时，R_1 上的电压降为晶体管 VT 提供正向偏置电压使其导通。这样，电容器 C 不断地充电和放电，晶体管 VT 就不断地导通和截止，控制触点反复地闭合、断开，使转向灯发出明暗交替的闪烁信号，同时继电器触点通断期间会发出声响。

（2）无触点式电子闪光器　无触点式电子闪光器的电路如图 2-42 所示，接通转向开关，VT_3 通过 R_2 得到正向偏置电压而饱和导通，VT_1、VT_2 截止。由于 VT_3，的发射极电流很小，此时转向灯较暗，同时，电源通过 R_3 对 C 充电（上 + 下 -），使 VT_3 的基极电位下降，当低于其导通所需正向偏置电压时，VT_3 截止。VT_3 截止后，VT_2 通过 R_1 得到正向电流而饱和导通，转向灯中有较大电流通过而变亮。同时，C 经 R_3、R_2 放电，使 VT 仍保持截止，转向灯继续发光。随着 C 放电电流减小，VT_3 基极电位逐渐升高，当高于其正向导通电压时，VT_3 导通，VT_2、VT_1 截止，转向灯由亮变暗。如此循环，使转向灯闪烁。转向灯闪烁的频率由电容 C 的充、放电时间决定。

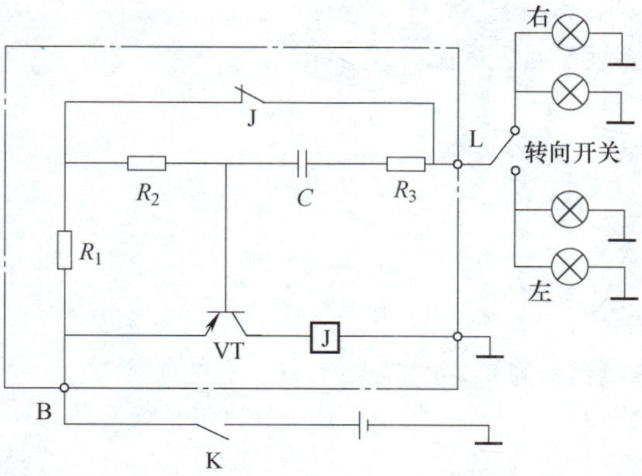

图 2-41 触点式电子闪光器的电路

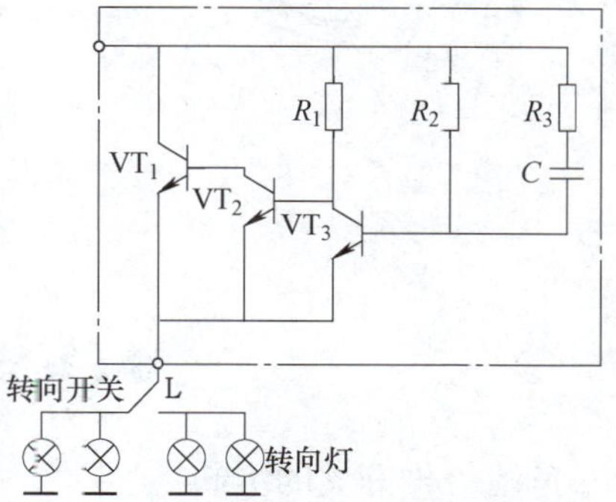

图 2-42 无触点式电子闪光器的电路

3. 转向灯开关的拆卸

现代汽车的转向灯开关都包含在组合开关内，用来控制转向灯电路的通断。转向灯开关有 L、OFF 与 R 3 个位置。转向灯开关均为自动复原式，开关向顺时针方向扳动时为右转，向逆时针方向扳动时为左转。待汽车转向后，转向盘开始回转时，转向灯开关自动复原至 OFF 位置，驾驶人不必在转向后将转向灯开关拨回。

拆卸转向柱上装饰盖及转向柱下装饰盖后（图 2-43），按压转向开关两侧卡扣，断开电气插接器，可拆下 S78 多功能控制开关（组合开关），如图 2-44 所示。

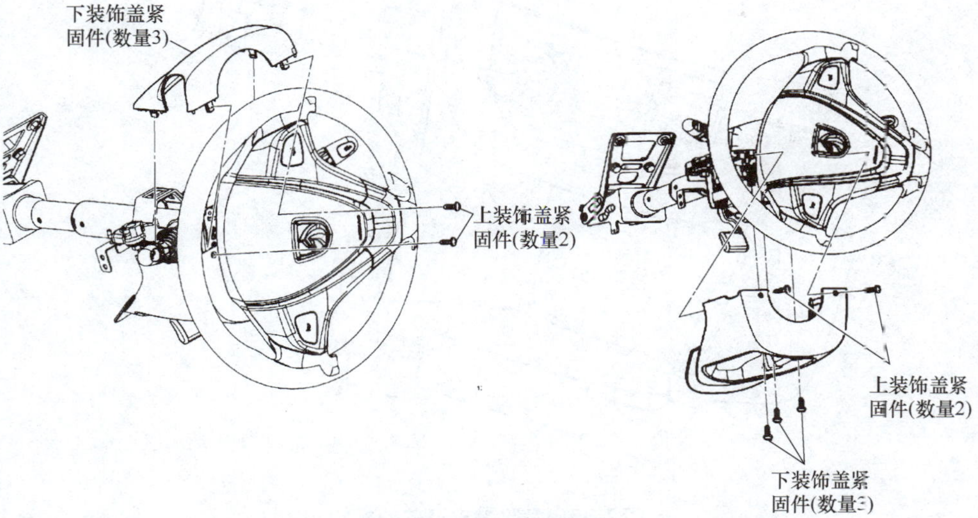

图 2-43 装饰盖的拆卸

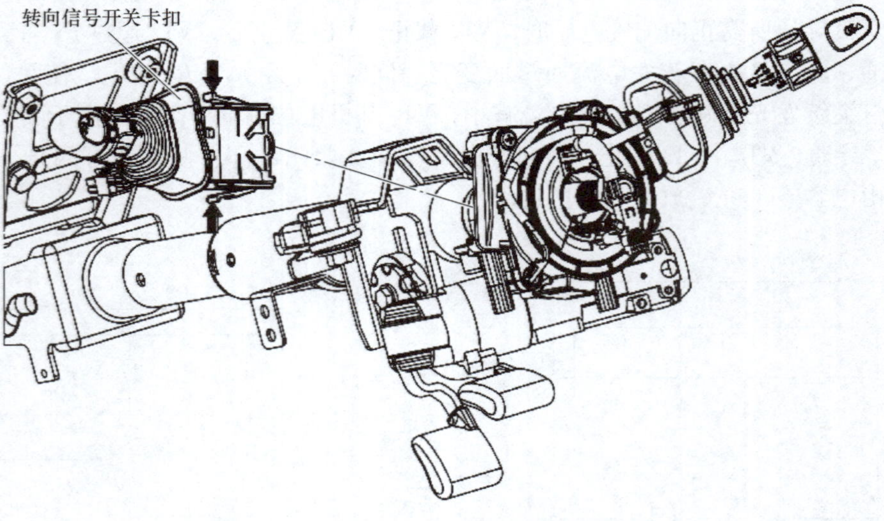

图 2-44　S78 多功能控制开关的拆卸

4. 危险警告开关的拆卸

危险警告开关控制危险警告灯电路的通断。危险警告灯与转向灯共用一套灯具，当车辆在路面上遇到紧急情况需要处理时，按下危险警告开关，全部转向灯同时闪烁，提醒后方车辆避让。危险警告灯电路与转向灯电路共用车前与车后的转向灯、车内的转向指示灯及闪光器。但两者的功能不同，转向灯为单侧转向灯闪亮，作为转向指示用，危险警告灯为所有转向灯均同时闪亮，作为危险警告用。另外，危险警告灯不受点火开关控制，只要按下开关，车外的转向灯及车内的转向指示灯均同时闪烁。危险警告开关位于车辆中控台下，拆卸过程如图 2-45 所示。

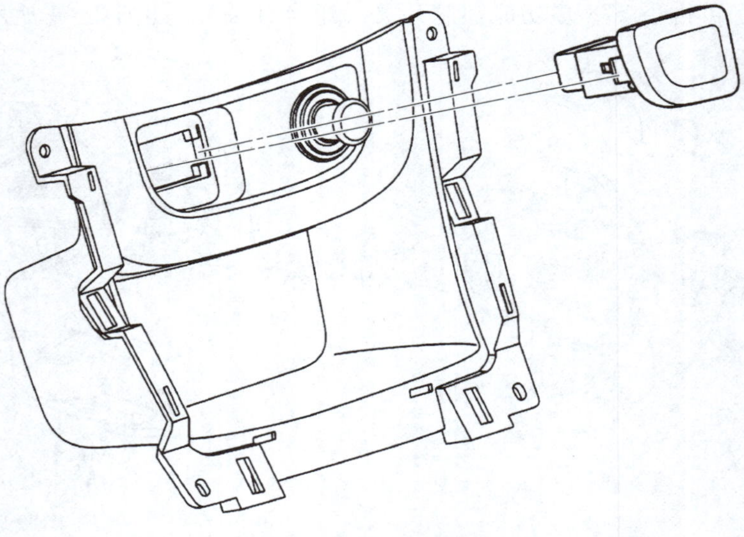

图 2-45　危险警告开关的拆卸

【信息收集】

转向灯与危险警告灯电路工作原理

宝骏 630 轿车转向灯与危险警告灯电路如图 2-46 所示。

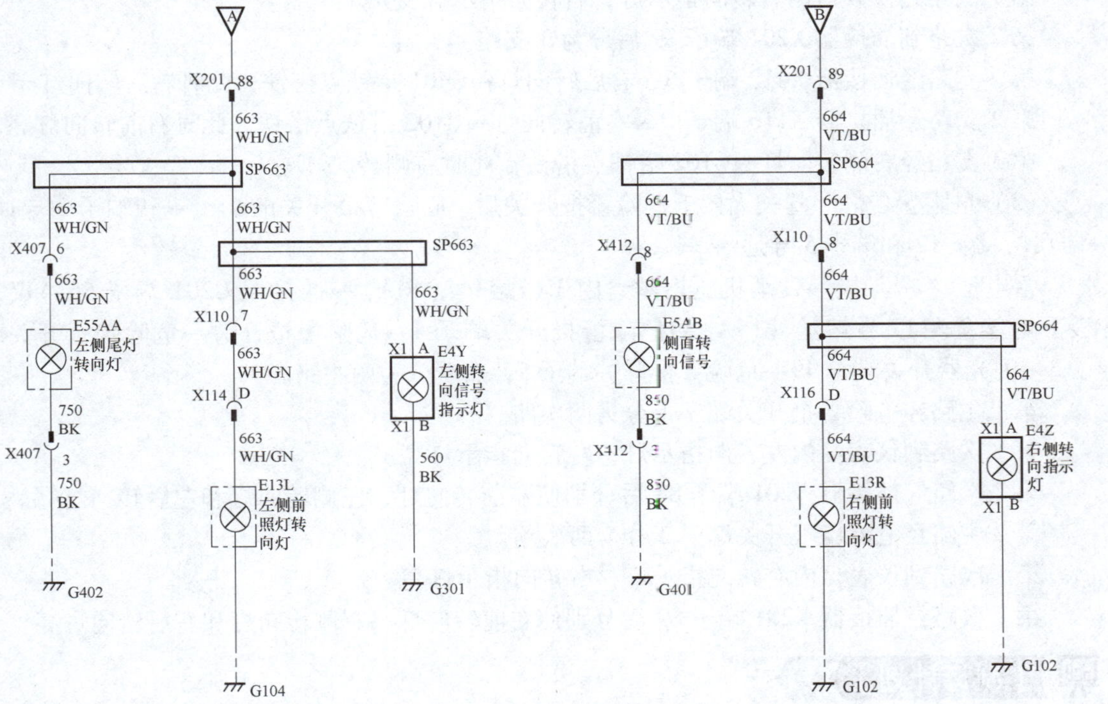

图 2-46　宝骏 630 轿车转向灯与危险警告灯电路

（1）左转向灯　点火开关接通后，驾驶人向下拨动转向开关，转向开关的端子 2 和端子 1 导通。

蓄电池“+”极→仪表板下熔丝盒内 9 号熔丝（15A）→危险警告开关端子 6→危险警告开关→危险警告开关端子 3→闪光器端子 49→闪光器，然后分为两主路。

第 1 主路经闪光器端子 31→G202 搭铁点搭铁，闪光器端子 49 和端子 49a 接通。

第 2 主路经闪光器端子 49a→转向开关端子 2→转向开关→转向开关端子 1，然后分为两次路。

第 1 次路到仪表盘内左转向指示灯，左转向指示灯亮。

第 2 次路到插接器 X201 端子 88 后分为 3 支路。

第 1 支路经插接器 X407 端子 6→左后转向灯→G402 搭铁点搭铁，此时左后转向灯亮。

第 2 支路经插接器 X114 端子 D→左前转向灯→G104 搭铁点搭铁，此时左前转向灯亮。

第 3 支路经左侧转向灯→G301 搭铁点搭铁，此时左侧转向灯亮。

（2）右转向灯　点火开关接通后，驾驶人向上拨动转向开关，转向开关的端子 2 和端子 3 导通。

蓄电池“+”极→仪表板下熔丝盒内9号熔丝（15A）→危险警告开关端子6→危险警告开关→危险警告开关端子3→闪光器端子49→闪光器，然后分为两主路。

第1主路经闪光器端子31→G202搭铁点搭铁，闪光器端子49和端子49a接通。

第2主路经闪光器端子49a→转向开关端子2→转向开关→转向开关端子3，然后分两次路。

第1次路到仪表盘内右转向指示灯，右转向指示灯发光。

第2次路到插接器X201端子89后分为3支路。

第1支路经插接器X412端子6→右后转向灯→G401搭铁点搭铁，此时右后转向灯亮。

第2支路经插接器X116端子D→右前转向灯→G102搭铁点搭铁，此时右前转向灯亮。

第3支路经右侧转向灯→G102搭铁点搭铁，此时右侧转向灯亮。

（3）危险警告灯　驾驶人按下危险警报开关后，危险警报开关的端子4和端子3导通，端子1、端子2和端子5导通。

蓄电池“+”极→发动机舱熔丝盒内3号熔丝（40A）→插接器C201端子55→仪表板下熔丝盒内17号熔丝（15A）→危险警报开关端子4→危险警报开关→危险警报开关端子3→闪光器开关端子49→危险警报开关端子5，然后分为两主路。

第1主路经危险警报开关端子1分为两次路。

第1次路到仪表盘内左转向指示灯，左转向指示灯亮。

第2次路经插接器X201端子88后分别使左前转向灯、左侧转向灯和左后转向灯亮。

第2主路经危险警报开关端子2分为两次路。

第1次路到仪表盘内右转向指示灯，右转向指示灯亮。

第2次路经插接器X201端子89后分别使右前转向灯、右侧转向灯和右后转向灯亮。

【制订计划】

转向灯电路系统故障诊断见表2-13。

表2-13　转向灯电路系统故障诊断

故障现象	检查内容	处理方法
转向灯全部不亮	1）转向灯熔丝是否熔断 2）导线是否故障 3）转向开关、危险警告开关是否损坏 4）闪光器是否损坏 5）灯泡是否损坏	1）必要时更换熔丝 2）修理电路 3）修理或更换开关 4）必要时更换闪光器 5）必要时更换坏灯泡
一侧转向灯不亮	1）转向开关是否损坏 2）单侧转向灯是否损坏 3）导线或搭铁线是否出故障	1）修理或更换开关 2）必要时更换坏灯泡 3）修理电路
部分转向灯不亮	1）灯泡是否损坏 2）导线或搭铁线是否出故障	1）必要时更换坏灯泡 2）修理电路

转向灯电路系统故障检修方案

任务分工	组员安排： ①____________ ②____________ ③____________ ④____________ ⑤____________ ⑥____________
结合故障现象制订检修方案	

【任务实施】

一、实训目的

1）能按技术规范要求检测转向灯与危险警告灯电路故障。

2）能按技术规范要求更换左前侧转向灯。

二、实训要求

1）在教师的引导下，以小组为单位学习相关技能，并完成实训操作。

2）每组实训操作完成后，每组的学生代表进行点评，教师进行总结归纳。

三、实训内容

按实际需求勾选工量具，按实际测量结果完成维修工单。

维修工单			
材料准备	□车轮垫块　□警示牌　□车内四件套　□车外三件套　□万用表 □测电笔　□扭力扳手　□尖嘴钳　□刷子　□举升机　□手电筒 □内、外饰拆装专用工具　□世达 120 件套维修工具		
车辆故障现象	□左转向灯故障　□右转向灯故障　□危险警告灯故障		
维修流程	安全措施	停车到指定工位，熄火	□完成　□未完成
		挂空档，拉驻车制动器手柄	□完成　□未完成
		安装车轮挡块	□完成　□未完成
		安装车外三件套	□完成　□未完成
		安装车内四件套	□完成　□未完成
	仪表板下熔丝盒	拆卸左前侧门密封条	□完成　□未完成
		拆卸仪表板左侧装饰板	□完成　□未完成
		找到仪表板下熔丝盒	□完成　□未完成
		确认 9 号、17 号熔丝	□完成　□未完成

（续）

维修流程	组合开关拆卸	拆卸转向柱上、下装饰盖	□完成　□未完成
		拆卸组合开关	□完成　□未完成
		辨识线号 14 蓝色/白色线为左侧转向灯控制电路	□完成　□未完成
		辨识线号 15 绿色/紫色线为右侧转向灯控制电路	□完成　□未完成
		辨识线号 307 黄色/棕色线为多功能开关电源线	□完成　□未完成
	转向灯与危险警告灯电路检测	转向灯熔丝检测 危险警告灯熔丝检测	□正常 □不正常，需更换
		闪光继电器检测	□正常 □不正常，需更换
		转向开关检测	□正常 □不正常，需更换
		转向灯检测	□正常 □不正常，需更换
	更换左侧转向灯	向前撬动并拿出左侧转向灯	□完成　□未完成
		断开左侧转向灯电气连接	□完成　□未完成
		更换左侧转向灯灯泡	□完成　□未完成
	6S 整理	收拾整理工具	□完成　□未完成
		打扫清洁地面	□完成　□未完成

四、注意事项

仪表板下熔丝盒的位置比较隐蔽，需小心拆开左侧装饰板，用小号平刃刀具从下部松开，避免撬断装饰板卡扣，如图 2-47 所示。

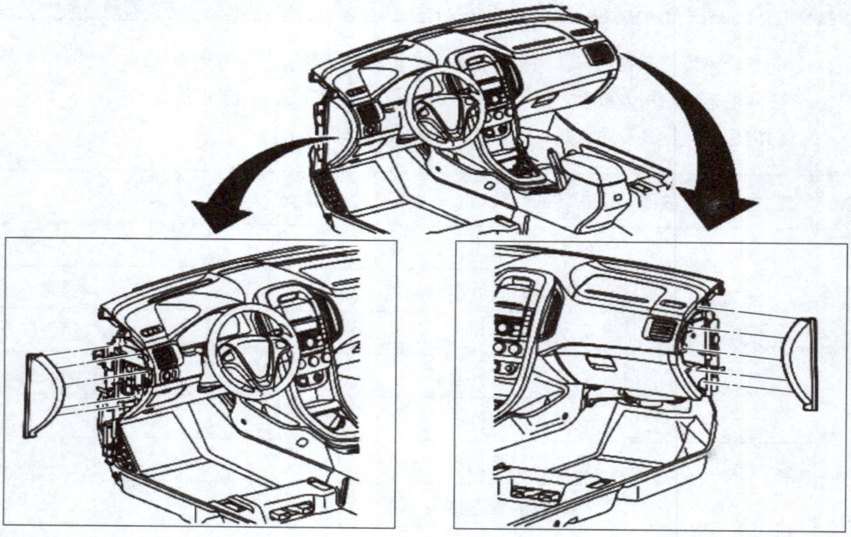

图 2-47　仪表板侧装饰板的拆卸

组合开关拆卸后，因组合开关集合了多个开关，应正确找出转向开关端子（端子 1、3、7）。危险警告灯开关端子如图 2-48 所示。

S26危险警告灯开关

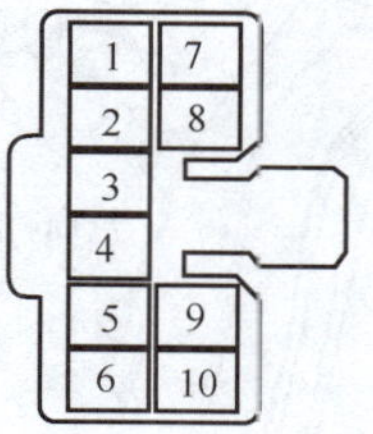

插接器部件信息			
端子	导线	电路号码	功能
1	—	—	未用
2	—	—	未用
3	0.75BK/WH (黑色/白色)	903	闪灯继电器使能端
4	0.75RD (红色)	1040	危险警告灯参考电压
5	—	—	未用
6	—	—	未用
7	—	—	未用
8	0.35BK/WH (黑色/白色)	651	危险警告灯电源
9	0.35YE (黄色)	1491	危险警告灯搭铁
10	—	—	未用

图 2-48 危险警告灯开关端子

前照灯总成和尾灯总成集合了多组灯具，如图 2-49 和图 4-50 所示。

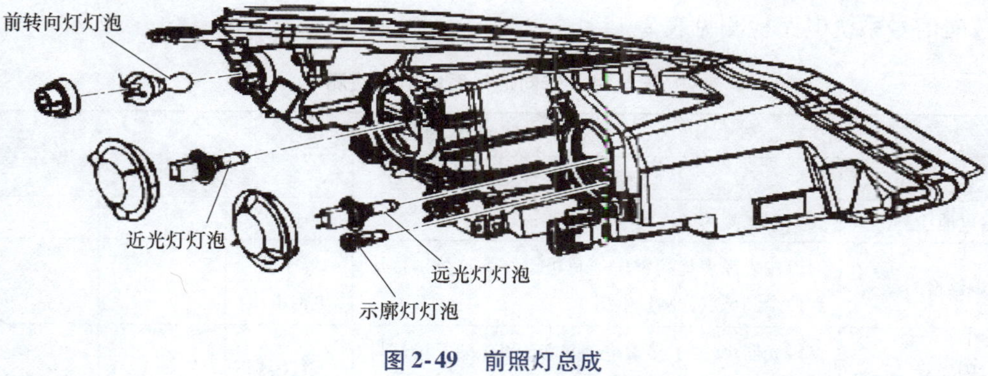

图 2-49 前照灯总成

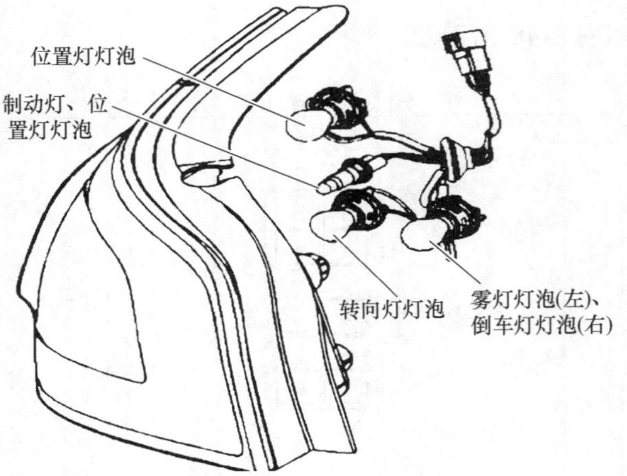

图 2-50　尾灯总成

左侧转向指示灯的更换如图 2-51 所示。

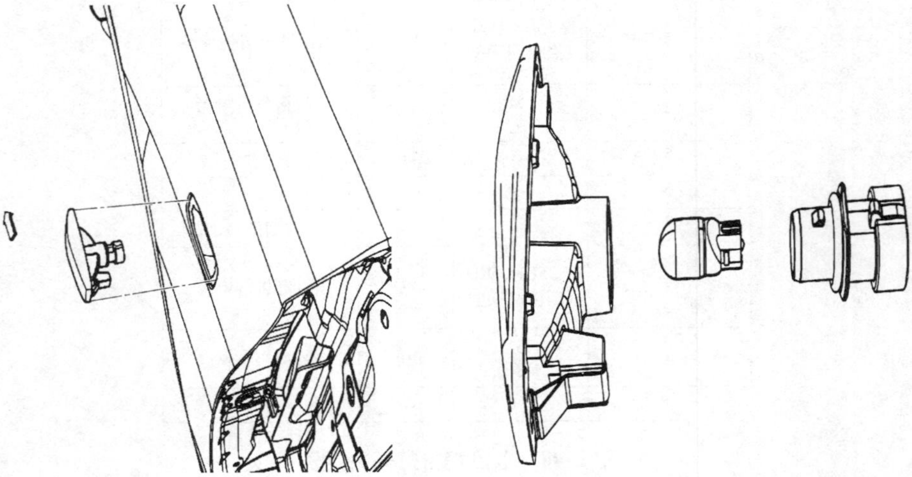

图 2-51　左侧转向指示灯的更换

转向信号系统电路检测见表 2-14。

表 2-14　转向信号系统电路检测

检查项目	技术要求			检查结果
	检测方式	标准值	实测值	
蓄电池检测	万用表测两极柱间电压	大于 12V		
熔丝检测	万用表黑表笔接蓄电池负极，红表笔分别接熔丝两个测试点，测量电压	等于蓄电池电压		
闪光器	闪光器 49 端子接蓄电池正极，49a 端子接试灯并回负极，31 端子接负极	试灯闪烁		

（续）

检查项目		技术要求			检查结果
		检测方式	标准值	实测值	
紧急开关	紧急开关前端电路检测	万用表黑表笔接负极，红表笔分别测量紧急开关端子4、端子6和端子8电压	等于蓄电池电压		
	紧急开关检测	没有按下紧急开关时，测量端子3与端子6、端子8与端子9间的电阻值	趋向0Ω		
		按下紧急开关时，测量端子3与端子4、端子1与端子5、端子2与端子5、端子8与端子9间的电阻值	趋向0Ω		
转向开关	转向开关前端电路检测	万用表测量开关端子2电压	等于蓄电池电压		
	左转向开关检测	接通左转向开关，万用表测量开关端子1与端子2间的电阻值	趋向0Ω		
	右转向开关检测	接通右转向开关，万用表测量开关端子3与端子2间的电阻值	趋向0Ω		
转向灯	转向灯前端电路检测	接通左（右）转向开关，万用表测量左（右）转向灯输入电压	等于蓄电池电压		
	转向灯检测	通电测试	点亮		
	转向灯搭铁电路检测	万用表测量各转向灯与搭铁点间的电阻值	趋向0Ω		

【检查与考评】

一、任务实施及评价

根据技术规范的要求完成整个任务，教师注意引导学生填写任务实施过程评价表（表2-15）。

表2-15　任务实施过程评价表

班级		姓名		学号		
考核内容	转向灯不亮的检测与维修			规定考核时间	20min	
				实际考核时间		
序号	基本步骤	作业流程	考核要点	配分	得分	
					自评	互评
1	准备工作	劳保用品穿戴	穿戴不规范扣2分/项	6		
		准备工具	工具准备是否齐全	4		
		车辆安全停放	是否拉驻车制动，安放车轮挡块	4		
		车辆安全防护	是否安装车外三件套	3		
			是否安装车内四件套	8		

（续）

序号	基本步骤	作业流程	考核要点	配分	得分	
					自评	互评
2	正确描述故障现象	操作员打开左转、右转、危险警告开关	准确识别左转、右转、危险警告开关	5		
		观察员准确描述	准确描述故障现象	5		
3	转向与危险警告系统故障检测	仪表板下熔丝盒	正确选取工具	5		
			拆卸仪表板侧装饰盖	5		
		转向与危险警告系统电路检测	转向熔丝检测	5		
			闪光继电器检测	5		
			转向开关检测	5		
			危险警告开关检测	10		
			转向灯检测	5		
4	故障排除	更换左转向指示灯	正确选取工具	5		
			更换安装左转向指示灯	10		
5	现场6S	收拾整理工具	扣1分/项	5		
		工具、零件不落地	扣1分/项	5		
总分				100		
操作时间		开始时间： 结束时间： 实际用时：				

二、学习效果评价

请你根据该组的团体表现及个人表现，对学习效果进行自我评价。学习效果评价表见表2-16。

表2-16 学习效果评价表

项目	评价内容	评价等级（学生自评）		
		A	B	C
关键能力考核项目	遵守纪律、遵守学习场所管理规定，服从安排			
	安全意识、责任意识，6S管理意识，注重节约、节能与环保			
	学习态度积极主动，能参加实习安排的活动			
	团队合作意识，注重沟通，能自主学习及相互协作			
	仪容、仪表符合活动要求			
专业能力考核项目	按时、按要求独立完成工作页			
	工具、设备选择得当，使用符合技术要求			
	操作规范，符合要求			
	学习准备充分、齐全			
	注重工作效率与工作质量			
小组评语及建议		组长签名： 年 月 日		
教师评语及建议		教师签名： 年 月 日		

【知识巩固】

一、填空题

1. 常见的闪光器有__________、__________、__________和电子式等。

2. 转向灯灯泡灯丝烧断，会使转向灯闪烁频率变__________。

3. 电子式闪光器具有__________和__________的特点，目前已广泛应用。

4. 转向灯开关均为__________，驾驶人不必在转向后将转向灯开关拨回。

5. 危险警告灯不受__________控制，只要按下开关，车外的转向灯及车内的转向指示灯同时闪烁。

二、选择题

1. 转向灯闪光频率应在（　　）范围内。

A. 30 ~ 90 次/min　　B. 40 ~ 100 次/min　　C. 60 ~ 120 次/min

2. 转向开关共有（　　）个档位。

A. 1　　B. 2　　C. 3

3. 转向灯的颜色国家规定是（　　）的。

A. 白色　　B. 琥珀色　　C. 蓝色

【知识拓展】

转向灯的正确使用方法：

1）汽车行至一般平面交叉路口，应根据路面宽度、交通流量的大小以及当时的行驶速度，在距离路口 10 ~ 30m 的地方，按转弯方向开启转向灯。如向右转弯和向右变更车道需开启右转向灯，如向左转弯或向左变更车道需开启左转向灯。转入设有导向车道的路口，应在进入导向车道前开启转向灯。开得过早会给后车“忘关转向灯”的错觉，开得过晚则造成后车或行人因反应不及时而发生事故。

2）汽车驶入或驶出环形交叉路口时，应根据行驶方向开启相应的转向灯。

3）在车辆行驶中，当本车道交通不畅需要变更车道时，应通过后视镜观察相邻车道是否空闲，在不妨碍其他车道车辆正常行驶的情况下，应在开启相应的转向灯后变更车道。

4）汽车调头时，应开启左转向灯，并注意观察汽车前、后有无来车，然后再行调头。

5）在没有标记道路中心实线的路段超车时，应先开启左转向灯并鸣喇叭（在禁鸣路段除外）。如果是被超车，应靠右让行。

6）当行驶中需要靠边停车时，应事先开启右转向灯，并注意观察汽车右后方交通动态，再行靠边。

7）当驶离停车地点时，应事先开启左转向灯，并注意观察汽车左后方的交通动态，再驶向行车道。

任务五
制动灯不亮的检测与维修

【任务描述】

客户王先生的宝骏 630 轿车行驶了 30000km，达到维护里程数，王先生将爱车开到 4S 店进行维护。维修技师检查发现高位制动灯不亮的故障，需要对该车制动灯电路进行全面检查并做相应处理。

【学习目标】

1. 掌握汽车制动电路的工作原理。
2. 能正确认识制动灯开关的 3 种形式。
3. 能按技术规范要求检测高位制动灯故障。
4. 能按技术规范要求更换高位制动灯。
5. 培养学生自主学习的能力和团队意识。
6. 培养学生爱岗敬业的职业素养。

【学习重点】

1. 制动系统的组成。
2. 制动开关的结构。

【学习难点】

1. 制动系统的工作原理。
2. 制动系统的检测与维修。

【知识准备】

汽车制动灯安装在车辆尾部，当其工作时，通知后面车辆该车正在制动，以避免后面车辆与其相撞。目前，轿车均装有高位制动灯，它安装在后窗中心线、靠近窗底部附近。当前、后两辆车离得很近时，后面车辆驾驶人就能通过高位制动灯的亮灭来判断前车的行驶状况。

制动灯电路一般不受点火开关控制，直接由电源、熔丝到制动灯开关，只要制动灯开关接通，制动灯就亮起。

1. 液压式制动灯开关

图 2-52 所示为液压式制动灯开关，用于采用液压制动系统的汽车，装在液压制动主缸的前端或制动管路中。当踩下制动踏板时，由于制动系统的压力增大，膜片向上弯曲，接触

桥同时接通接线柱，使制动灯通电发亮。松开制动踏板时，制动系统压力减小，接触桥在回位弹簧的作用下复位，制动灯电路被切断。

2. 气压式制动灯开关

图 2-53 所示为气压式制动灯开关，用于采用气压制动系统的汽车，安装在制动系统的气压管路上。制动时，制动压缩空气推动橡胶膜片向上弯曲，使触点闭合，接通制动灯电路。

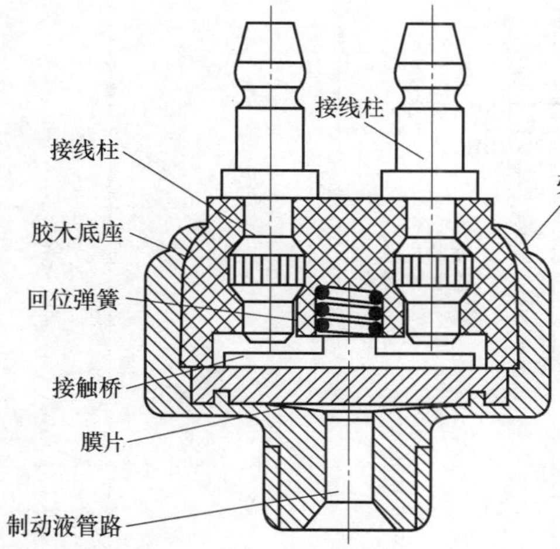

图 2-52　液压式制动灯开关

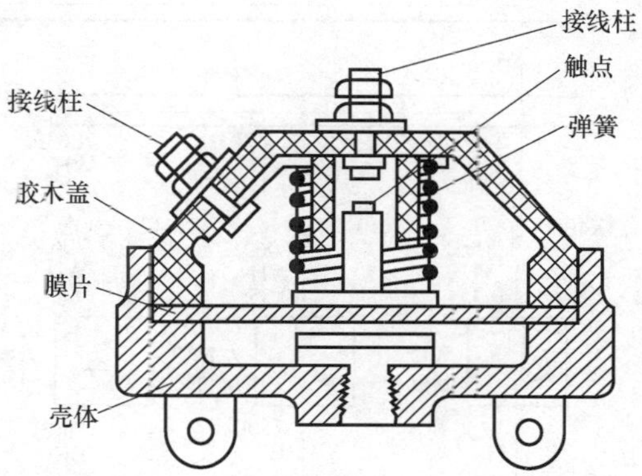

图 2-53　气压式制动灯开关

3. 弹簧式制动灯开关

弹簧式制动灯开关是一种在轿车中较为常用的制动开关，装在制动踏板的后面，如图 2-54 所示。当踩下制动踏板时，开关闭合，将接线柱接通，使制动灯发亮；当松开制动踏板后，回位弹簧使接触片离开接线柱，制动灯电路断开。

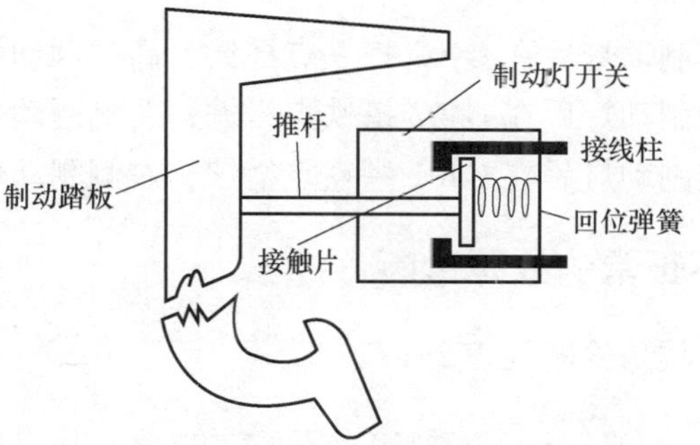

图 2-54　弹簧式制动灯开关

【信息收集】

一、制动电路的工作原理

宝骏 630 轿车制动灯电路如图 2-55 所示。当踩下制动踏板时，开关闭合，将接线柱接通，电流从蓄电池正极→发动机舱熔丝盒 3 号熔丝（40A）→仪表板下熔丝盒 23 号熔丝

(10A)→制动踏板开关→分为3路：

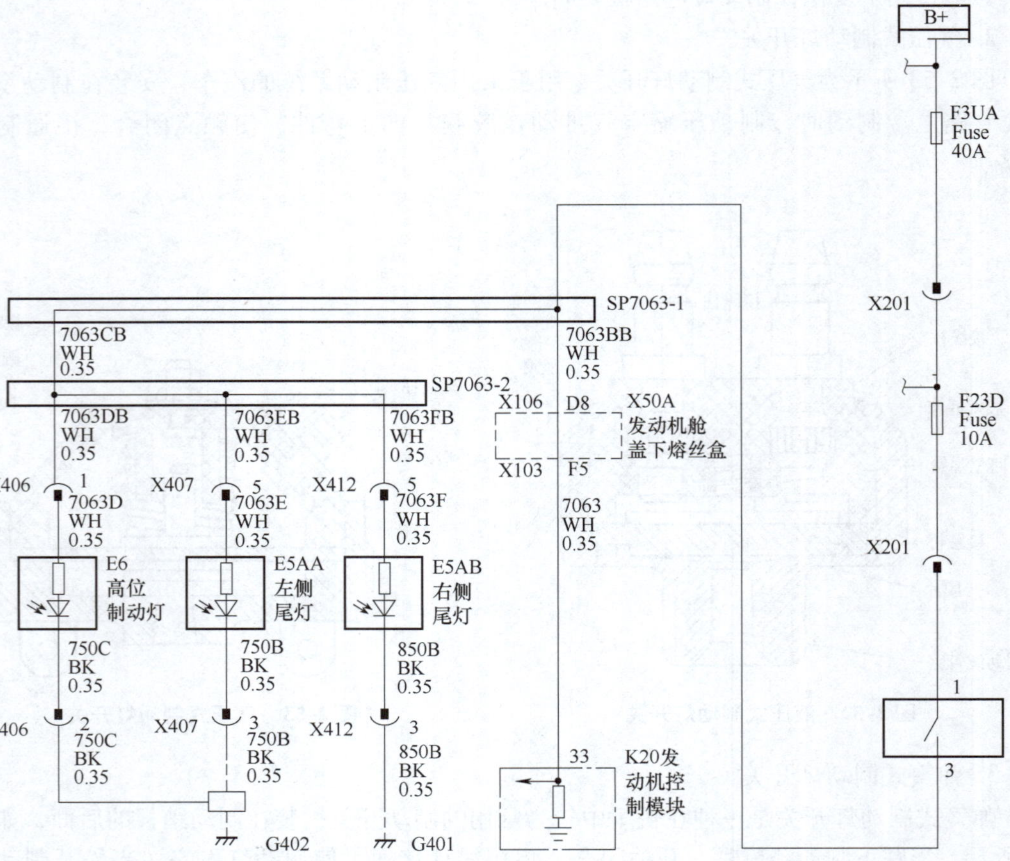

图2-55 宝骏630轿车制动灯电路

第1路电流流过高位制动灯后在G402搭铁点搭铁，高位制动灯亮。

第2路电流流过左侧制动灯后在G402搭铁点搭铁，左侧制动灯亮。

第3路电流流过右侧制动灯后在G401搭铁点搭铁，右侧制动灯亮。

二、制动灯工作不正常的故障诊断

制动灯工作不正常的故障诊断见表2-17。

表2-17 制动灯工作不正常的故障诊断

故障原因	处理方法
1）熔断器断路	1）必要时更换熔断器
2）连接电路断路或插接件松脱	2）修理电路
3）制动灯开关损坏	3）修理或更换开关
4）灯泡断路	4）必要时更换坏灯泡

【制订计划】

故障的判断与排除：

① 如果一侧制动灯亮而另一侧制动灯不亮，应首先检查不亮侧制动灯的灯泡是否断路，灯座处导线上的电压是否正常。若均良好，检查搭铁线接触是否良好，灯泡与灯座接触是否良好。

② 如果两侧制动灯均不亮，应首先检查熔断器是否断路。若良好，检查制动灯开关处导线电压是否正常。若电压正常，则拆下制动灯开关处的两导线并连接在一起，此时若制动灯亮，说明制动灯开关损坏，应更换；若制动灯仍不亮，则应检查制动灯灯泡连接导线是否断路等。

制动灯不亮故障检修方案

任务分工	组员安排： ①________ ②________ ③________ ④________ ⑤________ ⑥________
结合故障现象制订检修方案	

【任务实施】

一、实训目的

1）能按技术规范要求检测高位制动灯的故障。

2）能按技术规范要求更换高位制动灯。

二、实训要求

1）在教师的引导下，以小组为单位学习相关技能，并完成实训操作。

2）每组实训操作完成后，每组的学生代表进行点评，教师进行总结归纳。

三、实训内容

按实际需求勾选工量具，按实际测量结果完成维修工单。

维修工单			
材料准备	□车轮垫块 □警示牌 □车内四件套 □车外三件套 □万用表 □测电笔 □扭力扳手 □尖嘴钳 □刷子 □举升机 □手电筒 □内外饰拆装专用工具 □世达 120 件套维修工具		
车辆故障现象	□左制动灯不亮 □右制动灯不亮 □高位制动灯不亮		
维修流程	安全措施	停车到指定工位，熄火	□完成 □未完成
		挂空档，拉驻车制动器手柄	□完成 □未完成
		安装车轮挡块	□完成 □未完成
		安装车内四件套	□完成 □未完成
	拆卸后窗装饰盖板	拆卸车身门锁立柱装饰板	□完成 □未完成
		放倒后排座椅	□完成 □未完成
		专用工具撬开卡扣	□完成 □未完成
		拆下后窗装饰盖板	□完成 □未完成
	拆卸高位制动灯	拆卸高位制动灯卡扣	□完成 □未完成
		断开 E6 高位制动灯插接器	□完成 □未完成
		辨识线号 7063 白色线为电源线	□完成 □未完成
		辨识线号 750 黑色线为搭铁线	□完成 □未完成
	检测高位制动灯	将点火开关置于“ON”位置，用一测试小灯连接 E6 高位制动灯电源端子和搭铁端子。示廓灯是否亮	□亮，更换 E6 高位制动灯灯泡 □未亮，电路待检测
		使用试灯测试 E6 高位制动灯电源电路是否断路	□完成 □未完成
		将点火开关置于“OFF”位置，用万用表欧姆档检测 E6 高位制动灯搭铁端子 2 与搭铁之间电阻值是否小于 5Ω	□完成 □未完成
	更换高位制动灯	更换高位制动灯	□完成 □未完成
		高位制动灯复位	□完成 □未完成
		装饰盖板复位	□完成 □未完成
	6S 整理	收拾整理工具	□完成 □未完成
		打扫清洁地面	□完成 □未完成

四、注意事项

拆卸装饰盖板及高位制动灯时应注意手部清洁，避免污损。图 2-56 所示为装饰盖板的拆卸。高位制动灯灯泡的拆分如图 2-57 所示。

高位制动灯的插接器端子标识如图 2-58 所示，在进行检测或拆卸操作时需小心拔插，防止损坏及拉断，并保持工量具的干燥清洁。

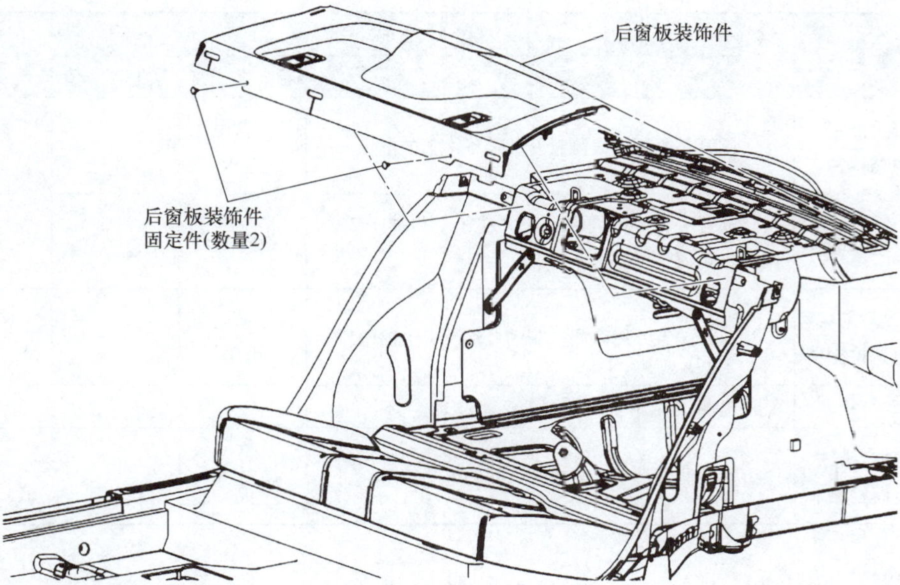

图 2-56　装饰盖板的拆卸

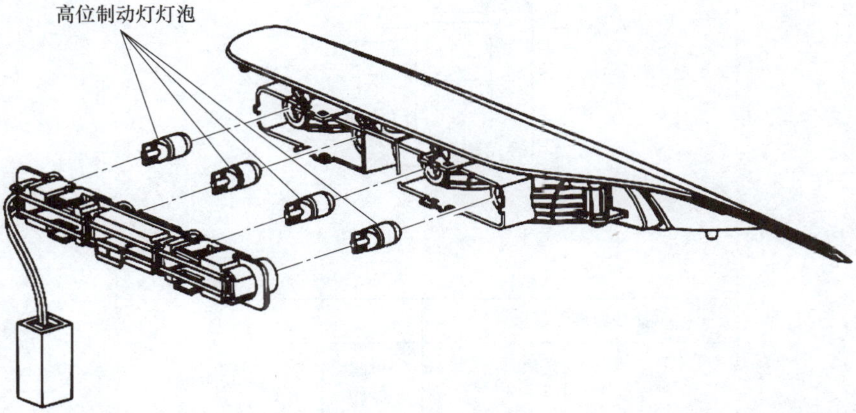

图 2-57　高位制动灯灯泡的拆分

制动灯系统电路检测见表 2-18。

表 2-18　制动灯系统电路检测

检查项目	技术要求			检查结果
	检测方式	标准值	实测值	
蓄电池检测	万用表测两极柱间电压	大于 12V		
熔丝检测	万用表黑表笔接蓄电池“-”，红表笔分别接熔丝两个测试点，测量电压	等于蓄电池电压		

（续）

检查项目		技术要求			检查结果
		检测方式	标准值	实测值	
制动开关	开关前端电路检测	关闭开关，万用表测量开关端子 1 上的电压	等于蓄电池电压		
	开关检测	接通开关，万用表测量开关端子 1 与端子 2 之间的电阻值	趋向 0Ω		
制动灯	制动灯前端电路检测	接通开关，万用表测量制动灯端子 1 上的电压	等于蓄电池电压		
	制动灯检测	通电测试	点亮		
	制动灯搭铁电路检测	万用表测量端子 2 与搭铁点间的电阻值	趋向 0Ω		

E6 中央高位制动灯

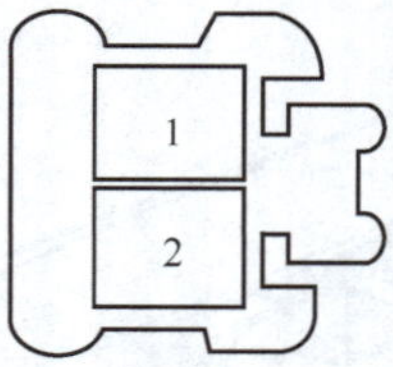

插接器部件信息			
端子	导线	电路号码	功能
1	0.35WH（白色）	7063	中央高位制动灯电源
2	0.35BK（黑色）	750	中央高位制动灯搭铁

图 2-58　高位制动灯的插接器端子标识

【检查与考评】

一、任务实施及评价

根据技术规范的要求完成整个任务，教师注意引导学生填写任务实施过程评价表（表 2-19）。

表 2-19　任务实施过程评价表

班级		姓名		学号			
考核内容	制动灯不亮的检测与维修			规定考核时间	20min		
				实际考核时间			
序号	基本步骤	作业流程	考核要点	配分	得分		
					自评	互评	
1	准备工作	劳保用品穿戴	穿戴不规范扣 2 分/项	6			
		准备工具	工具准备是否齐全	4			
		车辆安全停放	是否拉驻车制动，安放车轮挡块	4			
		车辆安全防护	是否安装车外三件套	3			
			是否安装车内四件套	8			
2	正确描述故障现象	操作员踩下制动踏板	准确识别制动踏板	5			
		观察员准确描述	准确描述故障现象	5			
3	制动系统故障检测	拆卸 E6 高位制动灯	正确选取工具	5			
			装饰盖板无污损	5			
		检测 E6 高位制动灯电源端	正确选取工具	5			
			正确测量并记录	10			
		检测 E6 高位制动灯搭铁端	正确选取工具	5			
			正确测量并记录	10			
4	故障排除	更换 E6 高位制动灯灯泡	正确选取合规的灯泡	5			
			更换安装 E6 高位制动灯	5			
		恢复装饰盖板	正确复位装饰盖板	5			
5	现场 6S	收拾整理工具	若失误则扣 1 分/项	5			
		工具、零件不落地	若失误则扣 1 分/项	5			
总分				100			
操作时间	开始时间：	结束时间：	实际用时：				

二、学习效果评价

请根据该组的团体表现及个人表现，对学习效果进行自我评价。学习效果评价表见表 2-20。

表 2-20　学习效果评价表

项目	评价内容	评价等级（学生自评）		
		A	B	C
关键能力考核项目	遵守纪律、遵守学习场所管理规定，服从安排			
	安全意识、责任意识，6S 管理意识，注重节约、节能与环保			
	学习态度积极主动，能参加实习安排的活动			
	团队合作意识，注重沟通，能自主学习及相互协作			
	仪容、仪表符合活动要求			

（续）

项　目	评价内容	评价等级（学生自评）		
		A	B	C
专业能力考核项目	按时、按要求独立完成工作页			
	工具、设备选择得当，使用符合技术要求			
	操作规范，符合要求			
	学习准备充分、齐全			
	注重工作效率与工作质量			
小组评语及建议		组长签名： 年　月　日		
教师评语及建议		教师签名： 年　月　日		

【知识巩固】

一、填空题

1. 制动开关分__________、__________和弹簧式3种。

2. 制动灯电路一般不受__________控制，直接由电源、熔断丝到制动灯开关，只要制动开关接通，制动灯就亮起。

3. __________制动灯开关是一种轿车较为常用的制动开关，装在制动踏板的后面。

4. 目前，轿车均装有高位制动灯，它安装在____________________附近。

二、选择题

1. 制动灯灯光的颜色为（　　）。

A. 红色　　B. 黄色　　C. 白色

2. 制动灯安装在车辆（　　）。

A. 前部　　B. 中部　　C. 尾部

【知识拓展】

制动灯的主体颜色为红色，增强光源的穿透性，以便后面行驶的车辆即便是在能见度较低的情况下也能容易地发现前面的车辆制动，避免车辆追尾事故的发生。制动灯和制动踏板相关联，当驾驶人踩下制动踏板时，制动灯即亮起，并发出红色光，提醒后面的车辆注意，不要追尾。当驾驶人松开制动踏板时，制动灯即熄灭。

根据制作材料的不同，制动灯大致可分为气体制动灯与LED制动灯。

气体制动灯使用的材料为气体，如卤素。气体制动灯技术成熟、价格低，但会产生辐射，灯里面含有汞，外壳是玻璃做成的，容易破碎，导致污染环境。

LED 制动灯使用的材料是 LED。由 LED 做成的制动灯无辐射、无污染，使用寿命长，理论达到 6 万 h，也就是说，在汽车使用期间不用换灯泡。但是，LED 制动灯的价格较贵。

制动灯亮度较强，也较为明显，它主要用来提醒后面的车辆，本车要减速或停车。制动灯若使用错误或者出故障，便很容易造成追尾撞车事故。另外，更换制动灯泡要注意：我国生产的车辆尾灯一般都是“一泡二用”，灯泡内有两个光丝，较弱的为示廓灯，较强的为制动灯。有的厂家将其设计为高低脚插入式，使用起来非常方便。更换时，一定要注意不要接反。

任务六
喇叭不响的检测与维修

【任务描述】

客户李先生驾驶宝骏630轿车在行驶过程中，发现按下喇叭按钮，电喇叭不响，于是将车辆开到4S店进行检修。维修技师开出工单，并对该车喇叭系统进行全面检查并做相应处理。

【学习目标】

1. 掌握汽车喇叭的工作原理。
2. 能正确认识喇叭电路的电流流向。
3. 能按技术规范要求检测喇叭电路故障。
4. 能按技术规范要求更换喇叭。
5. 培养学生自主学习的能力和团队意识。
6. 培养学生爱岗敬业的职业素养。

【学习重点】

1. 喇叭系统的组成。
2. 喇叭开关的拆卸。

【学习难点】

1. 喇叭系统的工作原理。
2. 喇叭系统的检测与维修。

【知识准备】

汽车喇叭作为常用的警示工具，主要用于警告行人和其他车辆，以引起注意，保证行车安全。喇叭按发声动力有气喇叭和电喇叭之分。电喇叭主要用在轿车上，利用电作为重要的动力；气喇叭主要用在大型货车上，利用气体作为动力。喇叭按声频有高音和低音之分；按接线方式有单线制和双线制之分。

喇叭电路一般由蓄电池、熔丝、喇叭继电器、喇叭开关和喇叭总成组成。

一、电喇叭的类型

电喇叭主要有盆形喇叭、螺旋形喇叭和筒形喇叭3种，如图2-59所示。电喇叭按有无触点可分为普通电喇叭和电子电喇叭两种。普通电喇叭主要是靠触点的闭合和断开控制电磁线圈激励膜片振动而产生声响的；电子电喇叭中无触点，它是利用晶体管电路激励膜片振动产生声响的。在中小型汽车上，由于安装的位置限制，多采用盆形电喇叭。盆形电喇叭具有体积小、重量轻、指向好和噪声小等优点。

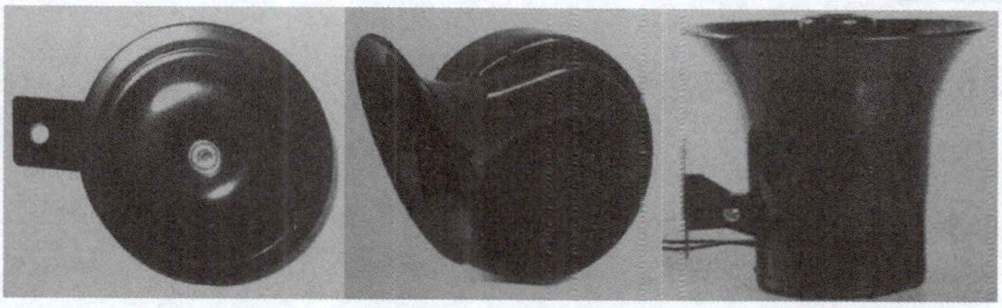

a) 盆形喇叭　　b) 螺旋形喇叭　　c) 筒形喇叭

图 2-59　电喇叭的类型

二、电喇叭的结构及工作原理

电喇叭是利用电磁振动产生声响。宝骏 630 轿车采用的是盆形电喇叭。下面以盆形电喇叭为例，介绍电喇叭的结构及工作原理。

盆形电喇叭的结构如图 2-60 所示，其电磁铁采用螺管式结构，铁心上绕有线圈，上、下铁心间的气隙在线圈中间，所以能产生较大的吸力。它没有扬声筒，而是将上铁心、膜片和共鸣板固装在中心轴上。当电路接通时，线圈产生吸力，上铁心被吸下与下铁心碰撞，并激励与膜片一体的共鸣板产生共鸣，从而发出声音。

三、电喇叭的调整

电喇叭的调整包括音调调整和音量调整两部分，以盆形电喇叭为例，如图 2-61 所示。

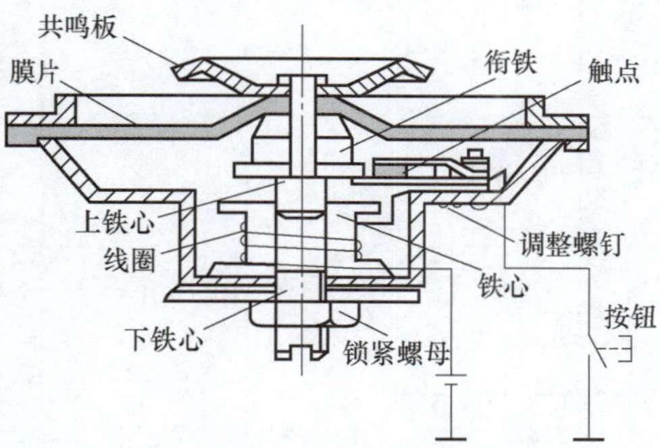

图 2-60　盆形电喇叭的结构

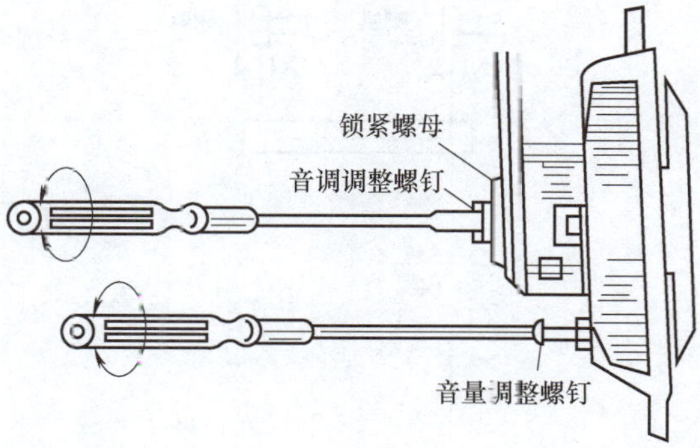

图 2-61　电喇叭的调整

1）音调调整。音调的高低取决于膜片的振动频率。盆形电喇叭通过改变上、下铁心间的间隙就可改变膜片的振动频率。将上、下铁心之间间隙调小，可提高电喇叭的音调。调整方法：松开锁紧螺母，旋转铁心，调至合适的音调时旋紧锁紧螺母即可。

2）音量调整。电喇叭的音量与通过电喇叭线圈的电流大小有关，电喇叭的工作电流大，电喇叭发出的音量就大。电喇叭线圈电流可以通过改变电喇叭触点的接触压力来调整，压力增大，流过电喇叭线圈的电流增大，电喇叭音量增大；反之，音量减小。调整时不要过急，每次调整 1/10 圈。

【信息收集】

一、宝骏 630 轿车喇叭电路分析

宝骏630 轿车电喇叭的控制电路如图 2-62 所示。当驾驶人按下喇叭开关时，S33 喇叭开关闭合，将开关端子 1、端子 2 接通。

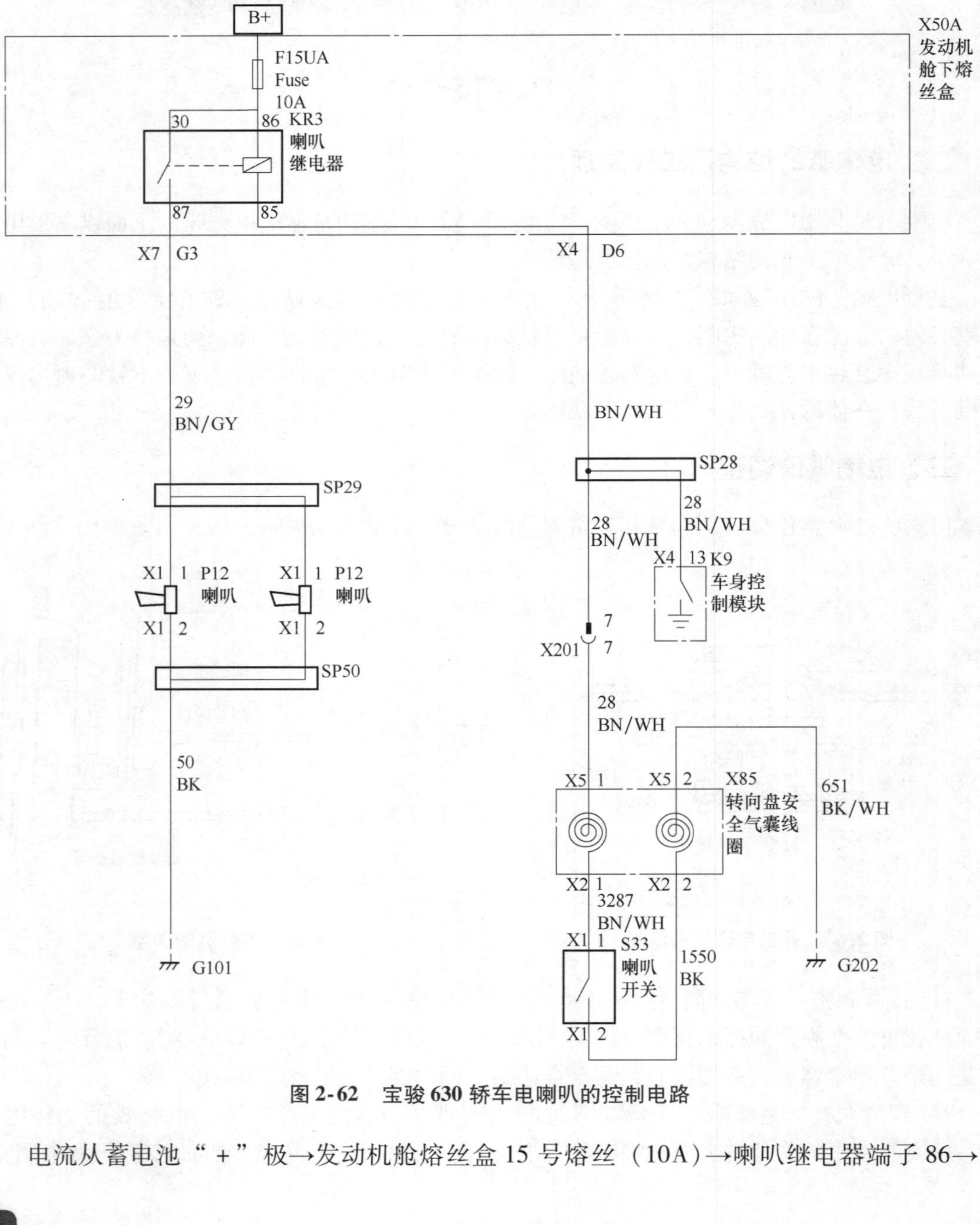

图 2-62　宝骏 630 轿车电喇叭的控制电路

电流从蓄电池“+”极→发动机舱熔丝盒 15 号熔丝（10A）→喇叭继电器端子 86→喇

叭继电器端子85→转向盘安全气囊线圈→喇叭开关端子1→喇叭开关端子2→G202搭铁点搭铁。喇叭继电器线圈通电，触点闭合，喇叭继电器的端子30和端子87导通。

蓄电池“+”极→发动机舱熔丝盒15号熔丝（10A）→喇叭继电器端子30→喇叭继电器端子87，然后分为两路，分别经过喇叭总成后在G101搭铁点搭铁，喇叭发声。

二、宝骏630轿车喇叭不响的故障诊断

宝骏630轿车喇叭不响的故障诊断见表2-21。

表2-21 宝骏630轿车喇叭不响的故障诊断

故障原因	处理方法
1）熔断器断路 2）连接电路断路或插接件松脱 3）继电器损坏 4）喇叭开关损坏 5）喇叭断路	1）必要时更换熔断器 2）修理电路 3）更换继电器 4）修理或更换开关 5）必要时更换喇叭

【制订计划】

喇叭电路系统故障检修方案

任务分工	组员安排： ①__________ ②__________ ③__________ ④__________ ⑤__________ ⑥__________		
结合故障现象制订检修方案			
检修工作注意事项（在对应的选项中打√即可）	内　容	选　择	
	工量具整齐摆放不落地	□是	□否
	零件不落地，工量具轻拿轻放	□是	□否
	工量具使用前要清洁，使用后要保养	□是	□否
	拔插电路插接器时，需要进行断电	□是	□否
	检测电路时，根据检测内容，是否断电	□是	□否
	及时记录测量数据	□是	□否
	维修工作完成后进行工作现场“6S”	□是	□否

【任务实施】

一、实训内容

按实际需求勾选工量具，按实际测量结果完成维修工单。

维修工单			
材料准备	□车轮垫块 □警示牌 □车内四件套 □车外三件套 □万用表 □测电笔 □扭力扳手 □尖嘴钳 □刷子 □举升机 □手电筒 □内外饰拆装专用工具 □世达 120 件套维修工具		
车辆故障现象	□喇叭鸣响断断续续 □喇叭鸣响声音小 □喇叭未鸣响		
维修流程	安全措施	停车到指定工位，熄火	□完成 □未完成
		挂空档，拉驻车制动器手柄	□完成 □未完成
		安装车轮挡块	□完成 □未完成
		安装车内四件套、车外三件套	□完成 □未完成
	拆卸前保险杠蒙皮	拆卸前保险杠蒙皮上固定卡夹	□完成 □未完成
		拆卸前保险杠蒙皮下固定卡夹	□完成 □未完成
		拆卸前保险杠蒙皮侧固定螺母	□完成 □未完成
		拆卸前保险杠蒙皮侧固定螺钉	□完成 □未完成
	拆卸喇叭开关	拆卸安全气囊系统转向盘模块	□完成 □未完成
		拆卸喇叭开关	□完成 □未完成
		辨识线号 3287 红色线为控制电路	□完成 □未完成
		辨识线号 1550 黑色线为搭铁线	□完成 □未完成
	检测喇叭电路	喇叭熔丝检测	□正常 □不正常，需更换
		喇叭继电器检测	□正常 □不正常，需更换
		喇叭开关检测	□正常 □不正常，需更换
		喇叭检测	□正常 □不正常，需更换
	更换喇叭	拆卸喇叭固定螺栓	□完成 □未完成
		断开喇叭电气插接器	□完成 □未完成
		更换喇叭并安装前保险杠蒙皮	□完成 □未完成
	6S 整理	收拾整理工具	□完成 □未完成
		打扫清洁地面	□完成 □未完成

二、注意事项

1）前保险杠蒙皮的拆卸。前保险杠蒙皮的拆卸如图 2-63 所示，需注意完全拆除螺钉及卡扣。

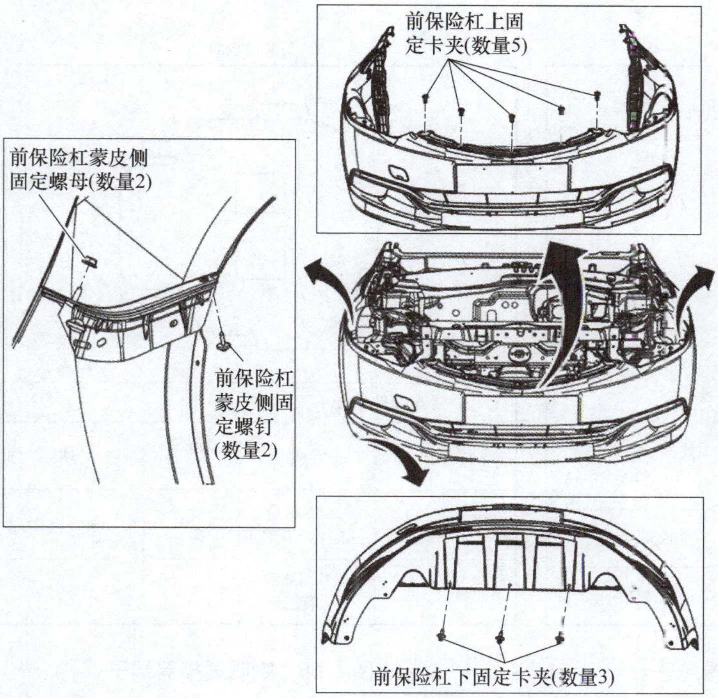

图 2-63　前保险杠蒙皮的拆卸

2）喇叭开关的拆卸因需避免触发安全气囊，故应小心拆除安全气囊转向盘模块，如图 2-64 所示。

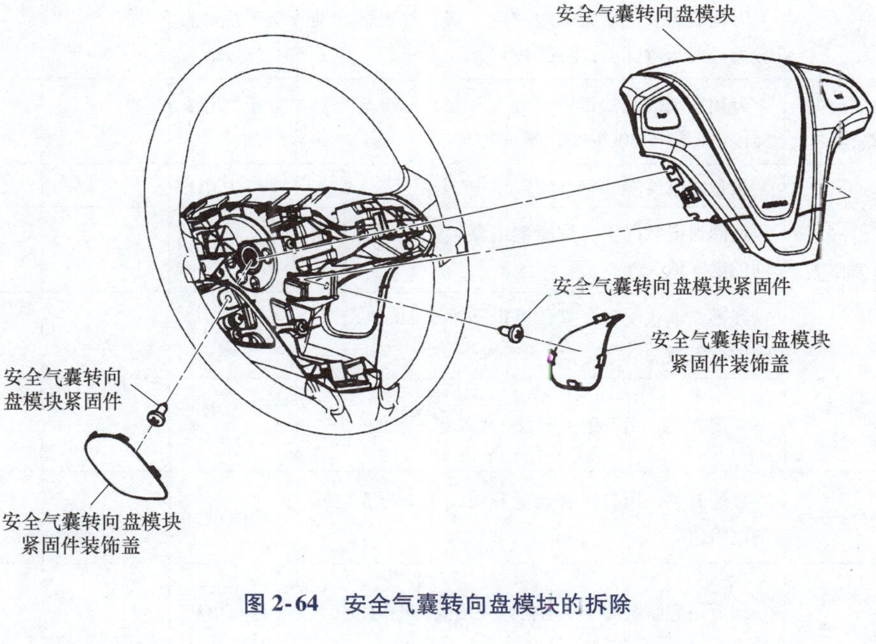

图 2-64　安全气囊转向盘模块的拆除

3）喇叭开关的检测。喇叭开关插接器端子如图2-65所示，喇叭插接器端子如图2-66所示。喇叭系统电器检测见表2-22。

S33喇叭开关

插接器部件信息			
端子	导线	电路号码	功能
1	0.35RD（红色）	3287	喇叭控制
2	0.35BK（黑色）	1550	搭铁

图2-65　喇叭开关插接器端子

P12喇叭

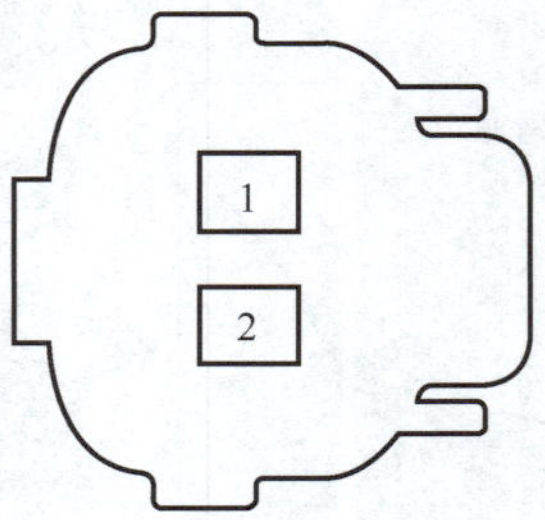

插接器部件信息			
端子	导线	电路号码	功能
1	0.5BN/GY（棕色/灰色）	29	喇叭继电器
2	0.5BK（黑色）	50	搭铁

图2-66　喇叭插接器端子

表2-22　喇叭系统电路检测

检查项目		技术要求：检测方式	标准值	实测值	检查结果
蓄电池检测		万用表测两极柱间电压	大于12V		
喇叭熔丝检测		万用表黑表笔接蓄电池“－”极，红表笔分别接熔丝两个测试点，测量电压	等于蓄电池电压		
喇叭继电器	继电器前端电路检测	万用表黑表笔接蓄电池“－”极，红表笔分别接继电器端子30和86，测量电压	等于蓄电池电压		
	继电器检测	测量继电器端子86和85之间的电阻值	50～120Ω		
		线圈通电状况下，测量继电器端子30和87之间的电阻值	趋向0Ω		
		线圈断电状况下，测量继电器端子30和87之间的电阻值	无穷大		
喇叭开关	开关前端电路检测	关闭开关，用万用表测量开关端子1上的电压	等于蓄电池电压		
	开关检测	接通开关，用万用表测量开关端子1与2之间的电阻值	趋向0Ω		
	开关搭铁电路检测	用万用表测量端子2与搭铁点之间的电阻值	趋向0Ω		

（续）

检查项目		技术要求			检查结果
		检测方式	标准值	实测值	
喇叭	喇叭前端电路检测	接通开关，用万用表测量喇叭端子1上的电压	等于蓄电池电压		
	喇叭检测	使用万用表欧姆档，表笔分别接喇叭端子1与端子2	发出清脆响亮“嗒”声		
	喇叭搭铁电路检测	万用表测量端子2与搭铁点之间的电阻值	趋向0Ω		

【检查与考评】

一、任务实施及评价

根据技术规范的要求完成整个任务，教师注意引导学生填写任务实施过程评价表（表2-23）。

表2-23 任务实施过程评价表

班级		姓名		学号		
考核内容	喇叭不响的检测与维修			规定考核时间	20min	
				实际考核时间		
序号	基本步骤	作业流程	考核要点	配分	得分	
					自评	互评
1	准备工作	劳保用品穿戴	穿戴不规范扣2分/项	6		
		准备工具	工具准备是否齐全	4		
		车辆安全停放	是否拉驻车制动器手柄，安放车轮挡块	4		
		车辆安全防护	是否安装车外三件套	3		
			是否安装车内四件套	8		
2	正确描述故障现象	操作员按下喇叭开关	准确识别喇叭开关	5		
		观察员准确描述	准确描述故障现象	5		
3	检测喇叭系统故障	拆卸前保险杠蒙皮	正确选取工具	5		
			前保险杠蒙皮无污损	5		
		检测喇叭系统电路	喇叭熔丝检测	7		
			喇叭继电器检测	10		
			喇叭开关检测	7		
			P12喇叭检测	6		

（续）

序号	基本步骤	作业流程	考核要点	配分	得分	
					自评	互评
4	排除故障	更换 P12 喇叭总成	正确选取工具	5		
			更换安装 P12 喇叭总成	5		
		恢复装饰盖板	正确安装前保险杠蒙皮	5		
5	现场 6S	收拾整理工具	扣 1 分/项	5		
		工具、零件不落地	扣 1 分/项	5		
总分				100		
操作时间	开始时间： 结束时间： 实际用时：					

二、学习效果评价

请根据该组的团体表现及个人表现，对学习效果进行自我评价。学习效果评价表见表 2-24。

表 2-24 学习效果评价表

项目	评价内容	评价等级（学生自评）		
		A	B	C
关键能力考核项目	遵守纪律、遵守学习场所管理规定，服从安排			
	安全意识、责任意识，6S 管理意识，注重节约、节能与环保			
	学习态度积极主动，能参加实习安排的活动			
	团队合作意识，注重沟通，能自主学习及相互协作			
	仪容、仪表符合活动要求			
专业能力考核项目	按时、按要求独立完成工作页			
	工具、设备选择得当，使用符合技术要求			
	操作规范，符合要求			
	学习准备充分、齐全			
	注重工作效率与工作质量			
小组评语及建议		组长签名： 年 月 日		
教师评语及建议		教师签名： 年 月 日		

【知识巩固】

一、填空题

1. 电喇叭按有无触点可分为__________和__________两种。

2. 改变电喇叭铁心__________可以改变电喇叭的音调，改变电喇叭__________可以改变电喇叭的音量。

3. 汽车高音电喇叭膜片较__________，扬声筒较__________，低音喇叭则相反。

4. 电喇叭的铁心气隙一般为__________ mm。

二、选择题

1. 宝骏630轿车采用的是（　　）。

A. 盆形喇叭　　B. 螺旋形喇叭　　C. 桶形喇叭

2. 汽车电喇叭音量距车前2m、离地面高1.2m处，应为（　　）dB。

A. 90～105　　B. 80～90　　C. >105

3. 调整电喇叭时，每次调整（　　）圈。

A. 1/2　　B. 1/4　　C. 1/10

【知识拓展】

汽车喇叭用于催行与传递信号，还用于警告行人和引起其他车辆注意，保证交通安全，所以汽车喇叭的维护是很有必要的。汽车喇叭该如何维护呢？

1）洗车时，不能用水直接冲洗喇叭筒，以免水进入喇叭筒而使喇叭不响。

2）喇叭连续发声不得超过10s，以免损坏喇叭。

3）经常保持喇叭外表清洁，各接线连接要牢靠。

4）在检修喇叭时，应注意各金属垫和绝缘垫的位置，不可装错。

5）经常检查、紧固喇叭和支架的固定螺钉，保证其搭铁可靠。

6）经常检查发电机输出电压。电压过高时，会烧坏喇叭触点；电压过低（低于喇叭的额定电压）时，喇叭将发出异常声音。

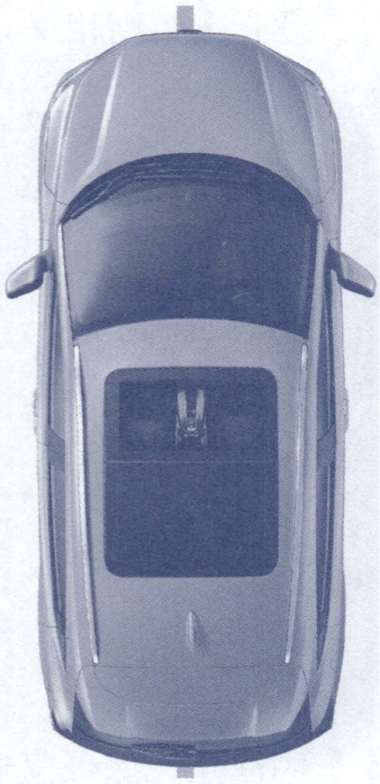

项目三

汽车仪表及辅助电气系统检测与维修

本项目主要学习汽车仪表及辅助电气系统检测与维修的内容，其目的是让学生深入了解汽车仪表及辅助系统各总成部件的作用、结构及工作原理，让学生能正确使用工量具进行汽车仪表及辅助电气系统总成部件的检测与维修作业，为后续汽车车身电控系统故障诊断与排除的学习奠定基础。

本项目包括以下学习任务：

任务一　燃油表不工作的检测与维修

任务二　刮水器电动机不工作的检测与维修

任务三　车窗电动机不工作的检测与维修

任务四　中控门锁与防盗装置失效的检测与维修

任务五　电动后视镜不工作的检测与维修

任务一 燃油表不工作的检测与维修

【任务描述】

客户王先生发现其宝骏630轿车在加满燃油后，燃油表依然指示在低位，燃油指示灯一直亮，影响其对车辆续驶里程的判断，于是将车开到4S店进行检修。维修技师使用检测仪器对车辆进行检测，找到故障部位，排除故障。

【学习目标】

1. 掌握燃油指示系统的组成及工作原理。
2. 能正确使用诊断仪。
3. 能设计正确的维修方案。
4. 能按技术规范要求完成燃油表读数不准确的检测。
5. 能按技术规范要求完成相应零部件的拆装。
6. 培养学生自主学习的能力和团队意识。
7. 培养学生爱岗敬业的职业素养。

【学习重点】

1. 燃油指示系统的组成及工作原理。
2. 分析及排除燃油指示系统故障的方法。

【学习难点】

分析及排除燃油指示系统故障的方法。

【知识准备】

一、燃油指示系统的组成及工作原理

燃油指示系统主要由硬件结构和系统架构两部分组成。

硬件结构主要由燃油箱（燃油液位传感器）、发动机控制模块（ECM）、车身控制模块（BCM）、组合仪表和线束等组成，如图3-1所示。

系统架构是随着汽车电子技术不断发展而发展的。燃油指示系统架构从传统的硬线结构，逐步向Global A架构发展，其中经历了部分车型的混合架构，是一个不断发展的过程，如图3-2所示。

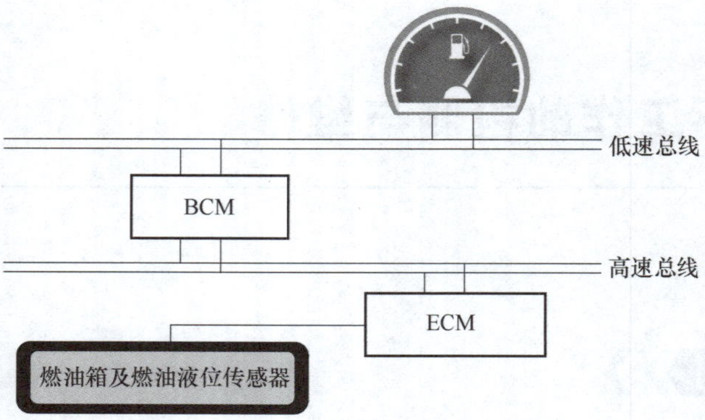

图 3-1　燃油指示系统的硬件结构

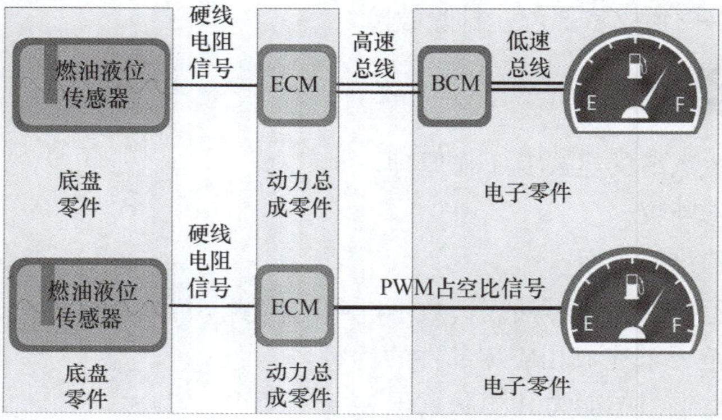

图 3-2　燃油指示系统的系统架构

燃油信号传输逻辑：宝骏 630 轿车燃油指示系统由燃油液位传感器、ECM、BCM、仪表和线束等组成。燃油液位传感器通过燃油箱线束将油位的电阻信号输入给 ECM，经过内部滤波处理计算出剩余油量后或通过占空比信号输出给仪表，或将油量信息发送到高速总线上，BCM 从高速总线读取油量信息，将信息发送到低速总线，仪表读取相应的油量信息后通过燃油表指针位置将相应的油量显示出来。

二、燃油表的作用

燃油表用以指示汽车燃油箱内的存油量有指针式的，也有数字显示式的，如图 3-3 所示。数字显示式燃油表内部大多数是配备 LED 显示屏的，方便查看。

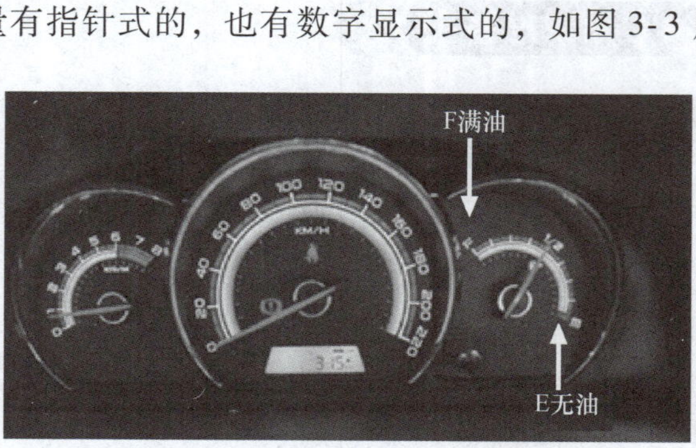

图 3-3　燃油表

燃油表由带稳压器的燃油液面指示表和燃油液位传感器组成。燃油低油面报警装置的作用是在燃油箱内的燃油量少于某一规定值时立即发亮报警，以引起驾驶人的注意。现在汽车燃油表的功能十分丰富并且功能先进，它可以实时显示汽车油箱内的油量值，精确告诉驾驶人汽车耗油多少、燃油箱中还剩多少燃油。驾驶人可依据燃油表的显示来做出是否需要加油或者还可以行驶多少里程的判断。燃油表就相当于汽车生命的警告灯。

三、燃油表的种类及组成

燃油表的数值最原始的数据采集是燃油液位传感器，所以油表指针其实只是燃油液位传感器（图3-5）一种直观的表现方式。可以简单地理解为燃油系统主要结构中有量测单元和显示单元两个主要的部分，其中量测单元主要是测量燃油箱中的燃油量，显示单元将燃油箱里的燃油量显示在油量表上。量测单元是主要设计在汽车燃油箱里，由一个浮球连接一根金属杆而组成（图3-4），汽车燃油箱里有一个浮子，浮子带动一个滑动电阻，这样随着燃油箱油位的变化测量端子的电位发生变化。汽车 BCM 把这个信号进行处理传输到仪表，仪表上的显示值就代表相应的燃油量值。

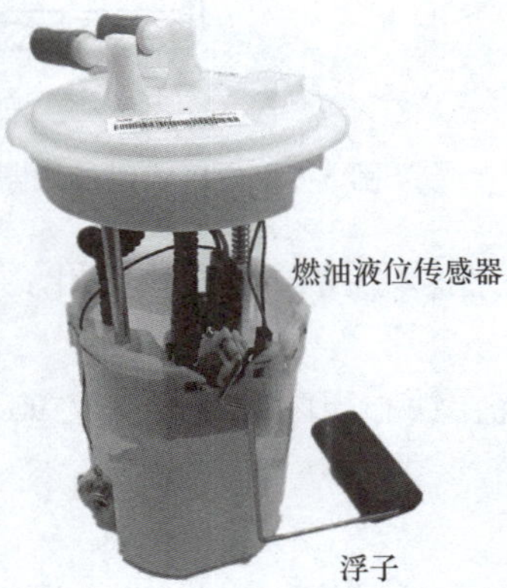

图 3-4 油泵和燃油液位传感器的总成

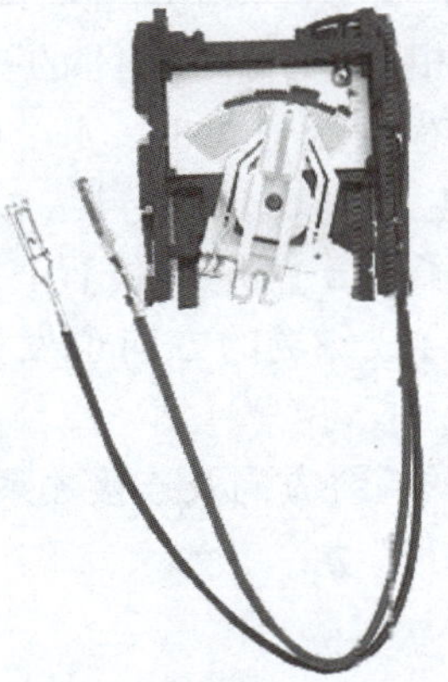

图 3-5 燃油液位传感器

燃油表有电热式、电磁式和电子式 3 种。

1. 电热式燃油表的构造与工作原理

电热式燃油表及可变电阻式传感器的构造如图 3-6 所示，它利用热偶片弯曲拉动仪表的指针以指示正确读数，其构造简单，成本低。

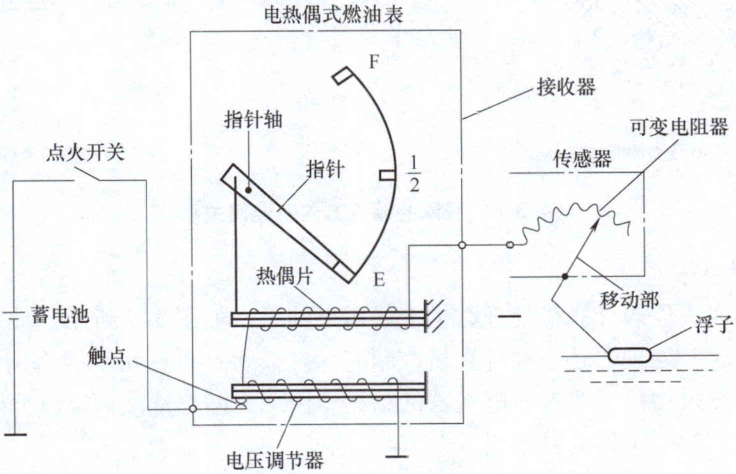

图 3-6 电热式燃油表及可变电阻式传感器的结构

传感器装在燃油箱内，燃油箱中的浮子随油量的增减而升降，经过连杆使传感器中的电阻值发生变化。当油量少时，浮子降到下面位置，传感器的电阻值变大，电流由蓄电池→点火开关→电压调节器→燃油表接收器电热线→传感器电阻→搭铁。因电阻值大，通过热偶片电热线的电流小，产生热量少，热偶片弯曲量少，指针指在 E（无油）附近。

当燃油箱油满时，浮子升到上面位置，传感器的电阻减到最小，流过热偶片的电流增大，产生热量多，热偶片弯曲最大，指针指在 F（满油）附近。

2. 电磁式燃油表

电磁式燃油表是利用线圈产生的电磁力使燃油表指针转动，以显示燃油量的显示装置。

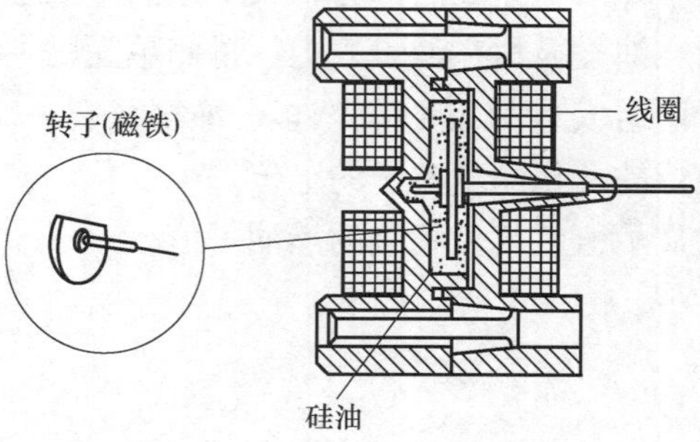

图 3-7　电磁式燃油表断面

如图 3-7 所示，燃油表指针与一个磁性转子相连，在磁性转子的外面按 4 个方向绕有线圈，相邻两线圈之间的夹角为 90°。当线圈中有电流通过时，4 个线圈在 4 个方向上产生磁场，合成为某一方向的磁场，使磁性转子处于一定的位置。当电流发生变化时，合成磁场的方向也发生变化，从而使磁性转子的位置发生变化，指示相应的燃油量值。

线圈的缠绕方向及连接关系如图 3-8 所示，绕在铁心周围的线圈交叉 90°，因磁力线的变化使指针摆动。

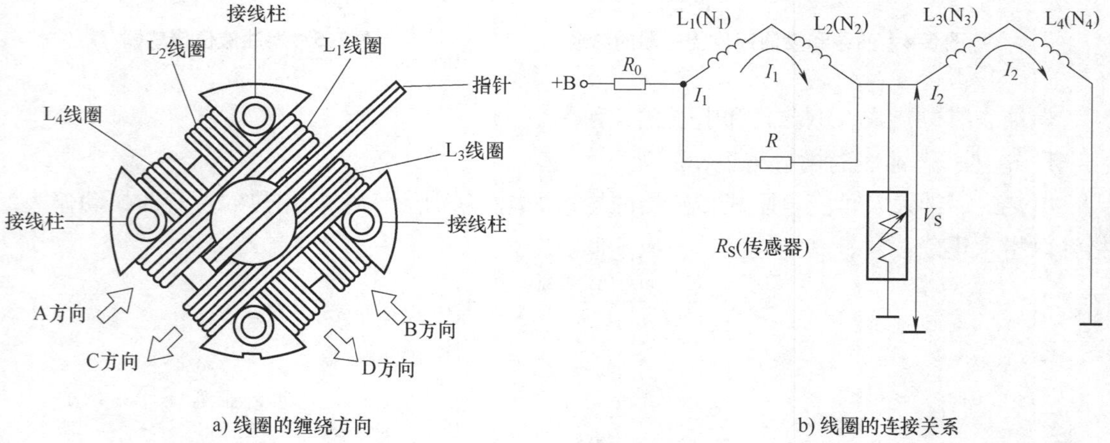

图 3-8　线圈的缠绕方向及连接关系

3. 电子式燃油表

电子式燃油表由仪表计算机处理数据来显示燃油量，如图 3-9 所示。该表由传感器、处理器及显示器组成，处理器是一种计算机控制芯片。仪表计算机可称为车身计算机或 BCM。电子式燃油表仍然采用浮子式滑线电阻器的结构，由一个随燃油液面高度升降的浮子、一个带有电阻器的机体和一个浮动臂组成。

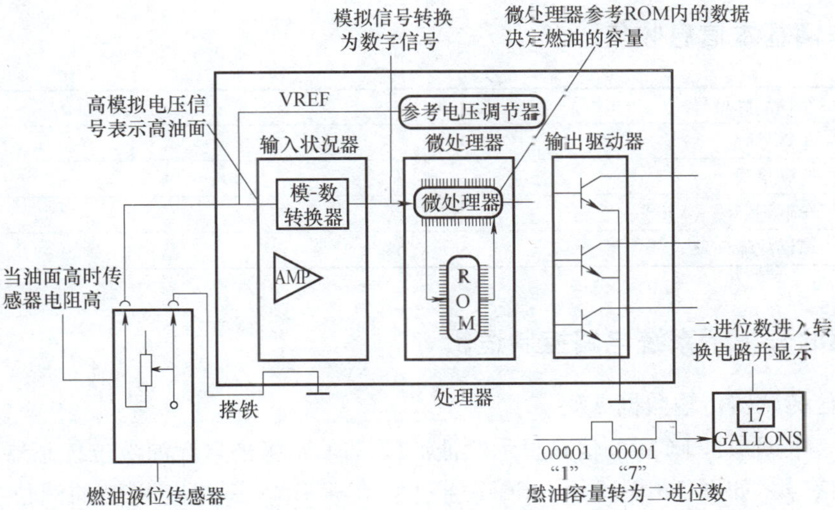

图 3-9　电子式燃油表的结构

【信息收集】

一、燃油表指示含义

序号	作业内容	作业记录
1		组合燃油表在仪表盘车逗表的________（左、右）侧位置
2	观察组合仪表中的燃油表，说出燃油表指示的位置及燃油指示灯亮的含义  	① 指针在 E 表示：________________ ② 打开点火开关时  灯亮表示：________________ ③ 如果  灯一直亮则表示：________________ ④ 燃油油位降至低于________时，组合仪表中燃油油位过低指示灯亮

二、车辆基本信息收集

1	车辆品牌型号	
2	车牌号码	
3	行驶里程	
4	车辆识别码（VIN）	
5	车辆故障现象	

三、燃油表指示系统电路控制逻辑

燃油液位传感器传输数据 A7→________________→________________。

组合仪表根据来自 ECM 的信息显示燃油油位。ECM 将来自燃油液位传感器的数据转换为燃油油位信号，如图 3-10 所示。ECM 通过“高速 CAN 总线”将燃油油位信号发送给 BCM，然后 BCM 通过“低速 CAN 总线”将信息发送给组合仪表，显示燃油油位。如果燃油油位降至低于 11%，则组合仪表中燃油油位过低指示灯亮。

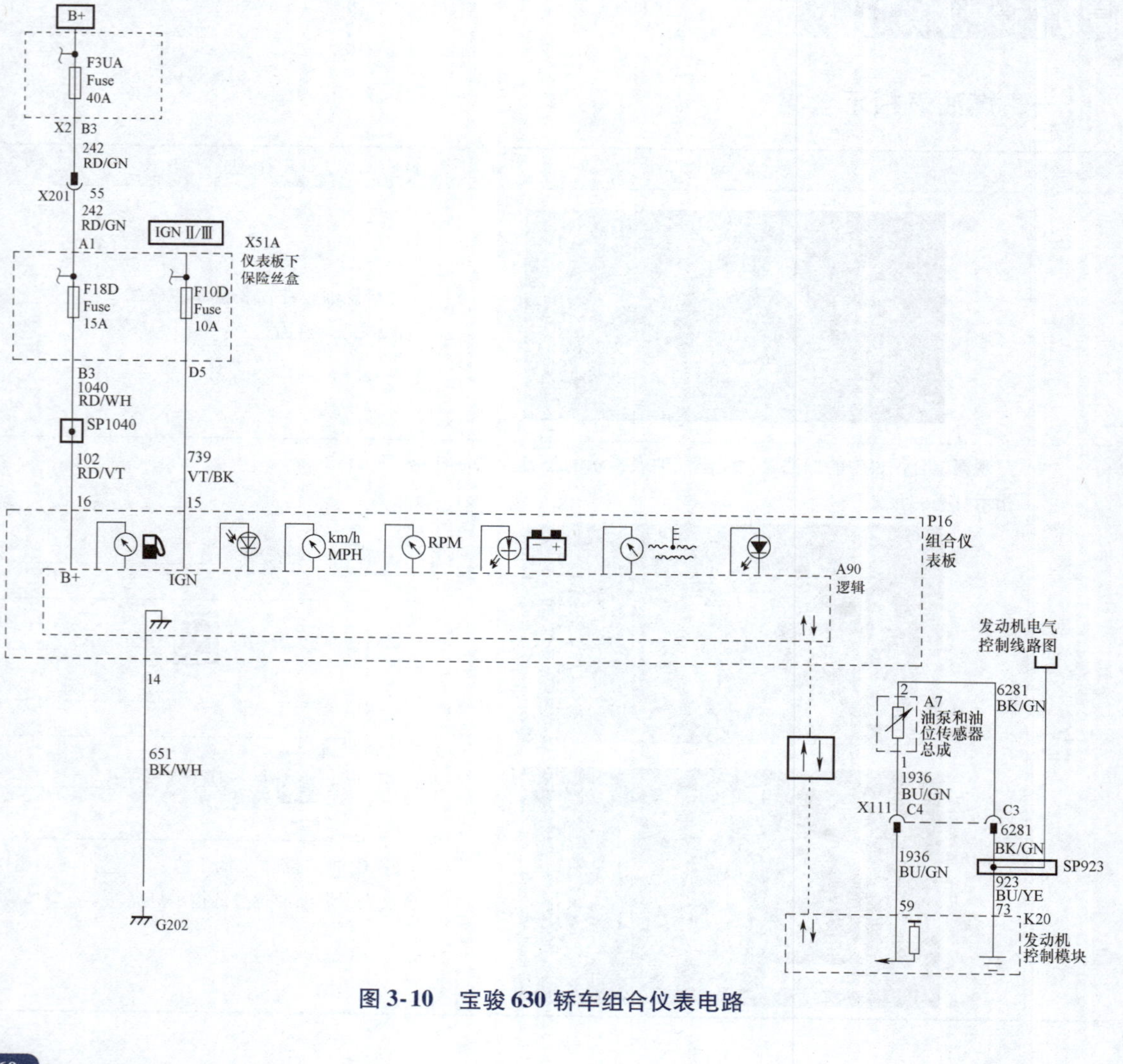

图 3-10　宝骏 630 轿车组合仪表电路

根据宝骏630轿车系统仪表电路，分析燃油表电路系统。

燃油液位传感器电阻值的变化取决于__________的高低。ECM监测燃油液位传感器的信号电路，以确定燃油液位。

当燃油箱加满燃油时，燃油液位传感器的电阻值__________，且ECM在燃油液位传感器的信号电路中检测到信号电压。

当燃油箱变空时，燃油液位传感器的电阻值__________，并且ECM检测到信号电压。

ECM使用燃油液位传感器的信号电路计算出燃油箱中的剩余燃油__________。

ECM通过“__________”将燃油液位百分比发送给组合仪表模块（IPC）。

四、燃油表电路系统电路各部分连接端子

燃油表电路系统电路各部分连接端子见表3-1。

表3-1　燃油表电路系统电路各部分连接端子

<table>
<tr><td colspan="4">A7 油泵和燃油液位传感器总成插接器部件信息</td><td colspan="4">K20 ECM 接线端</td></tr>
<tr><td colspan="4">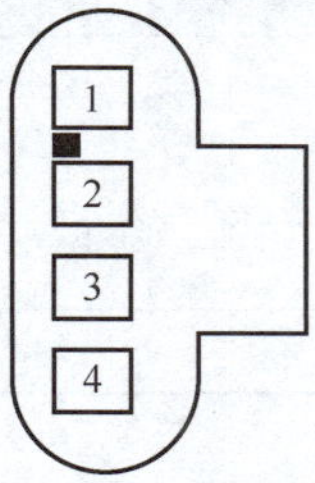
</td><td colspan="4">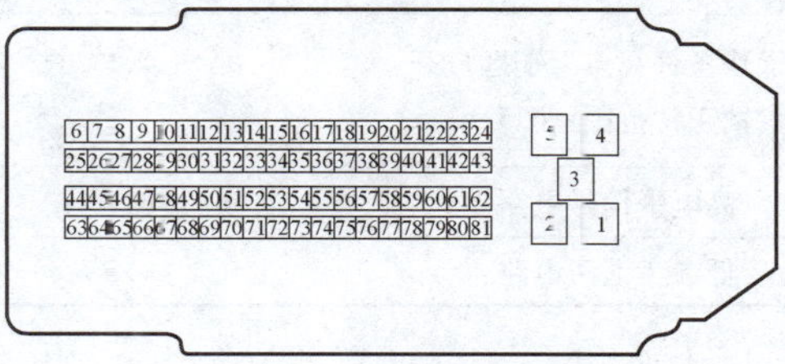
</td></tr>
<tr><td>端子</td><td>导　线</td><td>电路号码</td><td>功　能</td><td>端子</td><td>导　线</td><td>电路号码</td><td>功　能</td></tr>
<tr><td>1</td><td>0.35BU/GN（蓝/绿）</td><td>1936</td><td>燃油液位传感器信号</td><td rowspan="2">59</td><td rowspan="2">0.35 BU/GN（蓝色/绿色）</td><td rowspan="2">1936</td><td rowspan="2">燃油泵液位传感器信号输入</td></tr>
<tr><td>2</td><td>0.35 BK/GN（黑/绿）</td><td>6281</td><td>燃油液位传感器低电平参考</td></tr>
<tr><td>3</td><td>0.75 GY（灰）</td><td>120</td><td>燃油泵继电器控制</td><td rowspan="2">73</td><td rowspan="2">0.35 BU/YE（蓝色/黄色）</td><td rowspan="2">923</td><td rowspan="2">节气门低电平参考电压</td></tr>
<tr><td>4</td><td>0.75BK（黑）</td><td>750</td><td>燃油泵搭铁</td></tr>
<tr><td colspan="8">X111 车身线束到发动机线束</td></tr>
<tr><td colspan="4">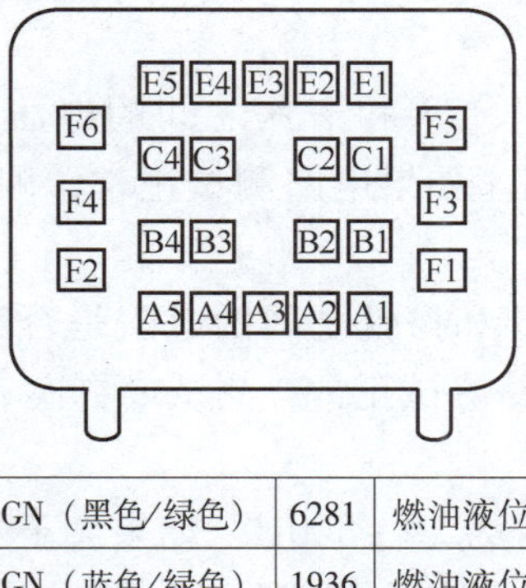
</td><td colspan="4">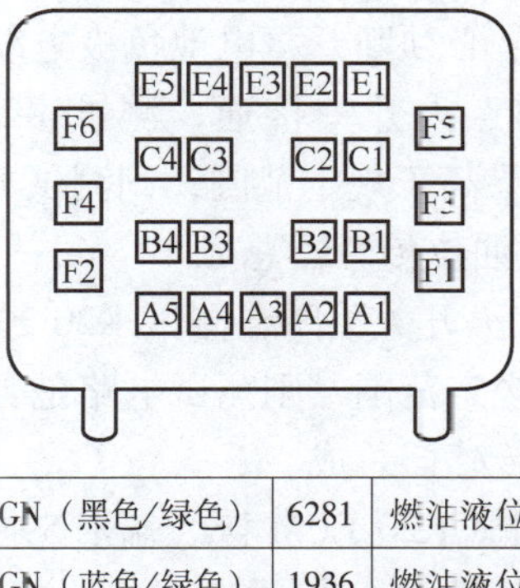
</td></tr>
<tr><td>C3</td><td>0.35 BK/GN（黑色/绿色）</td><td>6281</td><td>燃油液位传感器搭铁</td><td>C3</td><td>0.35 BK/GN（黑色/绿色）</td><td>6281</td><td>燃油液位传感器搭铁</td></tr>
<tr><td>C4</td><td>0.35 BU/GN（蓝色/绿色）</td><td>1936</td><td>燃油液位传感器电源</td><td>C4</td><td>0.35 BU/GN（蓝色/绿色）</td><td>1936</td><td>燃油液位传感器电源</td></tr>
</table>

五、燃油表系统数据检测标准

1. 燃油液位传感器故障检测数据

(1) 电路/系统检验　连接故障诊断仪到车辆上，进入诊断系统检查车辆。

1) 点火开关接通，观察故障诊断仪上的“ECM-Fuel Level Sensor (发动机控制模块——燃油液位传感器)”参数。读数应该在0.5~3.5V范围内，并随燃油液位的变化而变化。典型故障诊断仪数据见表3-2和表3-3。

表3-2　燃油液位传感器故障诊断信息

电　　路	搭铁短路	断路/高阻	对电源短路	信号性能
高电平信号电路	P0462	P0463	P0463	—
低参考电压电路	—	P0463	P0463	—

表3-3　燃油液位传感器典型故障诊断仪数据

电　　路	搭铁短路	断路/高阻	对电源短路
操作条件：点火钥匙打开 参数正常范围：0.5~3.5V			
高电平信号电路	0V	5V	5V
低参考电压电路	0.2~4.8V	5V	5V

2) 如果车辆通过了电路/系统检验测试，则在运行DTC的情况下操作车辆。还可以在从“Freeze Frame (冻结故障状态)”/“Failure Records (故障记录)”数据表中所收集的条件下操作车辆。

描述使用故障诊断仪读取故障码的方法：________________________________

____

____

____

(2) 电路/系统测试

1) 将点火开关关闭，断开K20 ECM的线束插接器。

注意：必须断开蓄电池负极电缆。

2) 将点火开关接通，测试K20 ECM接线端子59、73和搭铁之间的电压是否低于0.3V。如果高于规定范围，则测试电路是否对电源短路。如果电路测试正常，测试或更换A7油泵和油位传感器总成。

3) 点火开关关闭，测试K20 ECM接线端子59、73和搭铁之间的电阻是否为无穷大。如果小于规定范围，则测试电路是否搭铁短路。如果电路测试正常，测试或更换A7油泵和燃油液位传感器总成。

4) 测试K20 ECM接线端子59、73之间的电阻是否为20~300Ω。如果大于规定范围，则测试电路是否断路/电阻过大。如果电路测试正常，测试或更换A7油泵和燃油液位传感器总成。

如果小于规定范围，则测试电路之间是否存在短路。如果电路测试正常，测试或更换 A7 油泵和燃油液位传感器总成。

5）如果所有的电路测试正常，则测试或更换 K20 ECM。

（3）部件测试　燃油液位传感器测试。

1）静态测试。

① 将点火开关关闭，断开 A7 油泵和燃油液位传感器总成上的线束插接器。

② 测试信号端子 1 和低电平参考电压电路端子 2 之间的电阻是否为 40～250Ω。如果不在规定的范围内，则更换 A7 油泵和燃油液位传感器总成。

2）动态测试。

① 将点火开关关闭，断开 A7 油泵和燃油液位传感器总成上的线束插接器。

② 将燃油液位传感器从燃油箱上拆下。

③ 监测信号端子 1 和低电平参考电压端子 2 之间的电阻时，在整个范围内扫描传感器。电阻应在 40～250Ω 范围内变化，而无任何峰值或跌落。如果不在规定的范围内或异常，则更换 A7 油泵和燃油液位传感器总成。

描述判断 A7 油泵和燃油液位传感器总成是否故障的方法：________________________

____

____

2. 燃油液位传感器信号电路系统说明

当燃油箱加满燃油时，燃油液位传感器的电阻值较小，且 K20 ECM 在燃油液位传感器的信号电路中检测到信号电压较低。当燃油箱变空时，燃油液位传感器的电阻值较大，并且 ECM 检测到信号电压较高。ECM 使用燃油液位传感器的信号电路计算出燃油箱中的剩余燃油百分比。ECM 通过“高速 CAN 总线”将燃油液位百分比发送给组合仪表模块。

3. 故障诊断仪进行组合仪表主动测试

燃油表系统完成诊断程序后，执行诊断修理效果检验。

在宝骏 630 轿车上接入故障诊断仪，将点火开关置于__________位置。

用故障诊断仪进行组合仪表主动测试：进入仪表控制系统→__________→__________→燃油油位过低警告灯→__________。

确认燃油指示灯能够在故障诊断仪的指示下完成亮和熄灭动作，且确认燃油表从低位扫描至高位。如无问题，将工位按照 6S 要求整理干净。

【制订计划】

燃油表系统故障检修方案

任务分工	组员安排： ①________________ ②________________ ③________________ ④________________ ⑤________________ ⑥________________

（续）

工量具及材料准备（在对应的选项中画√即可）	工量具名称	选　择	
	螺钉旋具	□可能	□不可能
	万用表	□可能	□不可能
	诊断仪	□可能	□不可能
	翘板	□可能	□不可能
	维修手册	□可能	□不可能
	电路图	□可能	□不可能
	备件	□可能	□不可能
	408 接线盒	□可能	□不可能
根据任务，请列举宝骏 630 轿车燃油表读数不准确的故障原因			
故障检修流程			
检修工作注意事项（在对应的选项中画√即可）	内　容	选　择	
	工量具整齐摆放不落地	□是	□否
	零件不落地，工量具轻拿轻放	□是	□否
	工量具使用前要清洁，使用后要保养	□是	□否
	拔插电路插接器时，需要进行断电	□是	□否
	检测电路时，根据检测内容，是否断电	□是	□否
	及时记录测量数据	□是	□否
	维修工作完成后进行工作现场“6S”	□是	□否

【任务实施】

一、燃油表显示不准的故障诊断与排除

1）完成本工作任务，需要用到哪些工量具及材料？

____

____

____

（选项：万用表、试电笔、扭力扳手、螺钉旋具、套筒扳手、尖嘴钳、刷子、继电器、转向盘护套、变速杆手柄套、座椅套、脚垫、翼子板布、前格栅布、手电筒、408 接线盒、诊断仪、汽车内饰专用撬板、备用油泵及燃油液位传感器总成、备用仪表、电工胶布等）

2）准备工作。

① 填写车辆信息。

车型：__________；行驶里程：__________；车辆识别码（VIN）：________________。

② 燃油液位传感器在车上的安装位置是：____。

③ 将汽车停驻在指定工位上，准备好相关工量具及材料。 □完成

④ 拉紧驻车制动器手柄，并将变速杆置于空档位置。 □完成

⑤ 套上转向盘护套、变速杆手柄套和座椅套，铺上脚垫。 □完成

⑥ 拉动发动机舱盖手柄，打开并可靠支撑发动机舱盖。 □完成

⑦ 粘贴翼子板布和前格栅布。 □完成

3）故障现象的验证确认。

① 把点火开关转到“ON”位置，观察燃油指示针情况，发现指针________________。

② 起动发动机，观察燃油指示灯，指示灯____。

4）读取系统故障码。连接诊断仪读取仪表系统故障码：______________________。

此故障码代表____。

5）燃油指示系统相关部件认识。将部件名称及该部件在车上的位置填写在表3-4中的方框内。

表3-4　燃油指示系统部件认识

序号	部　　件	部件名称及部件在车辆上的位置
1		
2		
3	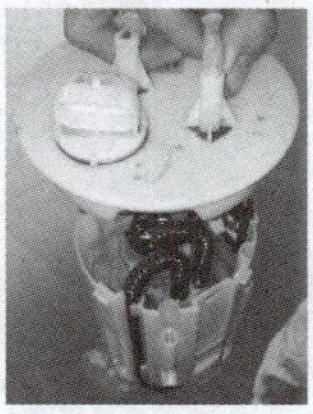	
4	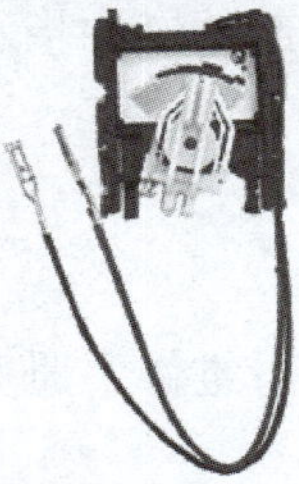	

6）燃油指示系统检测。根据故障码的提示，用万用表对燃油指示系统进行检测，查找故障部位，把检查过程、测量结果及结论填入表 3-5 中。

表 3-5　燃油指示系统检测表

点火开关档位	万用表正极连接点	万用表负极连接点	检测（电压/电阻）	实际测量值	标准参考值	判断结果

由以上测试可知＿＿＿＿＿＿＿＿＿＿＿＿＿＿＿＿＿＿＿＿＿＿＿＿＿＿＿＿＿，＿＿＿＿＿（是/否）需要进行燃油液位传感器的测试。

7）燃油液位传感器部件测试。

① 进行燃油液位传感器的静态测试，并记录结果到表 3-6 中。

表 3-6　燃油液位传感器静态检测表

点火开关档位	万用表正极连接点	万用表负极连接点	检测（电压/电阻）	实际测量值	标准参考值	判断结果

② 燃油液位传感器的动态测试。

把点火开关转到＿＿＿＿＿位置，断开 A7 油泵和燃油液位传感器总成上的线束插接器，将燃油液位传感器从燃油箱上拆下。测量燃油液位传感器上两个端子之间的电阻值，同时不断地调整浮子摇臂位置，观察传感器电阻变化，电阻应在＿＿＿＿＿＿＿＿＿＿范围内变化，且变化的数值不会出现＿＿＿＿＿＿＿＿＿＿。若不在规定范围内或有异常，则更换＿＿＿＿＿＿＿＿＿＿。

通过以上测试可知＿＿＿＿＿＿＿＿＿＿＿＿＿＿＿引起的燃油指示系统的故障，需要更换（修复）＿＿＿＿＿＿＿＿＿＿＿＿＿＿＿。

二、组合仪表的更换

根据之前检查出的故障点，如果需更换组合仪表，则查看维修手册完成仪表的更换任务并完成表 3-7 的填写。

表 3-7　组合仪表的更换

步骤	部件位置图	填写部件名称	拧紧力矩参数
1	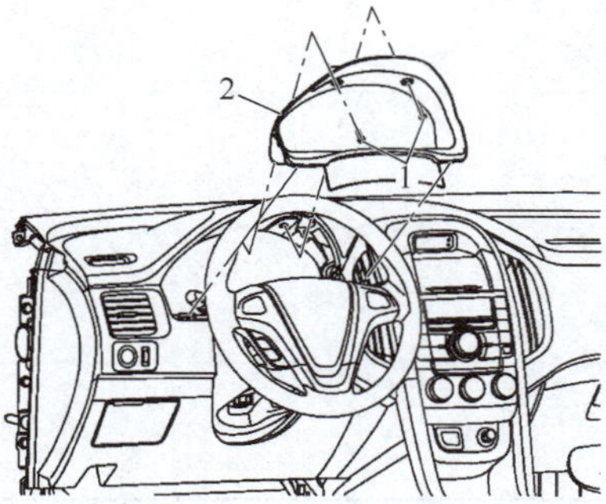	1—	
		2—	
2	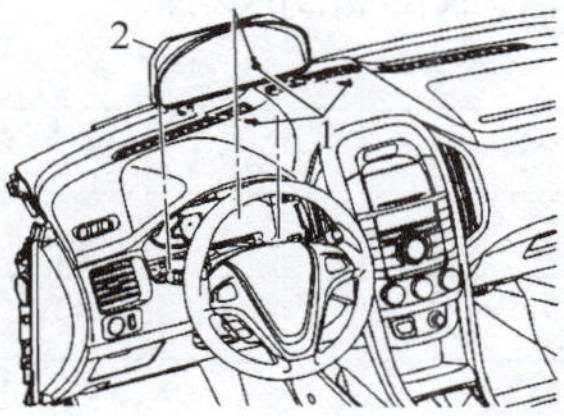	1—	
		2—	
3		组合仪表插头	

安装时可按与拆卸相反的顺序进行。

三、燃油箱燃油泵模块的更换

参考维修手册，完成燃油箱燃油泵模块的更换并写出拆装步骤。所需专用工具为 PT-0071 燃油泵锁环扳手。燃油泵部件的认识见表 3-8。

表 3-8　燃油泵部件的认识

序号	部　件　图	部 件 名 称
1	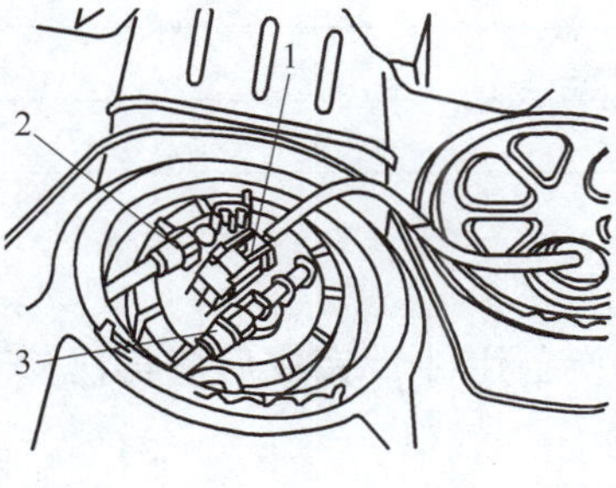	1—
		2—
		3—

（续）

序号	部 件 图	部 件 名 称
2	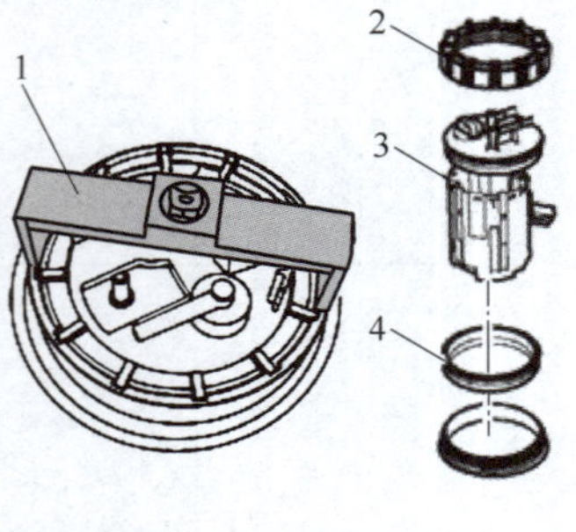	1— 2— 3— 4—

1. 根据维修手册及表3-8，写出燃油箱燃油泵模块总成的拆卸步骤。

步骤1：

步骤2：

步骤3：

步骤4：

步骤5：

步骤6：

步骤7：

步骤8：

步骤9：

步骤10：

步骤11：

2. 根据维修手册及表3-8，写出安装燃油箱燃油泵模块的步骤。

步骤1：

步骤2：

步骤3：

步骤4：

步骤5：

步骤6：

步骤7：

步骤8：

步骤9：

步骤10：

四、故障排除确认

燃油表指示系统故障排除的确认，在修复（更换备用件）完成后应再次检查燃油指示系统运行是否正常。请写出排除故障后的复检方法。

现场6S，完成任务，交车。

【检查与考评】

一、任务实施及评价

根据技术规范的要求完成整个任务，教师注意引导学生填写任务实施过程评价表（表3-9）。

表3-9 任务实施过程评价表

<table>
<tr><td>班级</td><td></td><td>姓名</td><td colspan="2"></td><td>学号</td><td colspan="2"></td></tr>
<tr><td rowspan="2">考核内容</td><td colspan="4" rowspan="2">燃油表不工作的检测与维修</td><td>规定考核时间</td><td colspan="2">15min</td></tr>
<tr><td>实际考核时间</td><td colspan="2"></td></tr>
<tr><td>序号</td><td colspan="2">检查维修内容/评分标准</td><td>配分</td><td>自评</td><td>互评</td><td colspan="2">得分</td></tr>
<tr><td rowspan="2">1</td><td rowspan="2">准备</td><td>检查车辆状况，安装车轮挡块</td><td>5</td><td></td><td></td><td colspan="2"></td></tr>
<tr><td>安装车内4件套</td><td>5</td><td></td><td></td><td colspan="2"></td></tr>
<tr><td rowspan="2">2</td><td rowspan="2">验证故障</td><td>起动发动机查看燃油表指针是否开启自检测模式，检查验证故障</td><td>5</td><td></td><td></td><td colspan="2"></td></tr>
<tr><td>使用诊断仪进行系统检测读取故障码</td><td>5</td><td></td><td></td><td colspan="2"></td></tr>
<tr><td rowspan="9">3</td><td rowspan="9">拆除诊断</td><td>拆下K20 ECM插接器</td><td>2</td><td></td><td></td><td colspan="2"></td></tr>
<tr><td>检测端子59、74之间的电压，判断电路是否正常</td><td>8</td><td></td><td></td><td colspan="2"></td></tr>
<tr><td>检测端子59、74是否对搭铁短路，判断电路测试是否正常</td><td>8</td><td></td><td></td><td colspan="2"></td></tr>
<tr><td>检测端子59、73之间的电阻，判断电路测试是否正常</td><td>8</td><td></td><td></td><td colspan="2"></td></tr>
<tr><td>能对燃油液位传感器进行静态测试，判断其好坏</td><td>6</td><td></td><td></td><td colspan="2"></td></tr>
<tr><td>能对燃油液位传感器进行动态测试，判断其好坏</td><td>8</td><td></td><td></td><td colspan="2"></td></tr>
<tr><td>更换油泵总成</td><td>10</td><td></td><td></td><td colspan="2"></td></tr>
<tr><td>判断故障点并排除故障</td><td>10</td><td></td><td></td><td colspan="2"></td></tr>
<tr><td>装复拆卸件，现场6S</td><td>10</td><td></td><td></td><td colspan="2"></td></tr>
<tr><td rowspan="2">4</td><td rowspan="2">安全文明</td><td>防护措施得当，作业规范安全整洁</td><td>3</td><td></td><td></td><td colspan="2"></td></tr>
<tr><td>工具、零件不落地</td><td>2</td><td></td><td></td><td colspan="2"></td></tr>
</table>

（续）

序号	检查维修内容/评分标准		配　分	自　评	互　评	得　分
5	工具使用	工具选用合理	2			
		工具使用规范	3			
6	考核时间	每超1min扣3分，超时3min终止考核				
合　计			100			
监考教师		考核日期		年　月　日		

二、学习效果评价

请根据该组的团体表现及个人表现，对学习效果进行自我评价。学习效果评价表见表3-10。

表3-10　学习效果评价表

项　目	评价内容	评价等级（学生自评）		
		A	B	C
关键能力考核项目	遵守纪律、遵守学习场所管理规定，服从安排			
	安全意识、责任意识，6S管理意识，注重节约、节能与环保			
	学习态度积极主动，能参加实习安排的活动			
	团队合作意识，注重沟通，能自主学习及相互协作			
	仪容、仪表符合活动要求			
专业能力考核项目	按时、按要求独立完成工作页			
	工具、设备选择得当，使用符合技术要求			
	操作规范，符合要求			
	学习准备充分、齐全			
	注重工作效率与工作质量			
小组评语及建议		组长签名： 年　月　日		
教师评语及建议		教师签名： 年　月　日		

【知识巩固】

一、填空题

1. 燃油指示系统的硬件结构主要有__________、__________、__________、__________

和__________。

2. 燃油表的种类有__________、__________和__________3 种。

3. 宝骏 630 轿车燃油箱中油位低于__________，则组合仪表中燃油油位过低指示灯亮。

4. 宝骏 630 轿车 K20 ECM 接线端子 59、73 之间的电阻值应为__________。

二、选择题

1. 燃油箱加满油时燃油表的指针应该指在（　　）。

A. E 位　　B. F 与 E 之间　　C. F 位

2. 燃油液位传感器的电阻值变化取决于（　　）。

A. 发动机的工作情况　　B. 仪表指示灯的信号

C. 燃油液位的高低　　D. 驾驶人

3. 燃油液位传感器是在（　　）。

A. 仪表内　　B. 燃油箱外　　C. 燃油箱内　　D. 发动机内

4. 在对燃油液位传感器做动态测试时，在整个范围内扫描测出电阻阻值有跌落情况，说明此传感器（　　）。

A. 正常　　B. 损坏　　C. 不确定

5. 宝骏 630 轿车正常的燃油指示系统，在测试 K20 ECM 接线端子 59、73 和搭铁之间的电阻应为（　　）。

A. 无穷大　　B. 1Ω　　C. 300Ω　　D. 20Ω

【知识拓展】

日常更换蓄电池或汽油滤芯、车辆停放一夜后，再次起动车辆时，油表指针低于之前显示位置，其实是正常现象。因为油泵工作时，燃油箱内是呈负压，相应燃油箱容积减小，油面偏高，再加上温度对燃油的热胀作用，自然显示偏高；当温度下降和打开燃油箱后，压力释放，油面随之下降。所以出现显示偏差是一种正常现象，但偏差一般不会超过一个指针宽度。

宝骏 630 轿车在燃油油位过低警告灯亮后还可以行驶 50～60km，但是最终能跑多远和车主的驾驶习惯、技术、车载、省油技巧、路况以及天气等诸多因素有关。

汽油泵靠吸入汽油冷却及润滑，若长期在油灯亮时继续行车，当汽车行驶到陡坡时，汽油泵可能会得不到充分的冷却，会缩短汽油泵的使用寿命。建议在汽油液位过低警告灯亮时及时加油。

任务二
刮水器电动机不工作的检测与维修

【任务描述】

客户王女士驾驶宝骏630轿车行驶过程中天降大雨，王女士打开风窗玻璃刮水器开关，风窗玻璃刮水器不工作，于是将车辆开到4S店进行检修。维修技师开出工单，现安排你对该车风窗刮水器系统进行全面检查并做相应处理。

【学习目标】

1. 掌握汽车风窗玻璃刮水器的工作原理。
2. 能正确认识风窗玻璃刮水器电路的电流流向。
3. 能按技术规范要求检测风窗玻璃刮水器电动机不工作故障。
4. 能按技术规范要求更换风窗玻璃刮水器电动机。
5. 培养学生自主学习的能力和团队意识。
6. 培养学生爱岗敬业的职业素养。

【学习重点】

刮水器系统的组成。

【学习难点】

1. 刮水器系统的工作原理。
2. 刮水器系统的检测与维修。

【知识准备】

汽车风窗玻璃刮水器（雨刮）的作用是清除风窗玻璃上的雨水、雪或尘土，以确保车辆在雨雾天气行驶时驾驶人有良好的视野。由于泥土的飞溅或其他原因会污染风窗玻璃，所以，还设有风窗洗涤装置。有些轿车装备有前照灯冲洗系统。根据风窗刮水器安装位置的不同，可分为前风窗玻璃刮水器和后风窗玻璃刮水器两种；根据风窗玻璃刮水器驱动机构的不同，可分为真空式、气动式和电动式3种。

风窗玻璃刮水器电路一般由蓄电池、熔丝、刮水器继电器、刮水器开关和刮水器电动机总成组成。

一、风窗玻璃刮水器的类型

根据刮水片联动方式的不同，可将风窗玻璃刮水器分为平行联动式、对向联动式和单臂式3种，如图3-11所示。现代汽车均使用电动机驱动平行联动式风窗刮水器，这样可以保持一定速度摆动，不受发动机转速与负荷变动的影响，且可以随驾驶人的需要，视雨势大小调整动作速度。

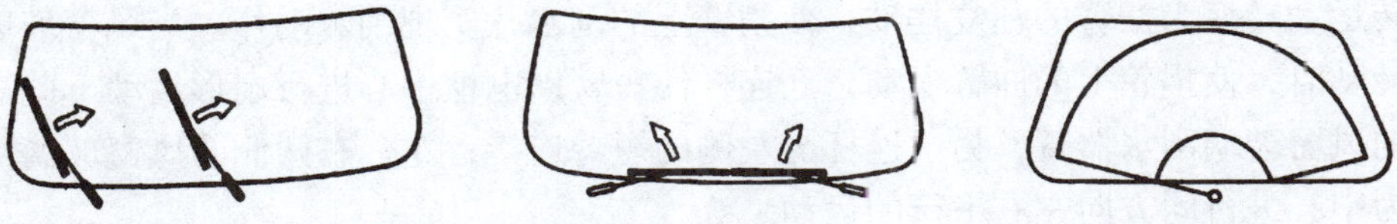

图3-11 刮水片联动方式

二、电动风窗玻璃刮水器的组成

电动风窗玻璃刮水器主要由直流电动机、蜗轮箱、曲柄、连杆、摆杆、摆臂和刮水片等组成，如图3-12所示。一般电动机和蜗杆箱结合成一体组成风窗玻璃刮水器电动机总成，刮水片采用橡胶条式，其结构如图3-13所示。

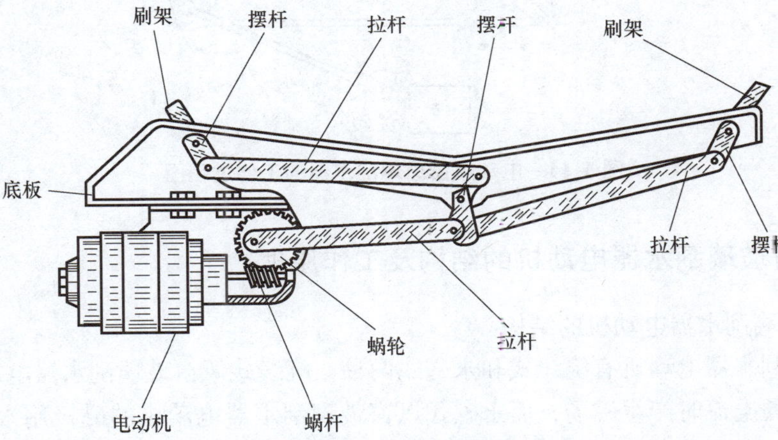

图3-12 电动风窗玻璃刮水器的组成

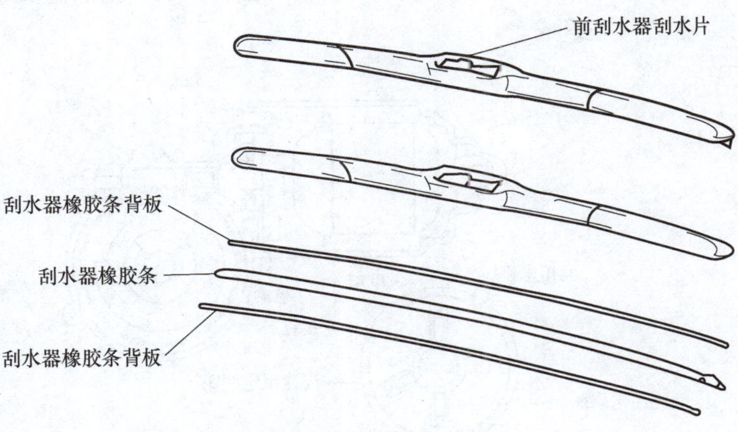

图3-13 刮水片的结构

三、电动风窗玻璃刮水器的工作原理

电动风窗玻璃刮水器的工作过程图如图 3-14 所示，曲柄、连杆和摆杆等杆件可以把蜗轮的旋转运动转变为摆臂的往复摆动，使摆臂上的刮水片实现刮水动作。当风窗玻璃刮水器电动机转动时，使蜗轮上的曲臂摆动，经连杆使短臂以电枢中心进行扇形运动。此短臂上安装右侧的风窗玻璃刮水器臂，另一连杆与左侧的短臂连接，左、右两侧的风窗玻璃刮水器臂以电枢为中心进行同方向左右平行的运动。

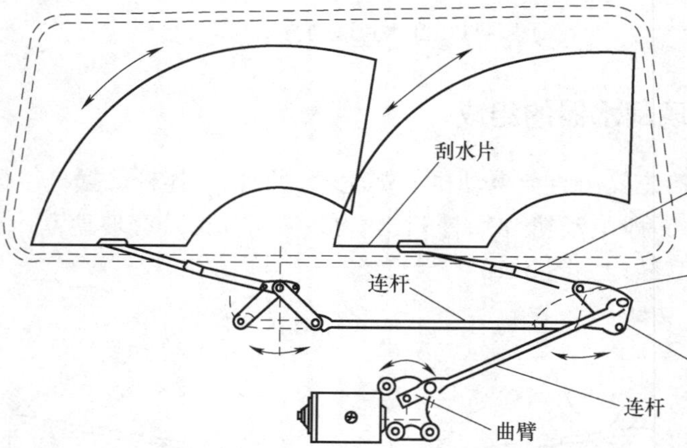

图 3-14　电动风窗玻璃刮水器的工作过程图

四、风窗玻璃刮水器电动机的结构及工作原理

1. 风窗玻璃刮水器电动机的结构

风窗玻璃刮水器电动机有绕线式和永磁式两种。绕线式风窗玻璃刮水器电动机的磁极设有励磁绕组，通电流时产生磁场，而永磁式风窗玻璃刮水器电动机的磁极用永久磁铁制成。永磁式风窗玻璃刮水器电动机体积小、质量小、结构简单、使用广泛。永磁式风窗玻璃刮水器电动机的结构如图 3-15 所示，其主要由外壳、磁铁总成、电枢、电刷安装板及复位开关、输出齿轮及蜗轮、输出臂等组成。

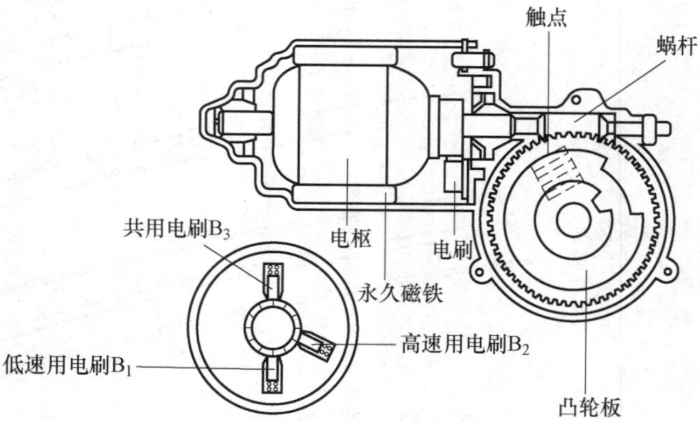

图 3-15　永磁式风窗玻璃刮水器电动机的结构

2. 风窗玻璃刮水器电动机的工作原理

为了满足实际使用的需要，风窗玻璃刮水器电动机需有不同的工作转速，并且需要具备自动复位功能，能在任意时刻刮水结束后刮水片自动回到风窗玻璃的最下端。

（1）变速原理　永磁式风窗玻璃刮水器电动机是利用3个电刷来改变正、负电刷之间串联线圈的个数来实现变速的，如图3-16所示。其原理是风窗玻璃刮水器电动机工作时，在电枢内同时产生反电动势，其方向与电枢电流的方向相反。要使电枢旋转，外加电压必须克服反电动势的作用。当电动机转速升高时，反电动势升高，只有当外加电压等于反电动势时，电枢的转速才能稳定。

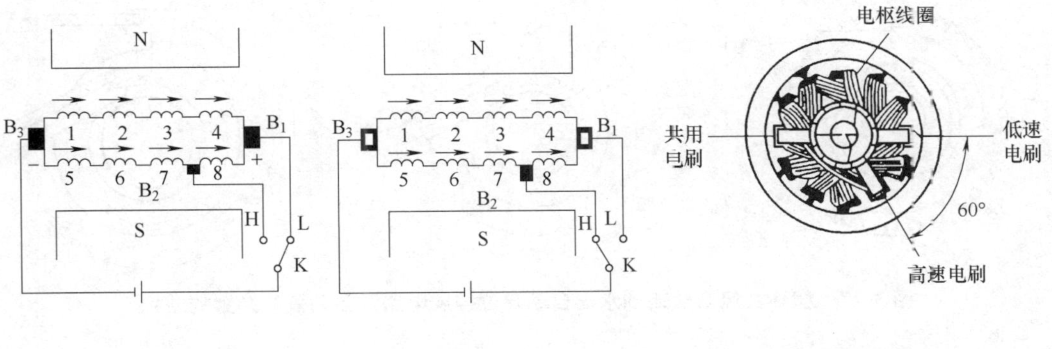

a) 低速旋转　　b) 高速旋转　　c) 电刷的布置

图3-16　永磁式风窗玻璃刮水器电动机的变速原理图

三刷永磁式风窗玻璃刮水器电动机工作时，电枢绕组产生的反电动势的方向如图3-16中箭头所示。当将风窗玻璃刮水器开关K拨向L（低速）时，电源电压U加在电刷B_1和B_3之间。在电刷B_1和B_3之间的两条并联支路中，每条支路中各有4个串联绕组，反电动势的大小与支路中反电动势的大小相等。由于外加电压需要平衡4个绕组所产生的反电动势，故电动机转速较低，如图3-16a所示。

当将风窗玻璃刮水器开关K拨向H（高速）时，电源电压U加在电刷B_2和B_3之间。绕组1、2、3、4、8同在一条支路中，其中绕组8与绕组1、2、3、4的反电动势方向相反，相互抵消后，使每条支路变为3个绕组，如图3-16b所示。由于电动机内部的磁场方向和电枢的旋转方向没有变化，所以各绕组内反电动势的方向与低速时相同。但是，外加电压只需平衡3个绕组所产生的反电动势，故电动机的转速升高。

（2）电动风窗玻璃刮水器自动复位原理　铜环式风窗玻璃刮水器自动复位控制电路及自动复位装置的结构如图3-17所示。风窗玻璃刮水器的开关有3个档位，它可以控制风窗玻璃刮水器的速度和自动复位。4个接线柱分别接复位装置、电动机低速电刷、搭铁、电动机高速电刷。0档为复位档，Ⅰ档为低速档，Ⅱ档为高速档。复位装置在减速蜗轮（由塑料或尼龙材料制成）上，嵌有铜环。此铜环分为两部分，其中一部分铜环与电动机外壳相连（为搭铁）。触点臂用磷铜片或其他弹性材料制成，其一端分别铆有两个触点。由于触点臂具有一定的弹性，因此在蜗轮转动时，触点与蜗轮的端面和铜环保持接触。

当接通电源开关并把风窗玻璃刮水器开关拉出到Ⅰ档（低速）位置时，电流从蓄电池正极→电源开关熔丝→电刷B_3→电枢绕组→电刷B_1→风窗刮水器开关接线柱②→

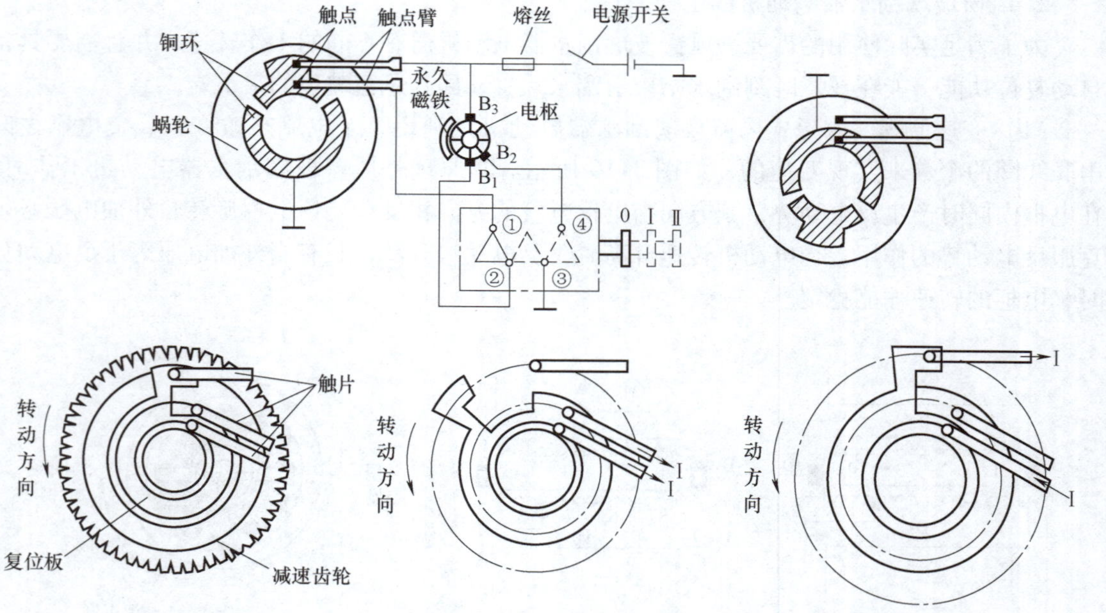

图 3-17　铜环式风窗玻璃刮水器自动复位控制电路及自动复位装置的结构

接触片→风窗刮水器开关接线柱③→搭铁→蓄电池负极，构成回路，电动机以低速运转。

把风窗玻璃刮水器开关拉出到Ⅱ档（高速）位置时，电流从蓄电池正极→电源开关→熔丝→电刷 B_3→电枢绕组→电刷 B_2 风窗刮水器接线柱④→接触片→风窗刮水器接线柱③→搭铁→蓄电池负极，构成回路，电动机以高速运转。

当把风窗玻璃刮水器开关退回到0档时，如果刮水片没有停止到规定的位置，由于触点与铜环相接触，则电流继续流入电枢，其电路为蓄电池正极→电源开关→熔丝→电刷 B_3→电枢绕组→电刷 B_1→接线柱②→接触片→接线柱①→触点臂→铜环→搭铁→蓄电池的负极。由此可以看出，电动机仍以低速运转，直至蜗轮旋转到复位位置，电路中断。由于电枢的运动惯性，电动机不能立即停止转动，此时电动机以发电机方式运行。电枢绕组通过触点臂与铜环接通而短路，电枢绕组将产生强大制动力矩，电动机迅速停止运转，使刮水片复位到风窗玻璃的下部。

五、电动风窗玻璃刮水器的间歇控制

现代汽车电动风窗玻璃刮水器上都加装了电子间歇控制系统，使风窗玻璃刮水器能按照一定的周期停止刮水，这样汽车在小雨或雾天中行驶时，可以使驾驶人获得更好的视线。汽车风窗玻璃刮水器的间歇控制一般是利用自动复位装置和电子振荡电路或集成电路实现的，风窗玻璃刮水器的间歇控制按照间歇时间是否可调分为可调节型和不可调节型。

图3-18 所示为同步间歇风窗刮水器内部控制电路。当风窗刮水器开关置于间歇档位置（开关处于0位，且间歇开关闭合）时，电源将通过自动复位开关向电容器 C 充电，随着充电时间的增长，电容器两端的电压逐渐升高。当电容器 C 两端的电压升高到一定值时，晶

体管 VT_1 和 VT_2 先后相继由截止转为导通，从而接通继电器磁化线圈的电路。在电磁吸力的作用下，继电器常闭触点打开，常开触点闭合，从而接通了风窗刮水器电动机的电路，此时电动机将低速旋转。

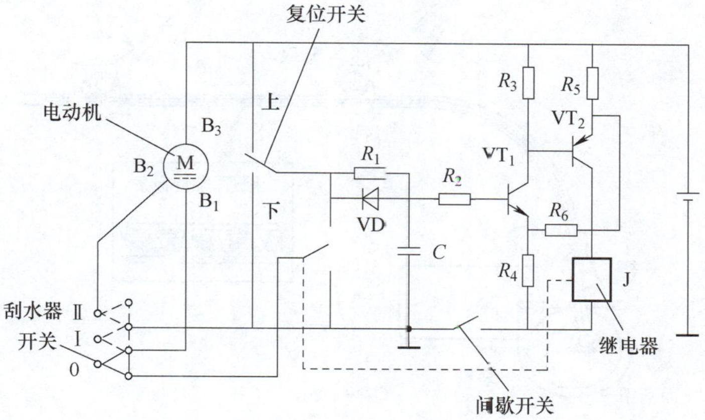

图 3-18 同步间歇风窗玻璃刮水器内部控制电路

当复位装置将自动复位开关的动合触点（下）接通时，电容器 C 通过二极管 VD、自动复位装置动合触点迅速放电，此时风窗玻璃刮水器电动机的通电回路不变，电动机继续转动。随着放电时间的增长，VT_1 和 VT_2 由导通转为截止，从而切断了继电器磁化线圈的电路，继电器复位，动合触点打开，动断触点闭合。此时由于自动复位开关的动合触点处于闭合状态，电动机仍将继续转动，只有当刮水片回到原位（不影响驾驶人视线位置），自动复位开关的动合触点打开、动断触点闭合时，电动机才能停止转动。继而电源向电容器 C 充电，重复以上过程。如此反复，实现刮水片的间歇动作。其间歇时间的长短取决于 R、C 电路充电时间常数的大小。

六、柔性风窗玻璃刮水器的结构及工作原理

图 3-19 所示为新型柔性齿条传动风窗玻璃刮水器，这种风窗玻璃刮水器与一般拉杆传动式风窗玻璃刮水器相比，具有体积小和噪声小等优点，而且可将风窗玻璃刮水器电动机总成安装在空间较大的地方，便于维修。

电动机驱动的蜗轮轴上有一个曲柄销，它驱动连杆机构，而连杆和一个装在硬管里的柔性齿条连接，因此在连杆运转时，齿条会进行往复运动，齿条的往复运动带动齿轮箱中的小齿轮往复运动，从而驱动刮水片往复运动。

七、风窗玻璃清洗器的作用

汽车行驶时，风窗玻璃上常附着灰尘和沙粒等，若不冲洗直接使用风窗玻璃刮水器，会使刮水片损伤，并易使风窗玻璃刮伤；同时风窗玻璃太干燥时，也使刮水片受到过大的阻力，易使风窗玻璃刮水器电动机烧坏。故使用风窗玻璃刮水器前，先使用风窗玻璃清洗器向风窗玻璃喷清洗液，洗净玻璃上的灰尘和沙粒等，并减小刮水片的阻力。

目前汽车使用的风窗玻璃清洗器均为电动式，其结构包括储水箱、水管及喷嘴等部分，

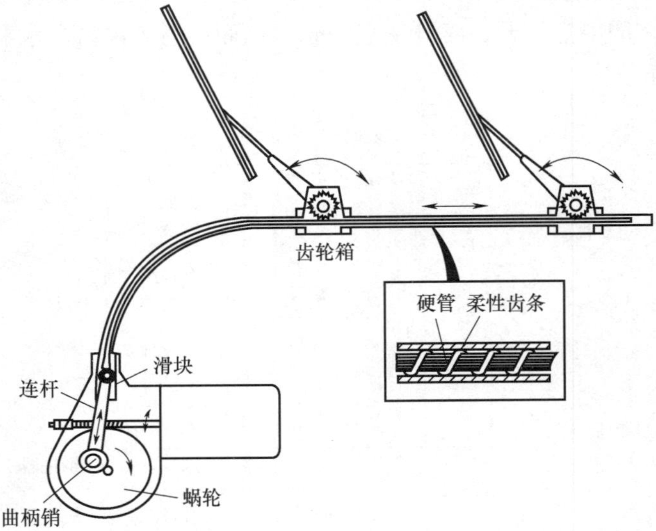

图 3-19 新型柔性齿条传动风窗玻璃刮水器

电动机及水泵装在储水箱上。当点火开关和喷水开关都闭合时，风窗清洗器喷水电动机接通开始转动，并带动与其同轴的水泵旋转，将储水箱中的清洗液加压后通过水管由喷嘴喷出。其工作原理如图 3-20 所示。

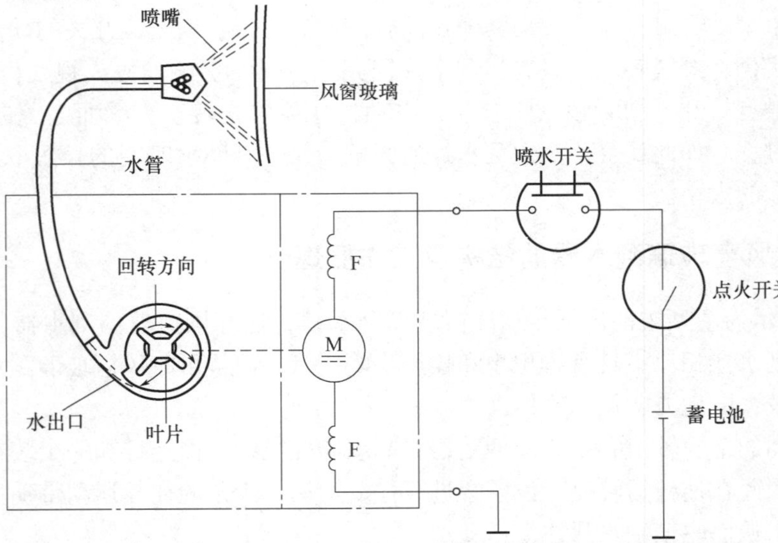

图 3-20 风窗玻璃清洗装置的工作原理图

八、雨量感知智能刮水装置

雨量感知智能刮水装置可根据雨量的大小自动开闭风窗玻璃刮水器，自动调节风窗玻璃刮水器的刮水频率，并自动调节间歇时间。雨量感知智能刮水装置的组成如图 3-21 所示，其主要由雨滴传感器、间歇刮水放大器和风窗刮水器电动机等组成，该装置由雨滴传感器取代无级调整式间歇刮水系统内刮水间歇时间设定装置。

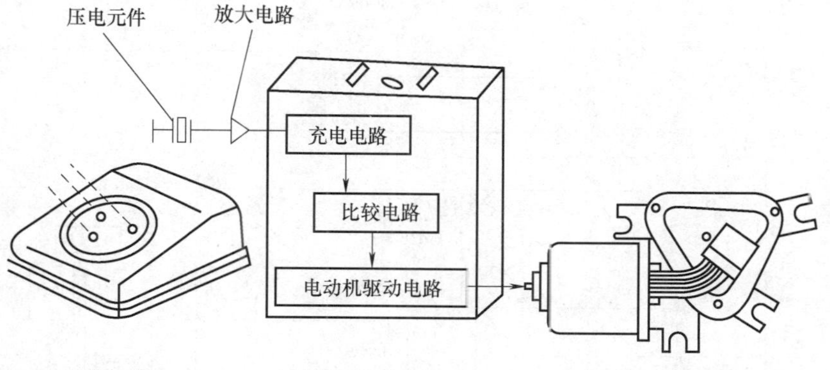

图 3-21　雨量感知智能刮水装置的组成

雨滴传感器是汽车雨量感知智能刮水装置的重要组成部分，一般安装在风窗玻璃上或发动机盖上，其结构如图 3-22 所示。雨滴下落撞击到传感器的振动片上时，振动片将振动能量传给压电元件，压电元件受压而产生电压信号。该电压值与撞击振动片上雨滴的撞击能量成正比。电压信号经过放大后送入间歇刮水放大电路，对放大器的充电电路进行定时充电，电容电压上升。该电压输入比较电路，比较电路将其与基准电压进行比较。当电容电压达到基准电压时，比较电路向风窗玻璃刮水器电动机发出信号，使其工作一次。当雨量大时，压电元件产生的电信号强，充电电路电压达到基准电压值所需时间短，风窗玻璃刮水器的工作间歇时间短；当雨量小时，压电元件产生的电压小，充电电路电压达到基准电压所需时间长，风窗玻璃刮水器的工作间歇时间就长。这样，雨量感知智能刮水装置可以根据雨量的大小自动无级调节刮水装置的刮水频率。

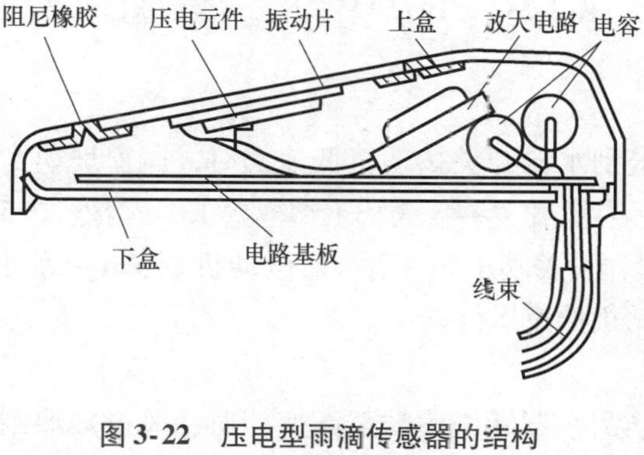

图 3-22　压电型雨滴传感器的结构

【信息收集】

一、宝骏 630 轿车风窗玻璃刮水器的工作原理

宝骏 630 轿车风窗玻璃刮水器电路如图 3-23 所示。

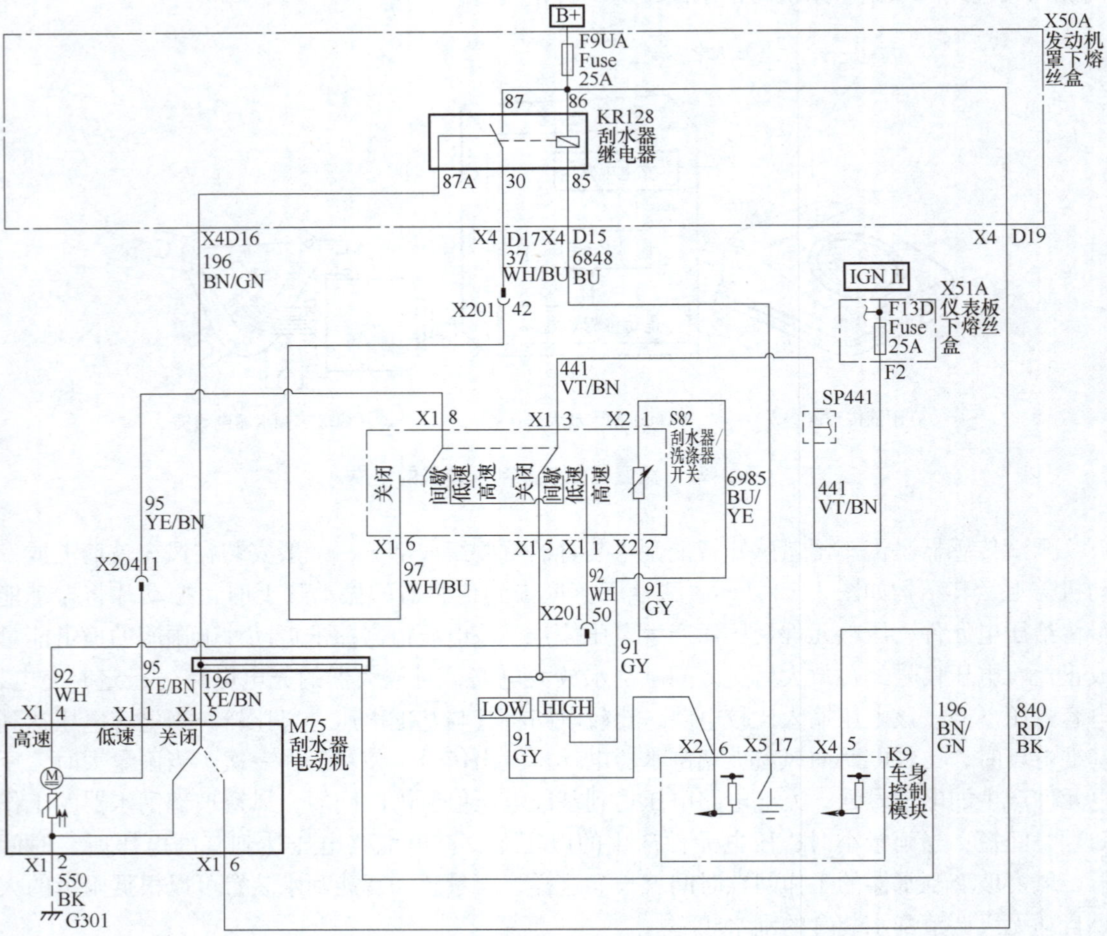

图 3-23　宝骏 630 轿车风窗玻璃刮水器电路

1. 低速档

当驾驶人将风窗玻璃刮水器开关拨动至低速档时，风窗玻璃刮水器开关端子 3 和 8 接通。电流从蓄电池正极→点火开关→仪表板下熔丝盒 13 号熔丝（25A）→风窗玻璃刮水器开关端子 3→风窗玻璃刮水器开关端子 8→刮水器电动机端子 1→刮水器电动机端子 2→G301 搭铁点搭铁。刮水器电动机低速运行。

2. 高速档

当驾驶人将风窗玻璃刮水器开关拨动至高速档时，风窗玻璃刮水器开关端子 3 和 1 接通。电流从蓄电池正极→点火开关→仪表板下熔丝盒 13 号熔丝（25A）→风窗玻璃刮水器开关端子 3→风窗玻璃刮水器开关端子 1→刮水器电动机端子 4→刮水器电动机端子 2→G301 搭铁点搭铁。刮水器电动机高速运行。

3. 间歇档

当驾驶人将风窗玻璃刮水器开关拨动至间歇档时，风窗玻璃刮水器开关端子 3 和 5 接通，风窗玻璃刮水器开关端子 8 和 6 接通，电流分为 3 路，分别为：

第一路，电流从蓄电池正极→点火开关→仪表板下熔丝盒 13 号熔丝（25A）→风窗玻璃刮水器开关端子 3→风窗玻璃刮水器开关端子 5→BCM 端子 X2-6→BCM 控制端子 X5-17 内部搭铁。

第二路，电流从蓄电池正极→发动机舱熔丝盒 9 号熔丝（25A）→刮水器继电器端子 86→刮水器继电器端子 85→BCM 端子 X5-17 内部搭铁，刮水器继电器线圈端 86、85 通电，吸合触点开关端 87、30。

第三路，电流从蓄电池正极→发动机舱熔丝盒 9 号熔丝（25A）→刮水器继电器端子 87→刮水器继电器端子 30→风窗玻璃刮水器开关端子 6→风窗玻璃刮水器开关端子 8→刮水器电动机端子 1→刮水器电动机端子 2→G301 搭铁点搭铁。受 BCM 控制，刮水器间歇运动。

4. 自动回位

当驾驶人将风窗玻璃刮水器开关拨动至关闭档时，若刮水器不处于最下方，电流从蓄电池正极→发动机舱熔丝盒 9 号熔丝（25A）→刮水器电动机端子 6→刮水器电动机端子 5→刮水器继电器端子 87a→刮水器继电器端子 30→风窗玻璃刮水器开关端子 6→风窗玻璃刮水器开关端子 8→刮水器电动机端子 1→刮水器电动机端子 2→G301 搭铁点搭铁。刮水器电动机低速运行至最下方，并停止运动。

二、刮水器电动机不工作的故障诊断

刮水器电动机不工作的故障诊断见表 3-11。

表 3-11　刮水器电动机不工作的故障诊断

故障原因	处理方法
1）熔断器断路 2）连接电路断路或插接件松脱 3）刮水器开关损坏 4）刮水器继电器损坏 5）刮水器电动机损坏	1）必要时更换熔断器 2）修理电路 3）修理或更换开关 4）修理或更换刮水器继电器 5）必要时更换刮水器电动机

【制订计划】

结合故障现象，缩小故障范围。

刮水器不工作的故障现象及处理方法见表 3-12。

表 3-12　刮水器不工作的故障现象及处理方法

故障现象	检查内容	处理方法
刮水器所有档位不工作	1）F9UA 熔丝是否熔断 2）导线或电动机搭铁线是否故障 3）刮水器开关是否损坏 4）刮水器电动机是否损坏	1）必要时更换熔丝 2）修理电路 3）修理或更换开关 4）必要时更换电动机

（续）

故障现象	检查内容	处理方法
刮水器低速档不工作	1）刮水器开关是否损坏 2）低速档电路是否故障	1）修理或更换开关 2）修理电路
刮水器高速档不工作	1）刮水器开关是否损坏 2）高速档电路是否故障	1）修理或更换开关 2）修理电路
刮水器间歇档不工作	1）刮水器开关是否损坏 2）间歇档电路是否故障 3）刮水器继电器是否故障	1）修理或更换开关 2）修理电路 3）修理或更换继电器
无法自动回位	1）刮水器电动机是否损坏 2）回位电路是否出故障	1）必要时更换电动机 2）修理电路

刮水器电动机故障检修方案

任务分工	组员安排： ①________ ②________ ③________ ④________ ⑤________ ⑥________
结合故障现象制订检修方案	

【任务实施】

一、实训目的

1）能按技术规范的要求检测风窗玻璃刮水器电路故障。

2）能按技术规范的要求更换刮水器电动机总成。

二、实训要求

1）在教师的引导下，以小组为单位学习相关技能，并完成实训操作。

2）每组实训操作完成后，每组的学生代表进行点评，教师进行总结归纳。

三、实训内容

按实际需求勾选工量具，按实际测量结果完成维修工单。

维修工单			
材料准备	□车轮垫块　□警示牌　□车内四件套　□车外三件套　□万用表 □测电笔　□扭力扳手　□尖嘴钳　□刷子　□举升机　□手电筒 □内、外饰拆装专用工具　□世达 120 件套维修工具		
车辆故障现象	□风窗刮水器异响　□风窗刮水器不工作　□风窗刮水器不受控制		
维修流程	安全措施	停车到指定工位，熄火	□完成　□未完成
		挂空档，拉驻车制动器手柄	□完成　□未完成
		安装车轮挡块	□完成　□未完成
		安装车内四件套、车外三件套	□完成　□未完成
	检测仪表板下熔丝盒	拆卸左前侧门密封条	□完成　□未完成
		拆卸仪表板左侧装饰板	□完成　□未完成
		找到熔丝盒，确认 13 号熔丝	□完成　□未完成
	检测风窗刮水器开关	拆卸转向柱上、下装饰盖	□完成　□未完成
		拆卸风窗刮水器开关	□完成　□未完成
		辨识线号 92 白色线为高速动作控制电路	□完成　□未完成
		辨识线号 94 白色/黑色线为洗涤泵控制电路	□完成　□未完成
		辨识线号 441 紫色/棕色线为刮水器开关电源线	□完成　□未完成
		辨识线号 6985 蓝色/黄色线为间歇开关信号电路	□完成　□未完成
		辨识线号 96 黄色/棕色线为刮水器继电器控制电路	□完成　□未完成
	检测风窗刮水器电路	检测风窗刮水器熔丝	□正常 □不正常，需更换
		检测风窗刮水器继电器	□正常 □不正常，需更换
		检测风窗刮水器开关	□正常 □不正常，需更换
		检测风窗刮水器电动机	□正常 □不正常，需更换
	更换刮水器电动机	拆卸刮水器电动机固定螺母（1 颗）	□完成　□未完成
		拆卸刮水器电动机固定螺钉（3 颗）	□完成　□未完成
		更换刮水器电机	□完成　□未完成
	6S 整理	收拾整理工具	□完成　□未完成
		打扫、清洁地面	□完成　□未完成

四、注意事项

刮水器开关的拆卸如图 3-24 所示，注意完全拆除螺钉及断开电气插接器。

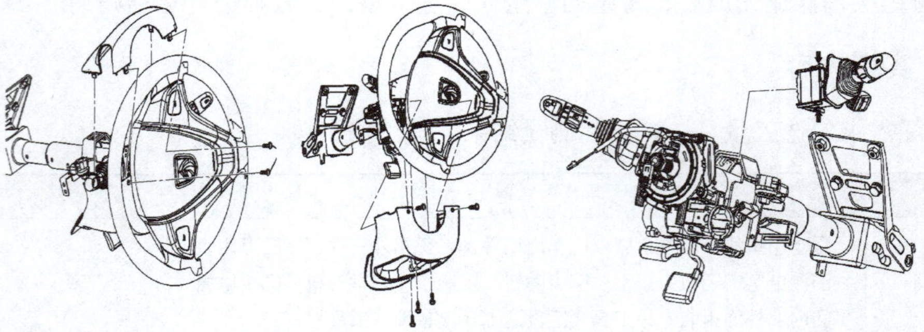

a) 拆卸上装饰盖　　b) 拆卸下装饰盖　　c) 拆卸刮水器开关

图 3-24　刮水器开关的拆卸

刮水器开关拆卸后，端子如图 3-25 所示。

S82刮水器/洗涤器开关X1

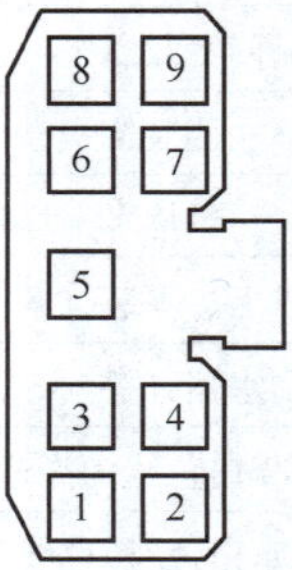

插接器部件信息			
端子	导线	电路号码	功能
1	1.5WH (白色)	92	刮水器高速动作控制
2	1.5WH/BK (白色/黑色)	94	刮水器开关洗涤泵控制
3	1.5VT/BN (紫色/棕色)	441	刮水器开关电源
4	1.5VT/BN (紫色/棕色)	441	洗涤泵电源
5	1.5BU/YE (蓝色/黄色)	6985	间歇开关信号
6	1.5WH/BU (白色/蓝色)	97	刮水器开关电源
7	—	—	未用
8	1.5YE/BN (黄色/棕色)	96	刮水器继电器控制
9	—	—	未用

图 3-25　刮水器/洗涤器开关端子分布

刮水器电动机端子分布如图 3-26 所示。

M75刮水器电动机

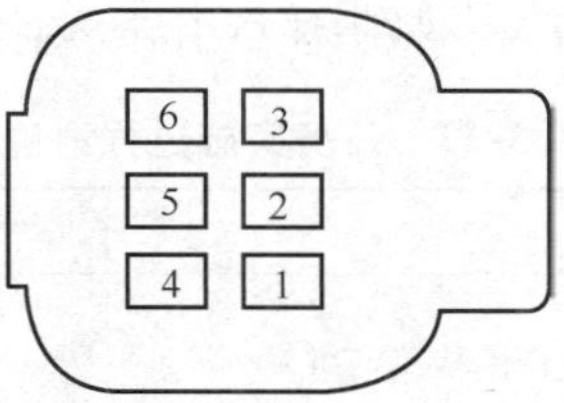

插接器部件信息			
端子	导线	电路号码	功能
1	1.5YE/BN (黄色/棕色)	95	刮水器继电器控制
2	1.5BK (黑色)	450	搭铁
3	—	—	未用
4	1.5WH (白色)	92	刮水器高速动作控制
5	1.5VT/YE (紫色/黄色)	196	刮水器关闭
6	1.5RD/BK (红色/黑色)	3240	刮水器电源

图 3-26　刮水器电动机端子分布

刮水器电动机的更换如图 3-27 所示。

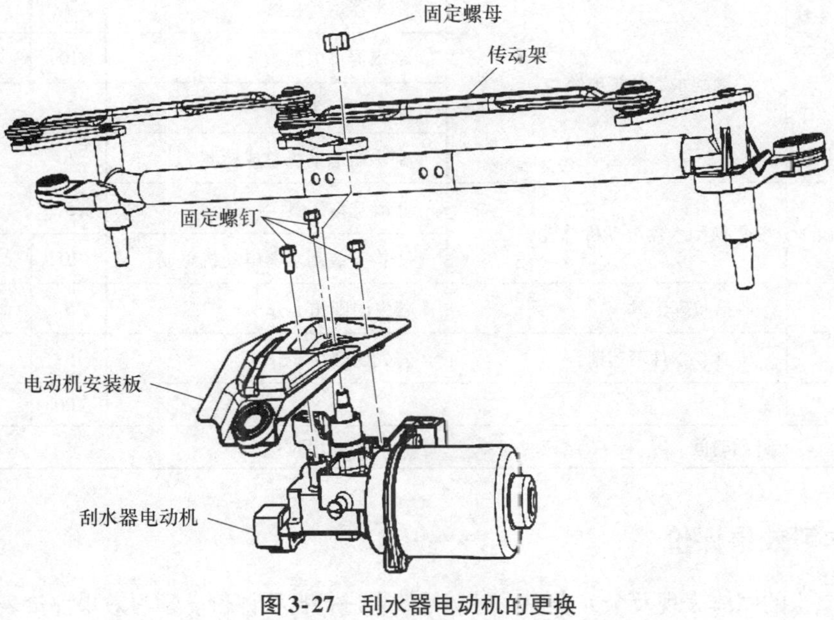

图 3-27　刮水器电动机的更换

【检查与考评】

一、任务实施及评价

根据技术规范的要求完成整个任务，教师注意引导学生填写任务实施过程评价表（表3-13）。

表3-13 任务实施过程评价表

<table>
<tr><td>班　级</td><td></td><td>姓名</td><td></td><td>学号</td><td colspan="3"></td></tr>
<tr><td rowspan="2">考核内容</td><td colspan="3" rowspan="2">刮水器电动机不工作的检测与维修</td><td>规定考核时间</td><td colspan="3">20min</td></tr>
<tr><td>实际考核时间</td><td colspan="3"></td></tr>
<tr><td rowspan="2">序号</td><td rowspan="2">基本步骤</td><td rowspan="2">作 业 流 程</td><td rowspan="2" colspan="2">考 核 要 点</td><td rowspan="2">配分</td><td colspan="2">得　分</td></tr>
<tr><td>自评</td><td>互评</td></tr>
<tr><td rowspan="5">1</td><td rowspan="5">准备工作</td><td>劳保用品穿戴</td><td colspan="2">穿戴不规范扣2分/项</td><td>6</td><td></td><td></td></tr>
<tr><td>准备工具</td><td colspan="2">工具准备是否齐全</td><td>4</td><td></td><td></td></tr>
<tr><td>车辆安全停放</td><td colspan="2">是否拉驻车制动器手柄，安放车轮挡块</td><td>4</td><td></td><td></td></tr>
<tr><td rowspan="2">车辆安全防护</td><td colspan="2">是否安装车外三件套</td><td>3</td><td></td><td></td></tr>
<tr><td colspan="2">是否安装车内四件套</td><td>8</td><td></td><td></td></tr>
<tr><td rowspan="2">2</td><td rowspan="2">正确描述故障现象</td><td>操作员拨动刮水器开关</td><td colspan="2">准确识别刮水器开关</td><td>5</td><td></td><td></td></tr>
<tr><td>观察员准确描述</td><td colspan="2">准确描述故障现象</td><td>5</td><td></td><td></td></tr>
<tr><td rowspan="6">3</td><td rowspan="6">刮水器系统故障检测</td><td rowspan="2">检测仪表板下熔丝盒</td><td colspan="2">正确选取工具</td><td>5</td><td></td><td></td></tr>
<tr><td colspan="2">拆卸仪表板侧装饰盖</td><td>5</td><td></td><td></td></tr>
<tr><td rowspan="4">检测刮水器系统电路</td><td colspan="2">刮水器熔丝检测</td><td>7</td><td></td><td></td></tr>
<tr><td colspan="2">刮水器继电器检测</td><td>10</td><td></td><td></td></tr>
<tr><td colspan="2">刮水器开关检测</td><td>7</td><td></td><td></td></tr>
<tr><td colspan="2">刮水器电动机总成检测</td><td>6</td><td></td><td></td></tr>
<tr><td rowspan="2">4</td><td rowspan="2">故障排除</td><td rowspan="2">更换刮水器电动机总成</td><td colspan="2">正确选取工具</td><td>5</td><td></td><td></td></tr>
<tr><td colspan="2">更换安装刮水器电动机总成</td><td>10</td><td></td><td></td></tr>
<tr><td rowspan="2">5</td><td rowspan="2">现场6S</td><td>收拾整理工具</td><td colspan="2">若失误则扣1分/项</td><td>5</td><td></td><td></td></tr>
<tr><td>工具、零件不落地</td><td colspan="2">若失误则扣1分/项</td><td>5</td><td></td><td></td></tr>
<tr><td colspan="2">总　分</td><td colspan="3"></td><td>100</td><td></td><td></td></tr>
<tr><td colspan="2">操作时间</td><td colspan="6">开始时间：　　　　结束时间：　　　　实际用时：</td></tr>
</table>

二、学习效果评价

请根据该组的团体表现及个人表现，对学习效果进行自我评价。学习效果评价表见表3-14。

表 3-14　学习效果评价表

<table>
<tr><th rowspan="2">项　目</th><th rowspan="2">评 价 内 容</th><th colspan="3">评价等级（学生自评）</th></tr>
<tr><th>A</th><th>B</th><th>C</th></tr>
<tr><td rowspan="5">关键能力考核项目</td><td>遵守纪律、遵守学习场所管理规定，服从安排</td><td></td><td></td><td></td></tr>
<tr><td>安全意识、责任意识，6S 管理意识，注重节约、节能与环保</td><td></td><td></td><td></td></tr>
<tr><td>学习态度积极主动，能参加实习安排的活动</td><td></td><td></td><td></td></tr>
<tr><td>团队合作意识，注重沟通，能自主学习及相互协作</td><td></td><td></td><td></td></tr>
<tr><td>仪容、仪表符合活动要求</td><td></td><td></td><td></td></tr>
<tr><td rowspan="5">专业能力考核项目</td><td>按时、按要求独立完成工作页</td><td></td><td></td><td></td></tr>
<tr><td>工具、设备选择得当，使用符合技术要求</td><td></td><td></td><td></td></tr>
<tr><td>操作规范，符合要求</td><td></td><td></td><td></td></tr>
<tr><td>学习准备充分、齐全</td><td></td><td></td><td></td></tr>
<tr><td>注重工作效率与工作质量</td><td></td><td></td><td></td></tr>
<tr><td>小组评语及建议</td><td></td><td colspan="3">组长签名：
年　月　日</td></tr>
<tr><td>教师评语及建议</td><td></td><td colspan="3">教师签名：
年　月　日</td></tr>
</table>

【知识巩固】

一、填空题

1. 电动风窗玻璃刮水器主要由__________、蜗轮箱、__________、连杆、摆杆、摆臂和刮水片等组成。

2. 宝骏 630 轿车风窗玻璃刮水器有低速挡、高速挡、__________和自动回位等动作。

3. 宝骏 630 轿车的刮水器继电器安装在__________。

4. 目前汽车使用的风窗玻璃清洗器均为__________，其结构包括储水箱、水管及__________等部分。

二、选择题

1. 刮水器电动机的润滑方式是（　　）。

A. 压力润滑　　B. 润滑脂润滑　　C. 飞溅润滑

2. 为了防止清洗液冷冻，可在清洗器储液罐中加入（　　）。

A. 清洗液　　B. 纯净水　　C. 热水

3. 清洗器连续工作时间不能太长，每次接通时间不超过（　　）。

A. 20s　　B. 6s　　C. 26s

【知识拓展】

当需要更换刮水器时，有骨刮水器好还是无骨刮水器好呢？

有骨刮水器的刮片上有金属骨架，优点是便宜；缺点是压力分布不连续，受力分散，只有骨架支点处压力大，其他部分容易刮不干净，遇到刮风容易晃动，而且骨架缝隙处容易夹杂一些杂物，使用寿命一般比较短。

无骨刮水器没有骨架，优点是比有骨刮水器受力更均匀，而且结构整体性强，重量轻，几乎不受风的影响，使用寿命也更长；缺点是由于着力点在最中间，如果刮水器臂压力过大会造成两头上翘，压力过小会导致中间无法贴合。

任务三
车窗电动机不工作的检测与维修

【任务描述】

一辆克鲁兹轿车在使用过程中车窗玻璃无法升降，于是将车辆送到维修站进行检修。经班组长检查判断为电动车窗系统故障，维修人员需要对相关部件进行拆检，根据维修手册相关要求，参照维修资料，在规定时间内完成系统的检查与零部件的更换，完成后交付班组长验收。

【学习目标】

1. 能根据维修手册要求，结合电动车窗系统的作用、结构及工作原理，完成电路故障原因分析（故障维修流程编写）。
2. 能分析电动车窗系统电路图，并进行电路拆绘。
3. 能根据维修手册的要求，在教师指导下，完成电动车窗系统及电路的检查（就车检查）。
4. 能正确使用电动车窗系统，能进行电动车窗系统的拆装与调整。
5. 能根据维修手册的要求，在教师指导下，完成电动车窗系统及电路故障维修。
6. 能进行团队成员的有效沟通与协作作业。

【学习重点】

1. 汽车电动车窗的作用及组成。
2. 汽车电动车窗的电路和工作原理。

【学习难点】

1. 汽车电动车窗检修方案的制订。
2. 汽车电动车窗检修的方法。

【知识准备】

一、电动车窗的组成

汽车车窗玻璃的升降可采用手动操作和电动操作。现代汽车普遍采用电动车窗，电动车窗由电力驱动使车窗玻璃升降，实现关窗和开窗，操作十分方便。电动车窗由电动车窗升降器和车窗开关组成，如图 3-28 所示。

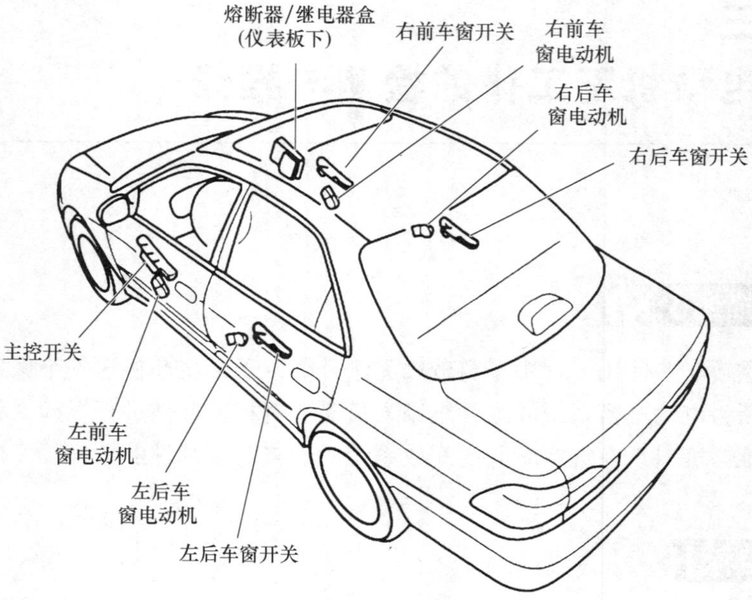

图 3-28　电动车窗的组成

二、电动车窗升降器的结构

电动车窗升降器包括电动机和车窗玻璃升降机构。电动机一般为双向永磁直流电动机，用车窗开关控制电动机的电流方向，实现正、反方向旋转。车窗玻璃升降机构用来使车窗玻璃上下移动，它有绳轮式、齿条式和交叉臂式 3 种形式。

交叉臂式电动车窗升降器（图 3-29）的电动机输出齿轮驱动扇形齿轮转动，通过交叉臂机构带动车窗玻璃上下移动。

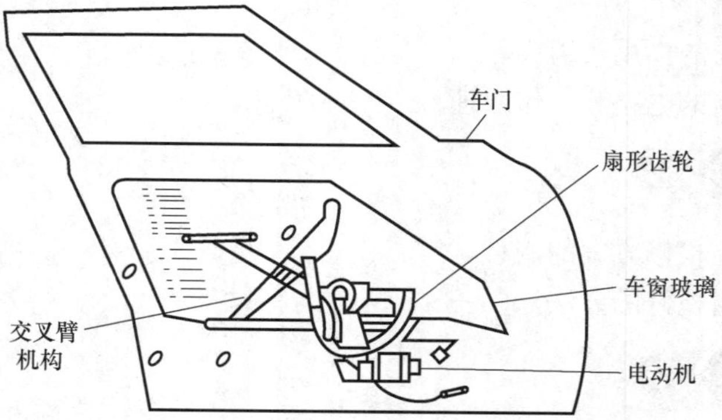

图 3-29　交叉臂式电动车窗升降器

三、电动车窗的工作过程

车窗开关包括主控开关和车窗开关。

电动车窗升降器的电动机都通过主控开关搭铁，当接通车窗开关“上”或“下”时，电动机通电旋转，改变通过电动机电流的方向可改变电动机转向，使车窗玻璃升起或降下（图 3-30）。

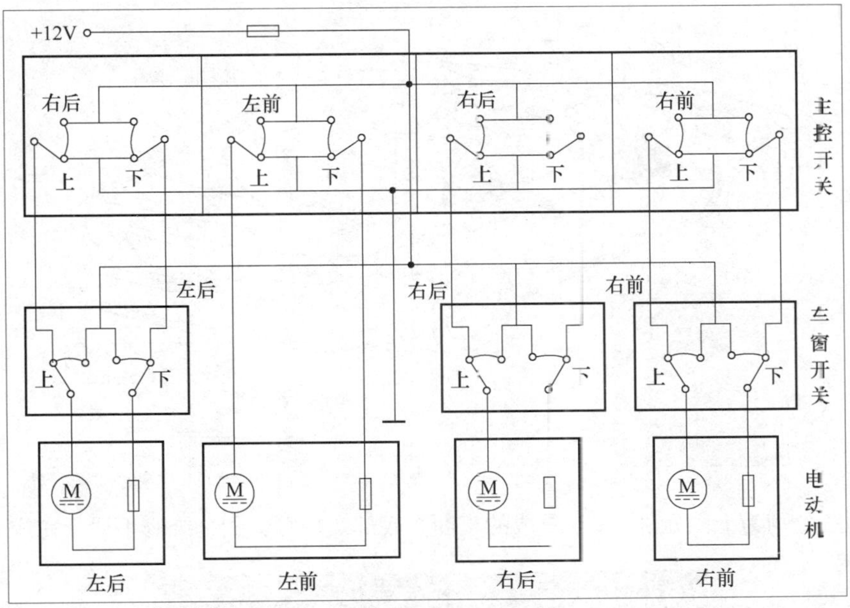

图 3-30　电动车窗的工作电路

【信息收集】

1）现场感受任务描述中的故障现象。

2）在教师的引导下分组，以小组为单位学习相关知识。

① 填写车辆基本信息。

基本信息	VIN		车型	
	发动机型号		行驶里程	
故障现象				

② 查阅维修资料，列举电动车窗系统故障检修的注意事项。

a. 查阅维修手册，指出下图元件的名称，填写在对应框中。

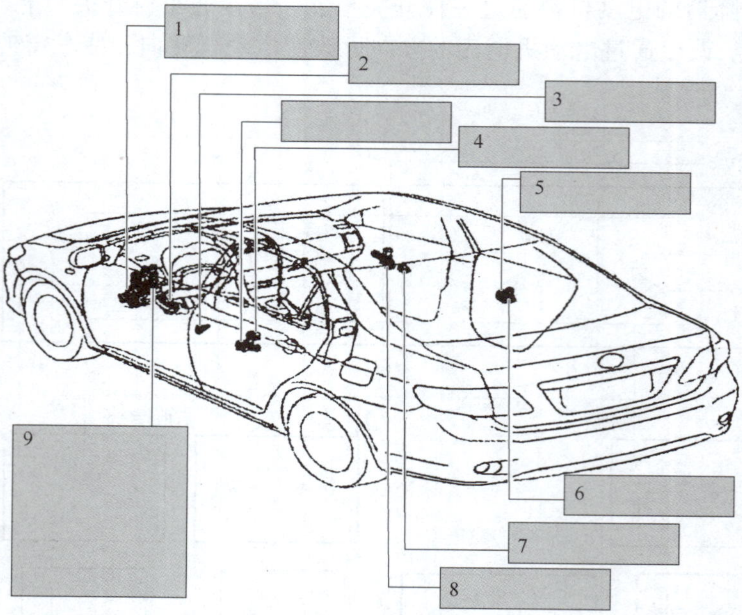

b. 下两图分别为上图元件“9”总成的正面和底部实物图，阅读维修手册，完成下面问题。

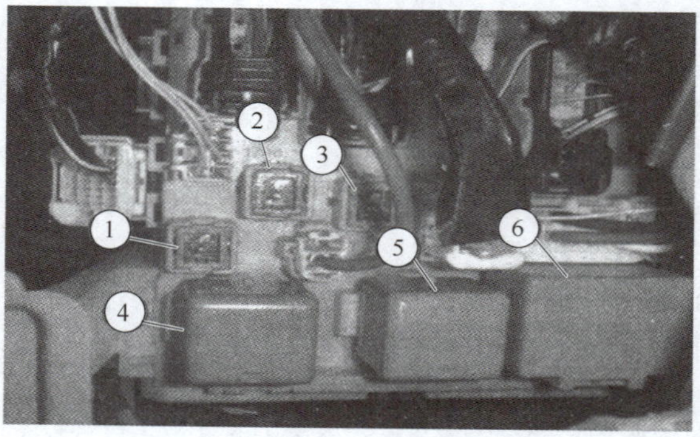

问题1：（上图）元件“9”的总成正面安装有______继电器1个，位于图中______的位置，外壳为______色；有熔丝1个，位于图中______的位置，外壳为______色。

问题2：（上图）底部实物图中共安装有______、______、______熔丝共3个，位于图中______、______、______的位置，额定电流分别为______、______、______；颜色分别为______、______、______。

c. 右图为元件“2”的实物图。对元件“2”描述错误的是（　　）。

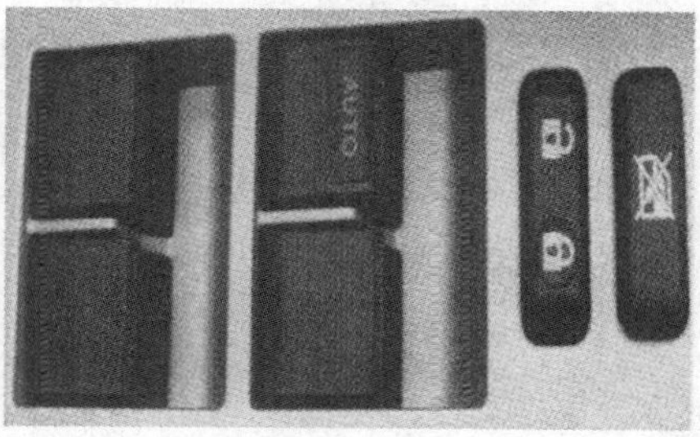

A. 可操作4个车门电动车窗升降

B. 4个车门均有自动升降功能

C. 可操作车门上锁及解锁

D. 可锁止4个车门电动车窗，使其不工作

d. 分析电动车窗系统结构图。

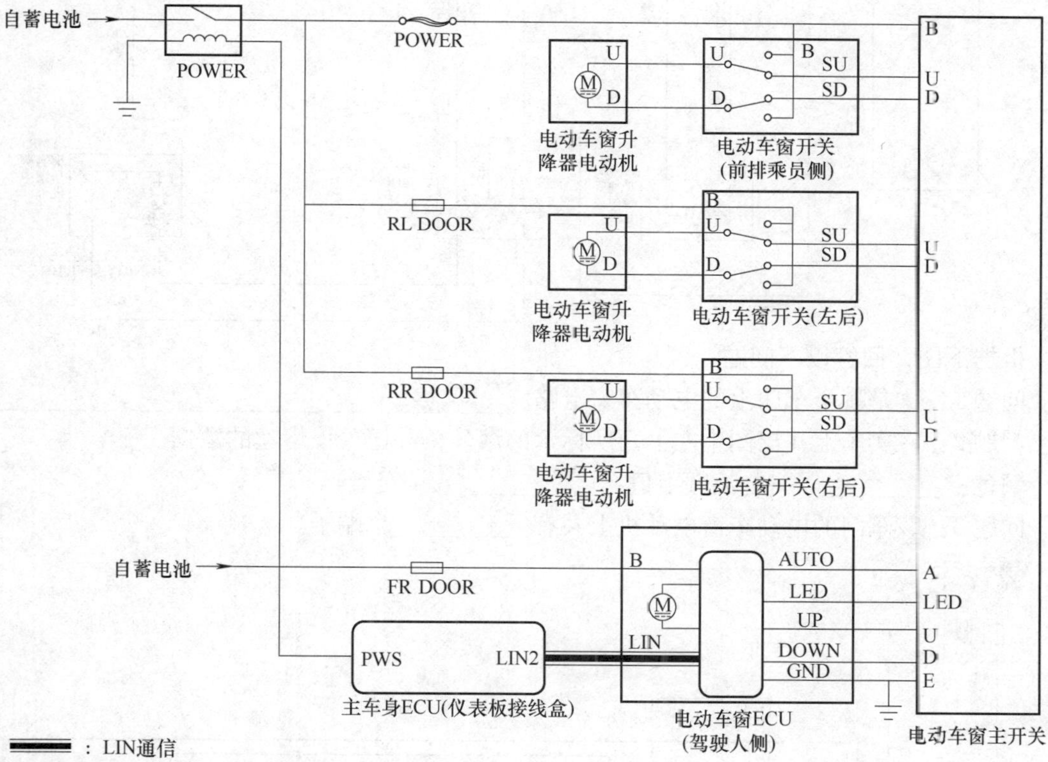

上图中共有继电器______个，熔丝______个，电动车窗开关______个，电动车窗电动机______个，其中______、______、______的电动机有两个端子。

③ 电动车窗电路图的识读与电路图拆绘。

a. 查阅维修手册，识读以下关于电动车窗的电路图，并完成相关的作业。

根据下图，回答以下问题。

问题1：车窗控制单元有__________熔丝给它提供电源，写出这几个熔丝的名称：____。请在实车上指出它们的位置。

问题2：电动车窗的电源由__________继电器提供。请在实车上指出它的位置。

问题3：电动车窗的电源端共有__________个熔丝，写出这几个熔丝的名称：____。请在实车上指出它们的位置。

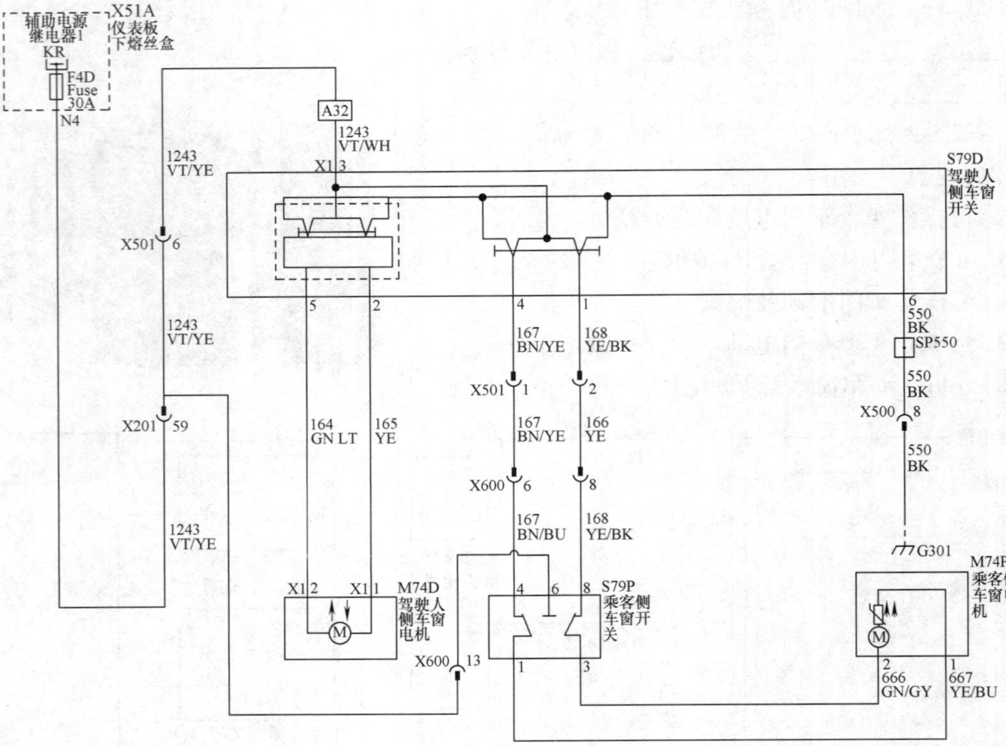

根据下图，回答以下问题：

问题1：这是哪个车门上的电动车窗电路？________________________

问题2：在实车上找出图中左上角所标示的熔丝，并记录该熔丝的数据。

颜色：__________，电流额定值：__________ A（安培）。

问题3：该车门的电动车窗电动机上共有__________个端子。

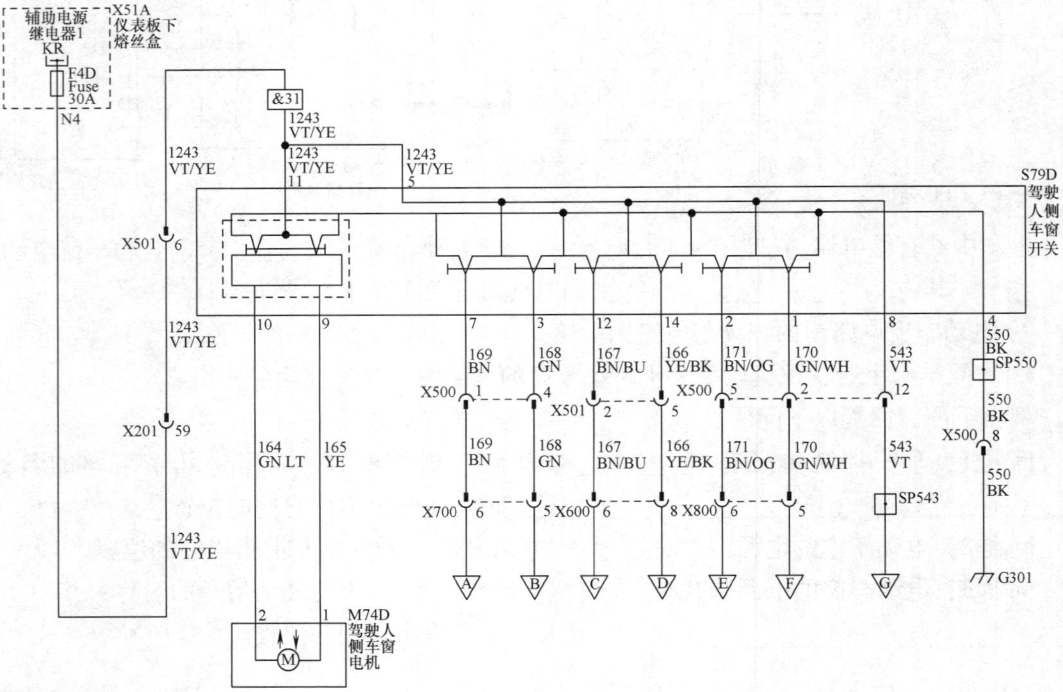

根据下面的电路图，回答以下问题：

问题1：这张图中共有__________个车门的电动车窗电路。每个电动车窗电动机上有__________个端子。

问题2：这些电动车窗与左前门的电动车窗控制开关间有何关系：______________________________________。

A. 没有关系，这些电动车窗可以独立通过各自的电动车窗控制开关进行操作

B. 这些电动车窗只可以通过左前门电动车窗控制开关进行操作

C. 没有左前门电动车窗控制开关，这些车窗将无法正常工作

D. 按下左前门电动车窗控制开关上的车窗锁止开关时，这些车窗将无法使用各自的开关进行操作

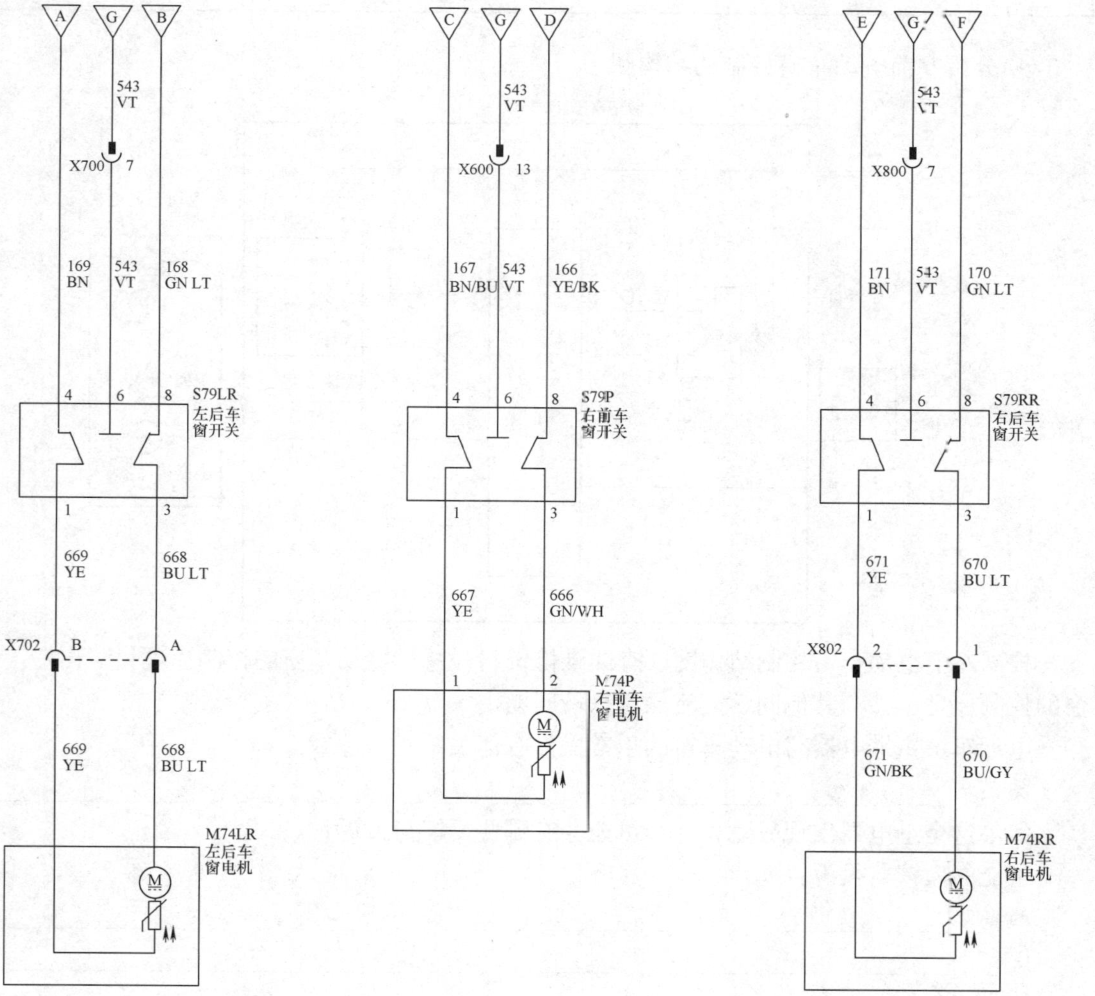

b. 根据上述电路学习，拆绘出完整的左前电动车窗系统控制的电路图，并将其绘制在下面框内。

④ 分析左前电动车窗控制的结构图。

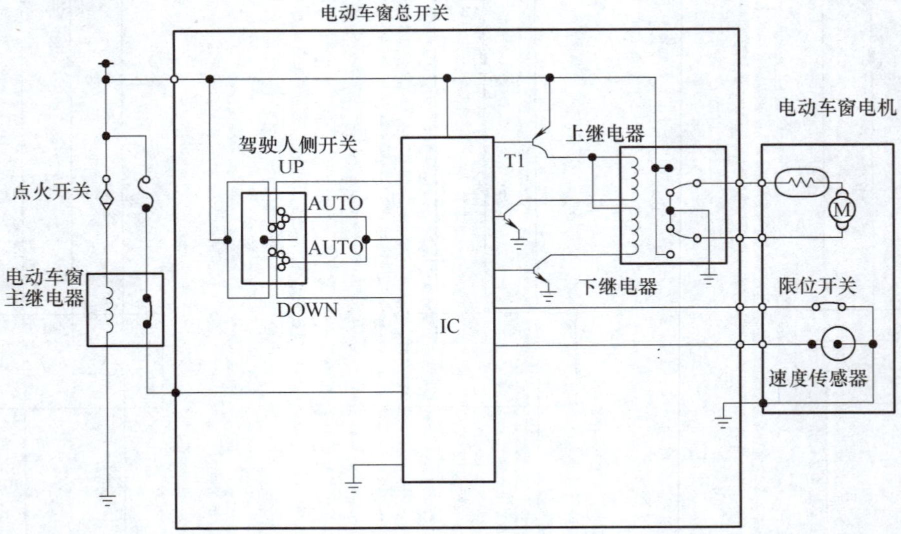

根据左前电动车窗控制结构图，查阅维修资料，总结电动车窗的控制原理，写出左前车窗的控制原理，并与其他同学交流探讨以下问题。

电动车窗主继电器与电动车窗的正常操作有何关系？

关系：________

如果这个继电器出现故障，客户可能会有哪些反馈与投诉？

可能的反馈与投诉：

A. ________

B. ________

C. ________

D. ________

请将讨论结果写下来，并给大家展示。

结果：____。

⑤ 参考下图，叙述电动车窗控制原理。

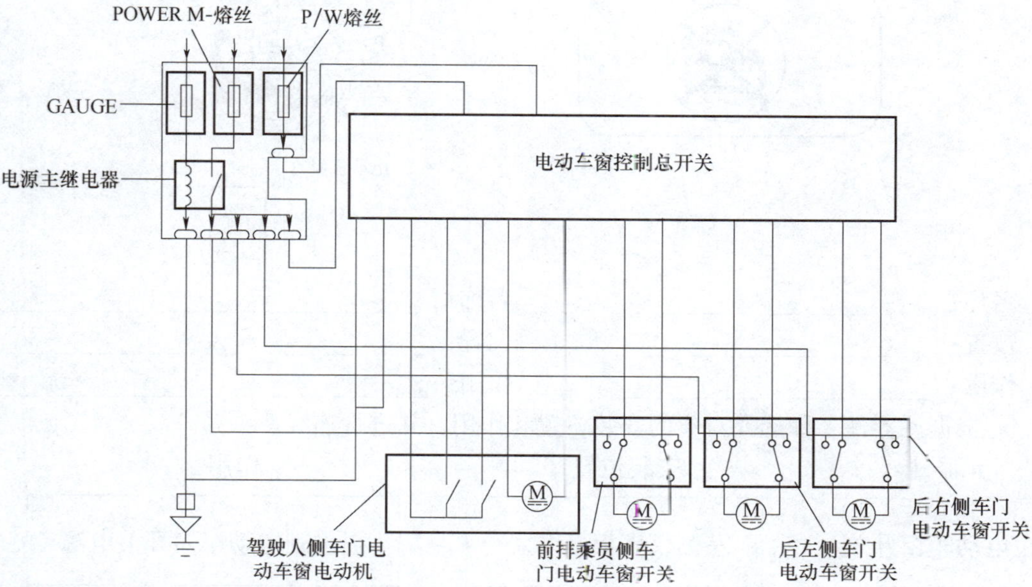

⑥ 了解元器件的名称、位置和作用。

查阅维修手册及电路图，在教学车辆上查找到以下元器件的位置，并将这些元器件的作用写下来，制作成相关的演示文稿或海报，向其他同学展示，交流学习心得。

元器件名称	安装位置	作　用
POWER M-熔丝		
电源主继电器		
电动车窗控制总开关		
驾驶人侧车门电动车窗电动机		
左后侧车门电动车窗开关		

⑦ 看图填写部件名称、位置和作用。

a. 在教学车辆上找到以下图中的元件，查阅维修手册，将该元件的作用填写于下表中，并在实车上找到这些元器件，向同学介绍这些元器件性能的检测方法。

名称：____________　　名称：____________

位置：____________　　位置：____________

作用：____________　　作用：____________

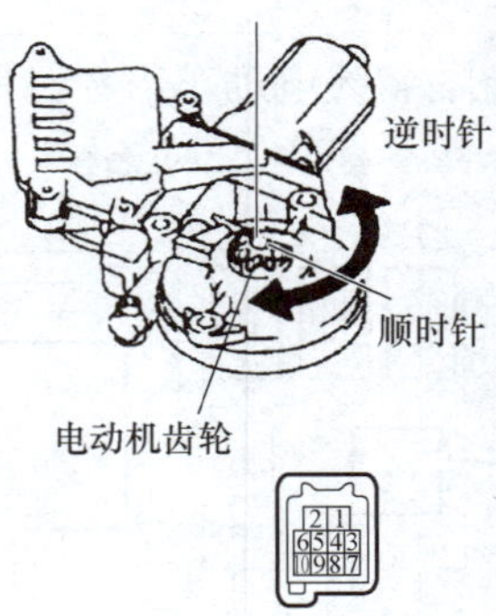

名称：______________ 名称：______________

位置：______________ 位置：______________

作用：______________ 作用：______________

b. 根据元器件名称选择对应的安装位置和作用，并进行连线。

元器件	安装位置	作用
主电动车窗开关	左侧仪表板接线盒	提供副电动车窗开关电源
副电动车窗电动机	前排乘员侧/左后/右后车门上	与主电动车窗 ECU 进行通信，控制副电动车窗开关电源
主电动车窗升降电动机总成	左侧仪表板接线盒	提供副电动车窗开关电源并保护副电动车窗控制电路
驾驶人侧车门门灯开关	前排乘员侧/左后/右后车门内	控制前排乘员侧/左后/右后车门电动车窗电动机动作
POWER、RR、RL 熔丝	驾驶人侧车门锁闩下部	提供车门开关信号给车身 ECU，以作为电源延时的依据
PWR 继电器	左侧仪表板接线盒	控制所有车门电动车窗的升降
主车身 ECU	左侧仪表板接线盒	提供主电动车窗开关电源并保护主电动车窗控制电路
FR 熔丝	驾驶人侧门板上	控制副电动车窗升降，并有过热保护功能
前排乘员侧/左后/右后电动车窗开关	驾驶人侧车门内部	控制主电动车窗升降，并检测和执行自动升降和防夹功能

c. 将下列电动车窗系统功能与正确说法进行连线。

无钥匙电动车窗功能	如果车窗玻璃和窗框间有物体，该功能起作用
单触式自动开/关功能	该功能自动地全开或全闭车窗
防夹保护功能	该功能可使除驾驶人侧车窗外的所有车窗开、闭
车窗锁止功能	即使点火开关被置于 ACC 或 LOCK 位置，该功能仍可开、闭车窗

d. 将下列电动车窗系统元器件与正确说法进行连线。

门控开关	每个车门上都有该部件，它单独控制相应的电动车窗电动机
电动车窗开关	该部件用于控制无钥匙电动车窗功能
电动车窗主开关	该部件把电动车窗电动机的转动转变为上下运动以开、闭车窗
车窗开闭调节器	该部件控制整个电动车窗系统

【制订计划】

查阅维修资料，分析电动车窗不工作的故障原因，制订故障排除方案。

一、电动车窗不工作故障原因分析

电动车窗不工作故障原因分析见表 3-15。

表 3-15 电动车窗不工作故障原因分析

故障现象	可疑部位或检查要点
电动车窗主开关无法操作所有电动车窗	电动车窗主开关电源（FL DOCR 熔丝）、搭铁电路
	数据表/主动测试
	电动车窗升降器电动机或电路
	电动车窗主开关

（续）

故障现象	可疑部位或检查要点
任一电动车窗副开关无法操作对应的副电动车窗	副电动车窗开关电源电路（POWER 继电器、POWER、RR DOOR、RL DOOR 熔丝）
	电动车窗升降器电动机电路（前排乘员侧/后左/后右）
	电动车窗开关（前排乘员侧/后左/后右）
	线束或插接器
电动车窗主开关不能控制副车窗上升/下降	电动车窗主开关
	线束或连接
驾驶人侧电动车窗不能完全关闭（防夹功能被触发）	电动车窗升降器电动机重置
	检查和清洁车窗玻璃升降槽
	电动车窗主开关
副电动车窗过热保护功能（PTC 功能）不起作用	电动车窗升降器电动机（对应的副电动车窗电动机）

组织小组讨论，确认本组所维修的教学车辆的电动车窗不工作的故障现象是：______

______

______

______

二、画出故障诊断图

根据电路图，结合上述表格、实车验证故障现象，写出教学车辆的电动车窗不工作故障的可能原因（完成以下的故障诊断图）。

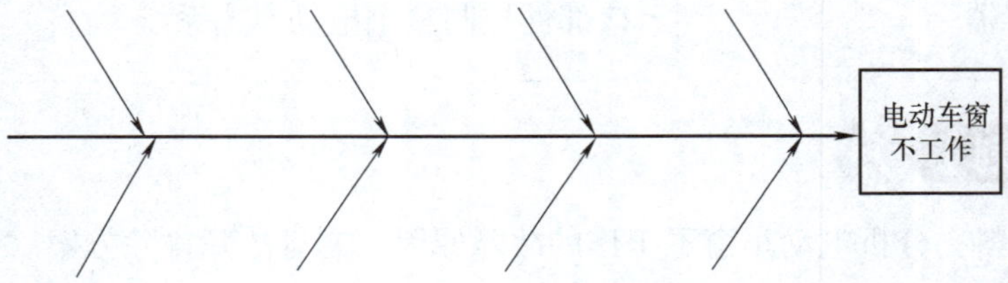

三、制订电动车窗不工作故障的排除方案

序号	检 查 项 目	使用工具、设备
1		
2		
3		
4		
5		
6		
7		

四、展示维修方案并说明

1）其他组的创意。

____

____

____。

2）本组的创意。

____

____

____。

【任务实施】

执行电动车窗的基本检查

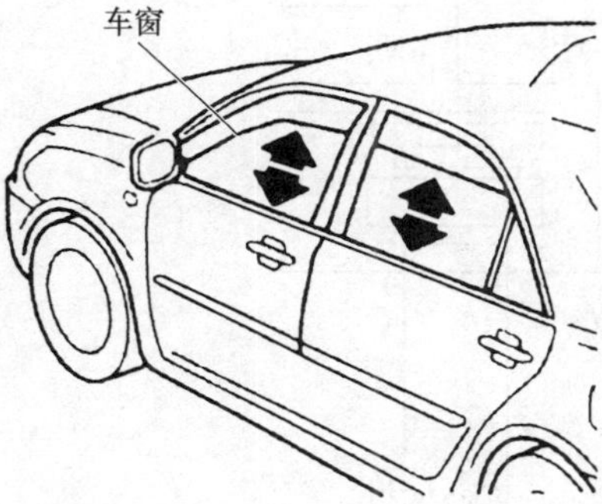

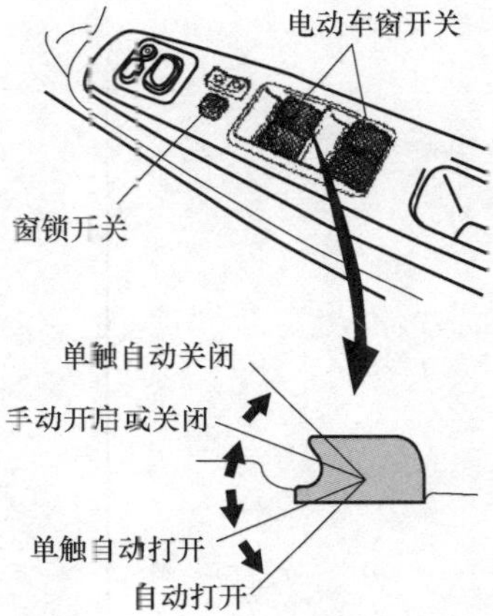

1）根据基本操作检查，描述教学车辆的电动车窗不工作的可能故障现象。

故障现象：

2）驾驶人侧电动车窗不工作故障检修。

① 检查熔丝。

参考电路图检修相关的熔丝。

记录检查结果：

□正常　　□不正常

更换的零件是：__________

② 检查驾驶人侧车窗控制开关总成操作性能状态。

记录检查结果：

□正常　　□不正常

更换的零件是：____________________

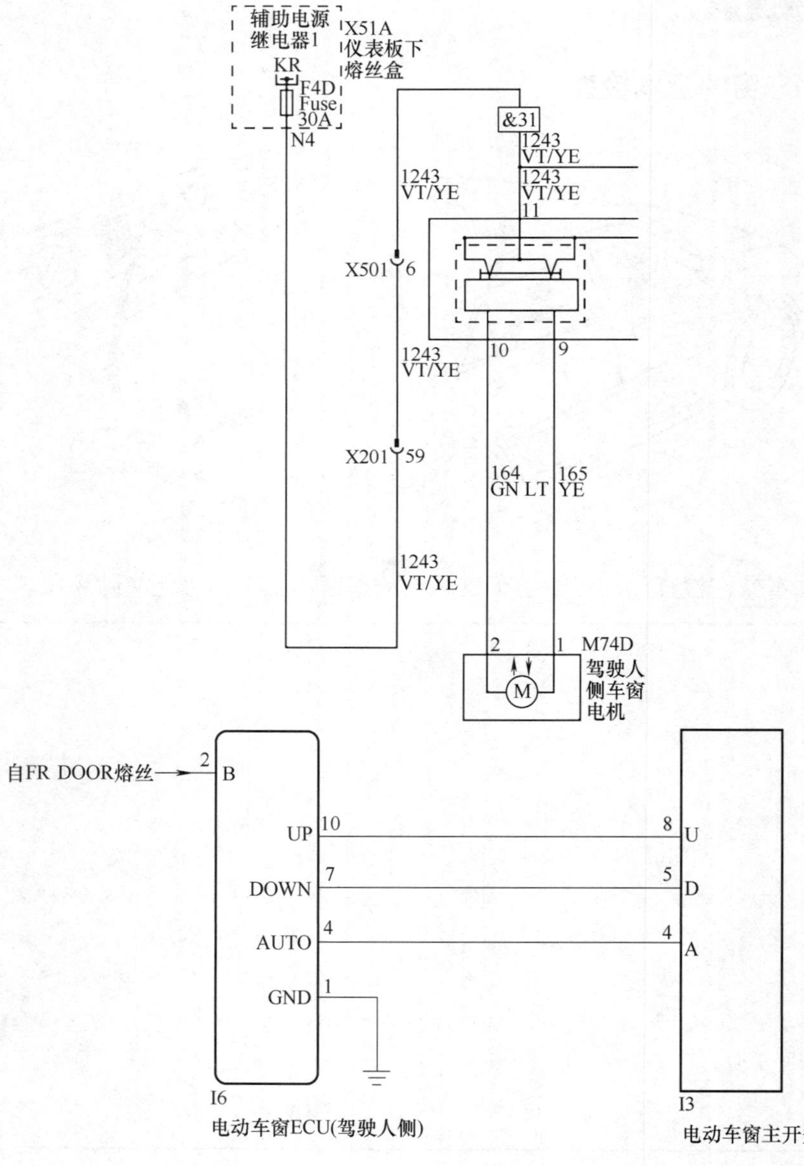

③ 读取专用诊断仪的数值，执行相关的主动测试。

a. 诊断仪初步诊断。

诊断仪的品牌/型号	
进入系统的操作路径	
是否正常进入系统	□是　□否
故障码及内容（如果有）	

b. 使用所提供的诊断仪，找到电动车窗数据流测试的操作界面，执行数据流测试，诊断电动车窗升降器状态。

记录检查结果：

□正常　□不正常　更换的零件是：________

c. 检查电源、搭铁。

检查项目	检查端子	操作事项	检查结果	结果分析

d. 检查线束与插头性能（电动车窗主控制开关）。

根据维修手册，制订线束与插头的检查流程，与小组成员进行讨论，在指导老师的指导下，按照所制订的检修方案对线束与插头的性能进行检查。

记录检查结果：

□正常　□不正常　更换的零件是：________

e. 与小组成员交流、探讨这次维修检查的过程及维修心得，记录下来，并与全班同学进行交流。

心得与体会：

3）左前门电动车窗的拆装维修作业。

① 拆卸左前电动车窗控制开关总成。

查阅维修手册，对照教学车辆，与小组其他成员进行讨论，确认需要拆卸的元器件及步骤，并记录在下面。

拆卸步骤：

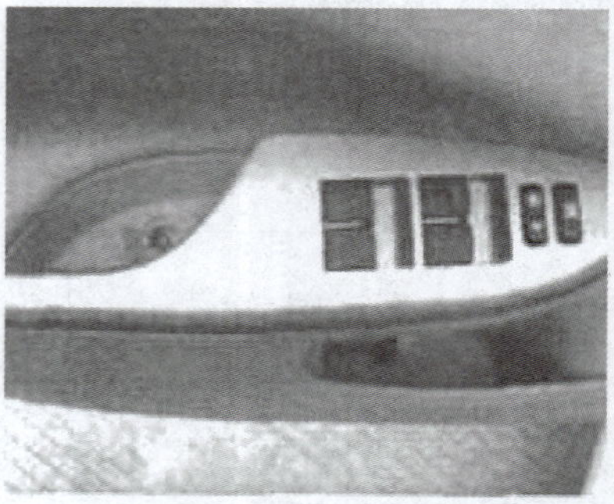

② 拆卸左前车门内饰板。

查阅维修手册，对照教学车辆，与小组其他成员进行讨论，确认需要拆卸的元器件及步骤，并记录在下面。

拆卸步骤：

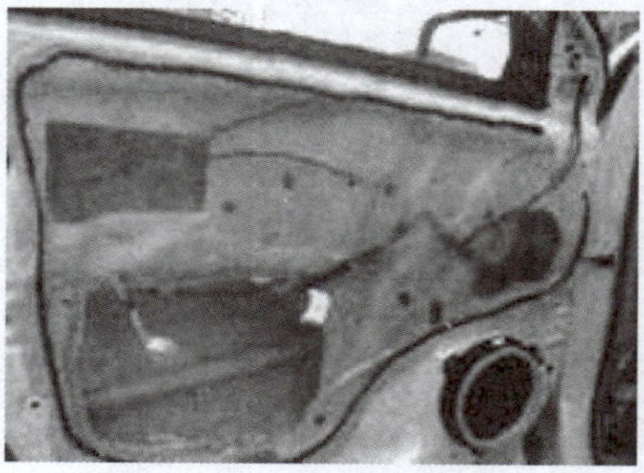

③ 拆卸左前车门外饰件及相关零件。

查阅维修手册，对照教学车辆，与小组其他成员进行讨论，确认需要拆卸的元器件及步骤，并记录在下面。

拆卸步骤：

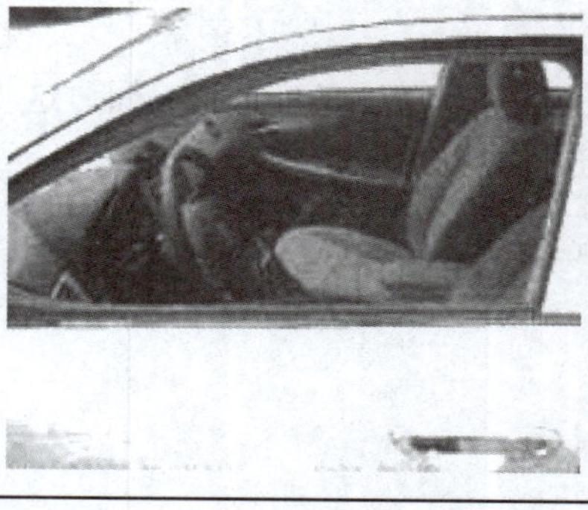

④ 拆卸左前门车门玻璃。

根据维修手册的信息，在老师指导下完成左前门玻璃的拆卸并记录拆卸步骤。

拆卸步骤：

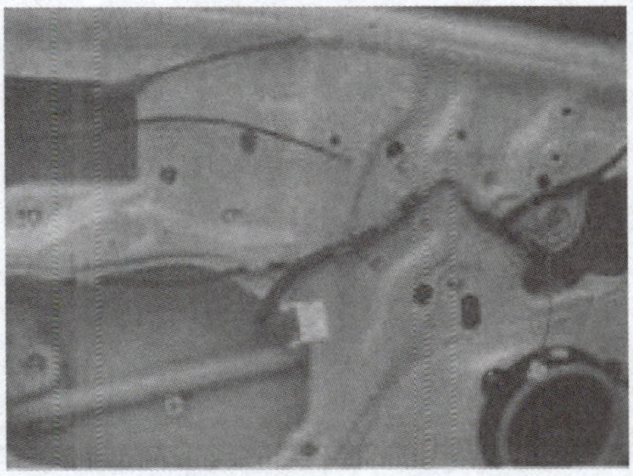

⑤ 拆卸玻璃升降器。

根据维修手册的信息，在老师指导下完成玻璃升降器的拆卸并记录拆卸步骤。

拆卸步骤：

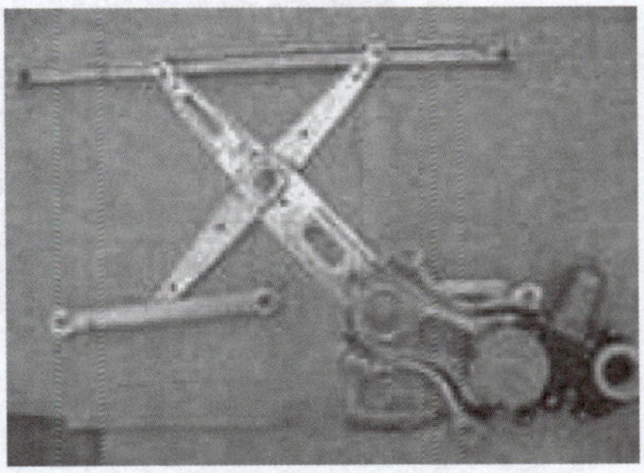

问题 1：右图元件为__________的实物图，识别依据是__________。

A. “1”插针　　B. “2”形状

C. “3”插针　　D. “4”形状

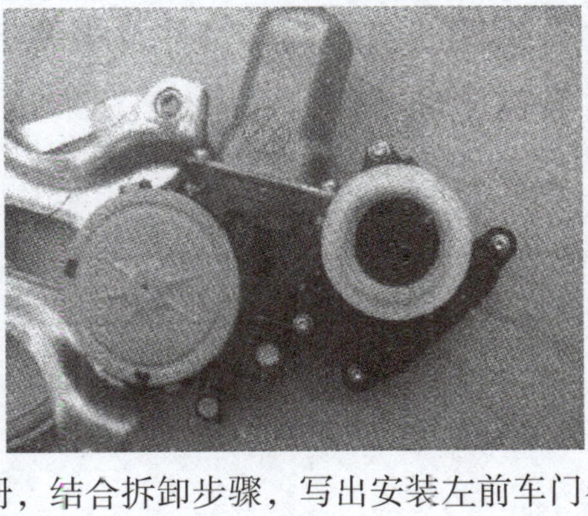

问题 2：对该元件描述错误的是__________。

A. 总成内部含有 ECU

B. 能执行自动升降功能

C. 该元件通过串行数据线与车身 ECU 通信

D. 该元件的电源需通过“POWER”继电器

⑥ 安装左前门各个拆卸的部件，恢复左前门电动车窗的功能。

与小组其他成员进行交流、讨论，根据维修手册，结合拆卸步骤，写出安装左前车门各部件的流程与步骤，经指导老师确认后进行安装。

安装流程与步骤：

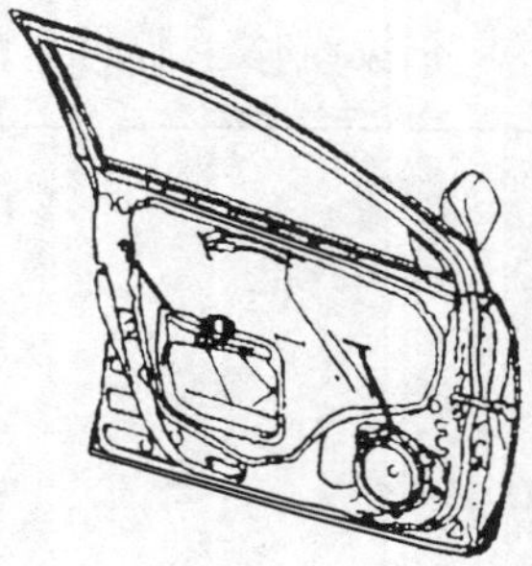

⑦ 故障检修。

如果左前车窗升降中出现错位的故障，需要调整下图中的哪个部位？查阅维修手册，与小组其他成员进行交流，写出维修方案，并对教学车辆进行相应的维修作业。

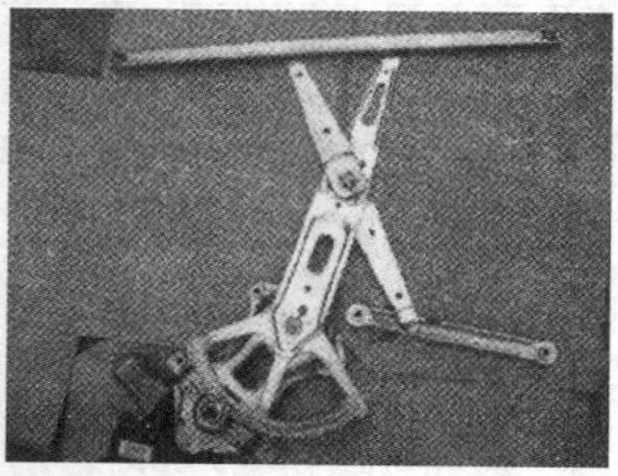

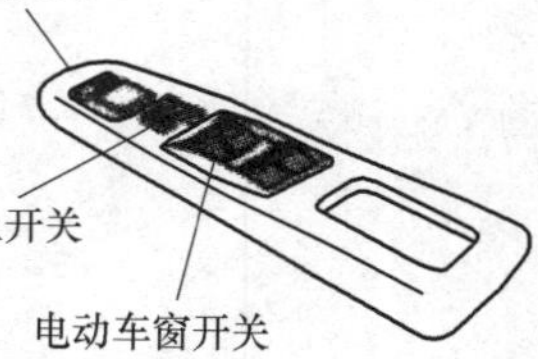

⑧ 电动车窗功能测试。

顾客反映他车辆的左前门车窗没有防夹功能，请查阅维修手册，写出进行车窗防夹功能测试与防夹功能初始化的操作步骤与流程。与你的小组成员进行讨论，然后向全班同学进行汇报展示。

防夹功能测试流程：

初始化的操作步骤：

【提示】

通过两个元件检测车窗玻璃是否被卡住：电动车窗电动机中的限位开关和速度传感器。

① 速度传感器根据电动机转速发出一个脉冲信号，从脉冲波长的变化可以检测出车窗是否卡住。

② 限位开关根据齿圈的空段来判别是卡住情况下的脉冲信号波长改变，还是车窗已经完全关闭情况下的脉冲信号波长改变。

当电动车窗总开关从电动车窗电动机收到卡住信号时，它关掉 UP 继电器，打开 DOWN 继电器大约 1s，以退回车窗玻璃大约 50mm，以防止车窗玻璃进一步关闭。

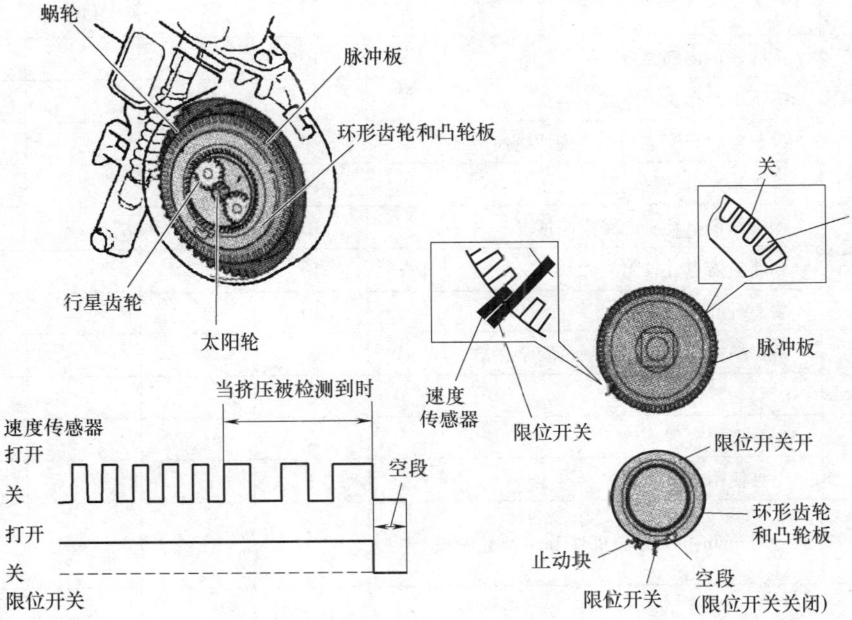

【警告】

可以通过在窗户和窗框之间插入一个大于 10mm 的物件（如锤柄）来检测防夹保护功能的运行。不能用手试验，以免产生伤害。有些车型没有防夹保护功能。

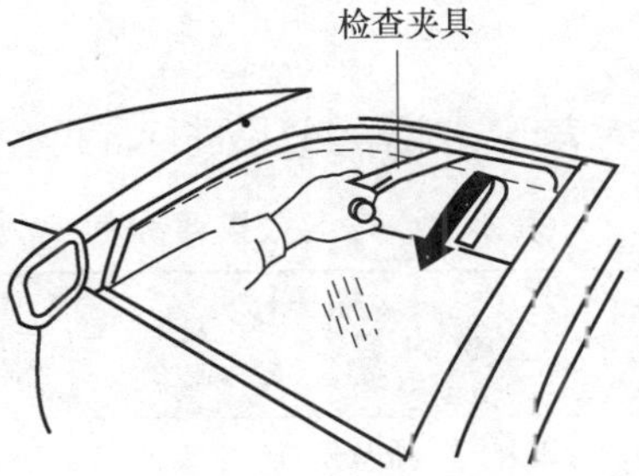

【检查与考评】

一、任务实施及评价

根据技术规范的要求完成整个任务，教师注意引导学生填写任务实施过程评价表（表 3-16）。

表 3-16　任务实施过程评价表

班级		姓名		学号			
考核内容	车窗电动机不工作的检测与维修			规定考核时间	15min		
				实际考核时间			
序号	检查维修内容/评分标准			配分	自评	互评	得分
1	准备	检查车辆状况，安装车轮挡块		5			
		检查电动车窗外观		5			
2	验证故障	操纵电动车窗开关，检查验证故障		10			
3	拆除诊断	拆除车门内饰盖板		10			
		拆下电动车窗电路线束插头		10			
		检查电动车窗电动机，视情更换		10			
		检查车窗电动机电路的电压		10			
		检查车窗电动机电路搭铁情况		10			
		判断故障点并排除故障		10			
		装复拆卸件，现场6S		10			
4	安全文明	防护措施得当，作业规范安全整洁		3			
		工具、零件不落地		2			
5	工具使用	工具选用合理		2			
		工具使用规范		3			
6	考核时间	每超1min扣3分，超时3min终止考核					
合计				100			
监考教师		考核日期		年　月　日			

二、学习效果评价

请根据该组的团体表现及个人表现，对学习效果进行自我评价。学习效果评价表见表3-17。

表 3-17　学习效果评价表

项目	评价内容	评价等级（学生自评）		
		A	B	C
关键能力考核项目	遵守纪律、遵守学习场所管理规定，服从安排			
	安全意识、责任意识，6S管理意识，注重节约、节能与环保			
	学习态度积极主动，能参加实习安排的活动			
	团队合作意识，注重沟通，能自主学习及相互协作			
	仪容、仪表符合活动要求			

（续）

项　目	评价内容	评价等级（学生自评）		
		A	B	C
专业能力考核项目	按时、按要求独立完成工作页			
	工具、设备选择得当，使用符合技术要求			
	操作规范，符合要求			
	学习准备充分、齐全			
	注重工作效率与工作质量			
小组评语及建议		组长签名： 年　月　日		
教师评语及建议		教师签名： 年　月　日		

【知识巩固】

选择题

1. 电动车窗的组成部分包括（　　）。

A. 车窗电动机　　B. 车窗升降器

C. 防夹开关　　D. 电动车窗主开关

2. （　　）等因素会导致车窗玻璃无法升降。

A. 电动车窗主开关损坏　　B. 车窗电动机故障

C. 电路故障　　D. 点火开关损坏

3. 电动车窗在上升和下降的过程中，流经车窗电动机的电流方向相反。这种说法是（　　）的。

A. 正确　　B. 错误

4. 可以通过检查插接器端子的导通性判断电动车窗主开关的性能。这种说法是（　　）的。

A. 正确　　B. 错误

5. 防夹电动车窗在车窗的升降范围内都有防夹功能。这种说法是（　　）的。

A. 正确　　B. 错误

6. 在带有防夹保护功能的车辆上，当执行了（　　）操作时，不必要重置（初始化）电动车窗电动机。

A. 当电动车窗总开关插接器断开时

B. 当车窗开闭调节器和电动车窗电动机断开时

C. 当车窗开闭调节器在不安装玻璃的情况下操作时

D. 当执行了如更换玻璃运行槽等的修理步骤时，车窗完全闭合的位置改变后

任务四 中控门锁与防盗装置失效的检测与维修

【任务描述】

客户王先生的宝骏630轿车出现车门锁不紧的现象，严重影响车辆行驶安全，于是将车开到4S店进行检修。维修技师对车辆进行检查，发现该车中控门锁与防盗系统出现故障，需要对中控门锁与防盗系统进行全面检查并做相应处理。

【学习目标】

1. 掌握汽车中控门锁及防盗装置的结构和工作原理。
2. 能熟练识读汽车中控与防盗装置电路原理图、接线图、线束图和布置图。
3. 能根据中控与防盗装置电路原理图完成中控门锁及防盗装置的电路连接。
4. 能掌握中控门锁及防盗装置的各部件技术状况检查方法。
5. 培养学生自主学习的能力和团队意识。
6. 培养学生爱岗敬业的职业素养。

【学习重点】

1. 汽车中控门锁与防盗系统的组成和工作原理。
2. 汽车中控门锁与防盗系统故障的分析方法。

【学习难点】

1. 汽车中控门锁与防盗系统常见故障的诊断与排除方法。
2. 中控门锁及防盗装置的各部件技术状况检查方法。

【知识准备】

一、中控门锁的作用

为了确保汽车的使用安全，现代轿车都把中控门锁作为一个标准配置。轿车的中控门锁可实现如下功能：

1）将驾驶人侧车门锁锁止时，其他车门的门锁都被自动锁止。如果用钥匙将驾驶人侧车门锁锁止时，可同时锁止其他车门。

2）将驾驶人侧车门锁开锁时，其他车门都自动开锁。同样，如果用钥匙将驾驶人侧车门开锁时，可同时将其他车门开锁。

3）任一车门的解锁都不影响其他车门的锁止状态。

4）行李舱门只能由行李舱门锁开关来开锁。

5）行车时，如果车门均未处于锁止状态，只要当车速超过一定速度时，便会将所有车门自动锁止。

图 3-31 所示为宝骏 630 轿车中控门锁及遥控钥匙。

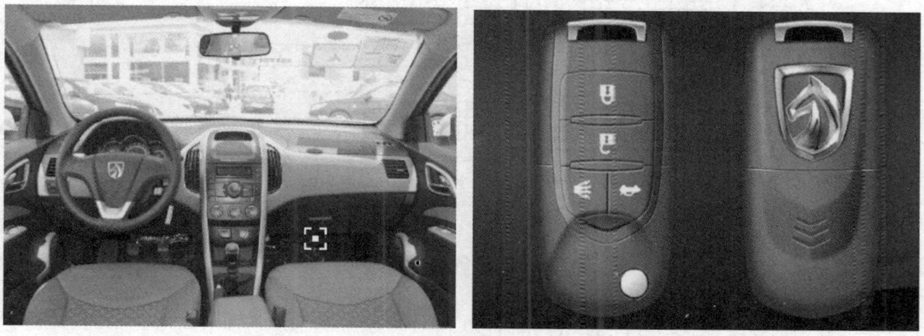

图 3-31 宝骏 630 轿车中控门锁及遥控钥匙

二、中控门锁的组成及工作原理

1. 中控门锁的组成

如图 3-32 所示，中控门锁由控制部分和门锁执行机构组成。其中，控制部分包括门锁开关和门锁控制器（遥控钥匙）。执行机构主要由双向电动机、继电器、门锁开关及相应的连杆机构组成，它能通过控制直流电动机的正反转来实现门锁的开、关动作。

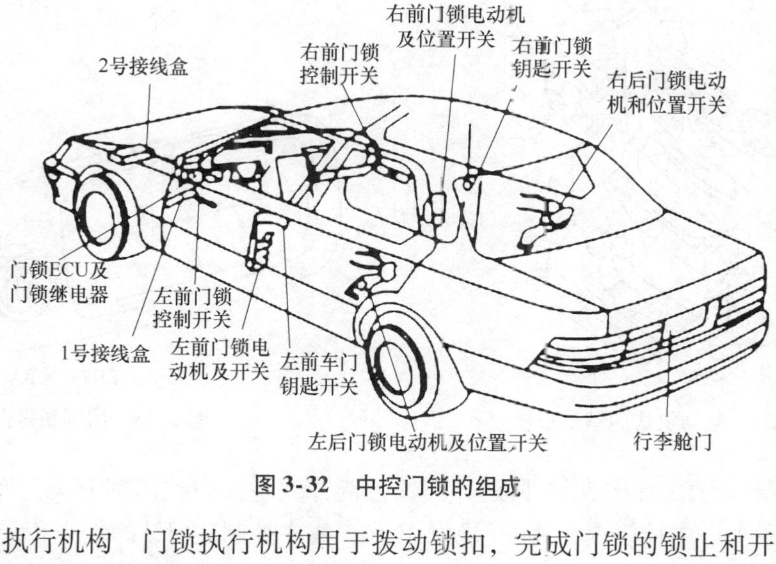

图 3-32 中控门锁的组成

（1）门锁执行机构　门锁执行机构用于拨动锁扣，完成门锁的锁止和开锁动作。门锁执行器有电磁铁式和电动机式两种。

1）电磁铁式门锁执行器。如图 3-33 所示，电磁铁式门锁执行器有两个电磁线圈，分别用于门锁的锁止与开锁。当锁止线圈通电时，衔铁带动锁扣连杆左移，门锁锁止；当开锁线圈通电时，衔铁带动锁扣连杆右移，门锁开锁。

2）电动机式门锁执行器。如图 3-34 所示，电动机式门锁执行器由门锁电动机和齿轮机构组成。门锁电动机为双向直流电动机，改变电流方向可使电动机正、反向旋转。电动机通

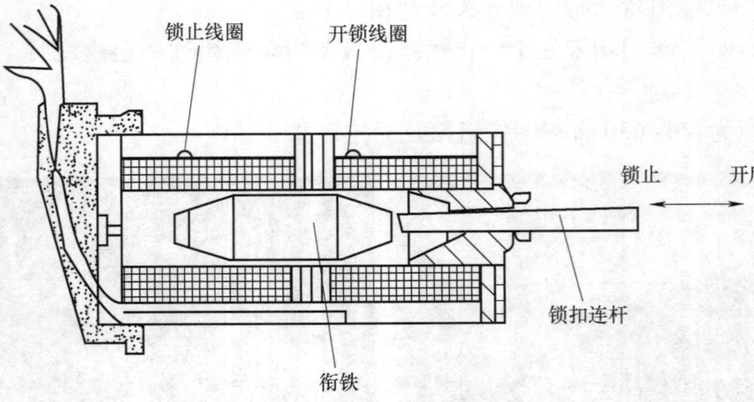

图 3-33　电磁铁式门锁执行器

电旋转，带动齿轮机构，实现门锁锁止和开锁。

（2）门锁控制部分

1）门锁开关。门锁开关包括门锁钥匙开关、门锁控制开关（中控门锁开关、车门门锁开关）和行李舱盖锁开关等。

① 门锁钥匙开关。如图 3-35 所示，门锁钥匙开关一般设在前车门门锁上，从车外通过钥匙开锁和锁止门锁。

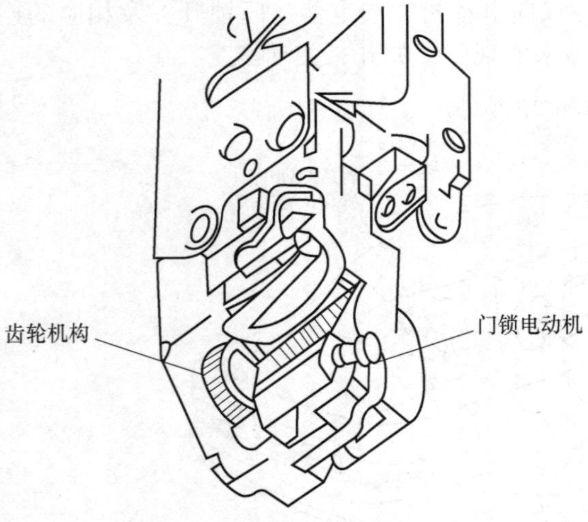

图 3-34　电动机式门锁执行器

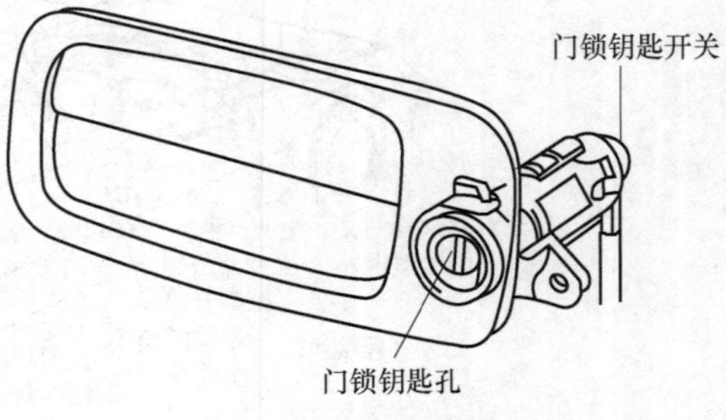

图 3-35　门锁钥匙开关

② 门锁控制开关。如图 3-36 所示，门锁控制开关包括中控门锁开关与车门门锁开关，安装在车门扶手上。中控门锁开关由驾驶人操作，集中控制各门锁的锁止和开锁。车门门锁开关由其他乘员操作，控制单个车门门锁的锁止和开锁。

③ 行李舱盖锁开关。行李舱盖锁开关设置在行李舱盖锁上。

2）门锁控制器。由于门锁的锁止和开锁动作是短暂的，常采用门锁控制器来控制门锁执行器工作。门锁控制器用于短时间接通门锁执行器电路，控制门锁动作。

2. 中控门锁的工作原理

（1）单个门锁的结构及工作原理　图 3-37 所示为单个门锁的结构及工作原理图。当门锁

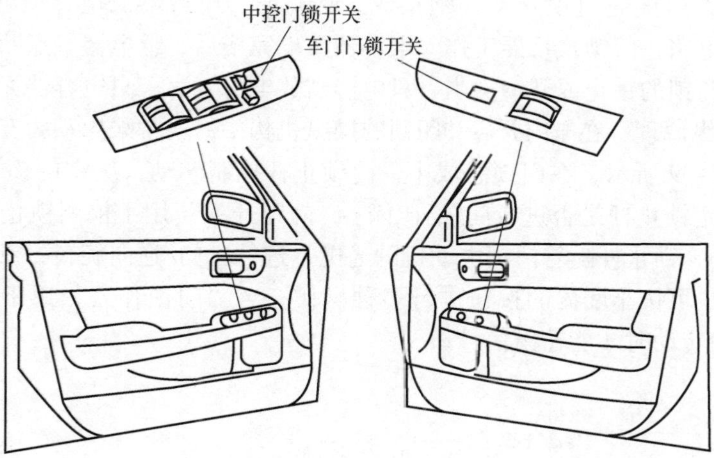

图 3-36　门锁控制开关

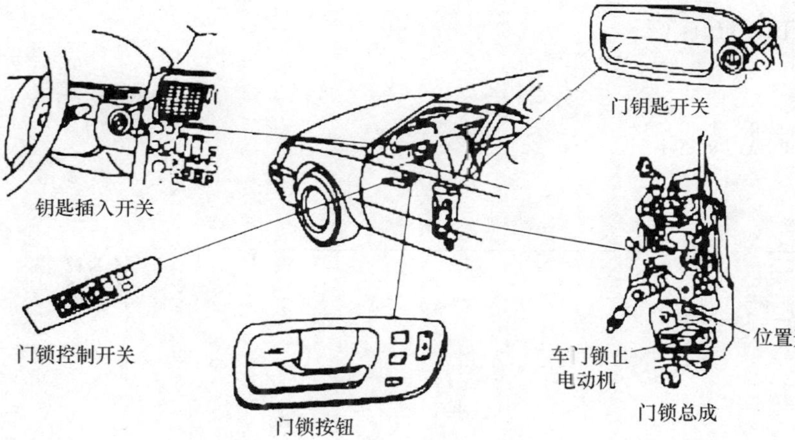

图 3-37　单个门锁的结构及工作原理图

电动机运转时，通过门锁连杆机构可控制门锁动作。门锁的锁止与开锁动作由电动机转子的旋转方向决定，而电动机转子的旋转方向由流过电动机电枢的电流方向决定。锁止时，电动机电枢中流过的是正向电流；开锁时，电动机电枢中流过的是反向电流。这样通过控制电动机电枢中电流的流向，即可控制电动机转子的转向，即实现了门锁的锁止与开锁。

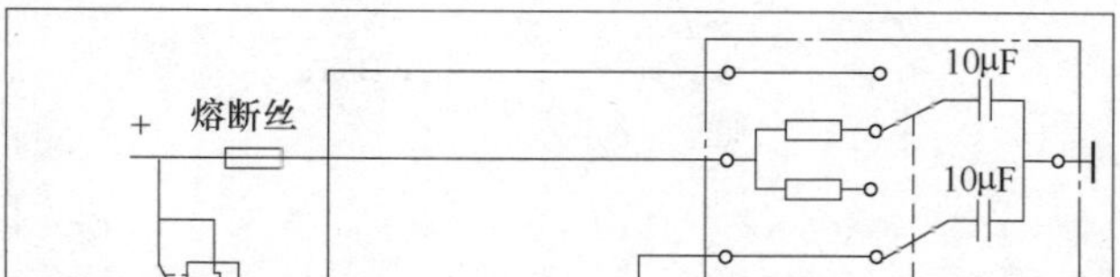

图 3-38　电控门锁工作电路图

（2）电控门锁的工作原理　如图 3-38 所示，电容器在门锁开关接通前已充足电，当接通门锁开关（锁止或开锁）时，电容器放电，使继电器触点闭合，接通门锁执行器电路，门锁执行器工作。电容器放电完毕后，继电器触点断开，切断门锁执行器电路，完成门锁的锁止或开锁。当一只电容器放电时，另一只电容器充电。

（3）门锁操纵原理　在车门开启和闭锁的操纵机构中，通常采用动力车门锁定装置。门锁执行机构如图 3-39 所示，在门锁总成中，由锁止杆控制转动，决定门锁开/闭状态。“位置开关”用于测定锁止杆是否进行门锁开/闭；“门锁开关”用于检测锁止机构是否进行门锁的开/闭。此外，锁止杆随着门锁电动机的通电，进行正向/逆向旋转；或把钥匙插入锁孔中，用于操作。也可按车厢内的按钮进行多种操作。当“门锁开关”用于操作钥匙，使它向开启/关闭方向转动时才能输出信号。

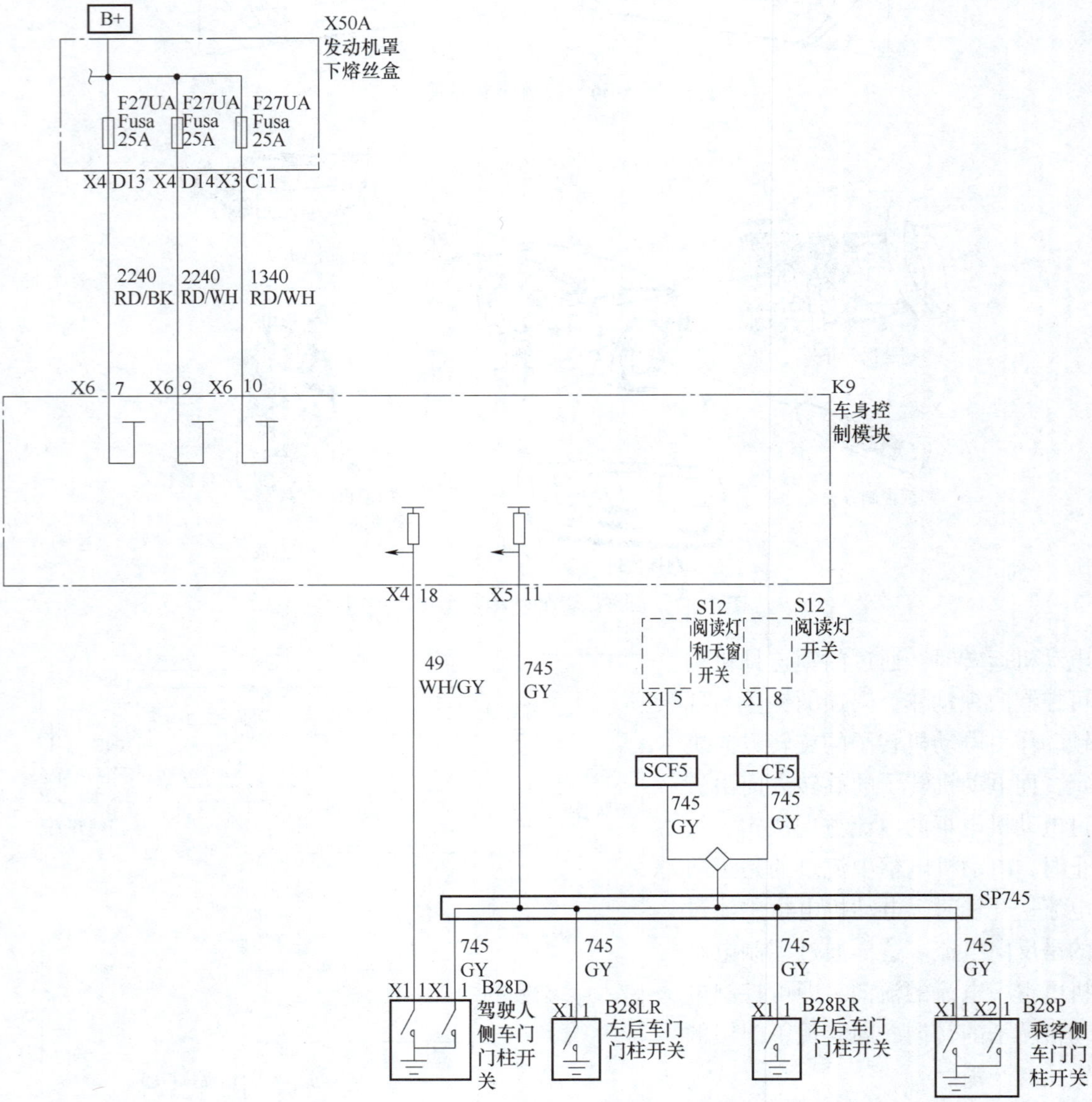

图 3-39　门锁执行机构

【信息收集】

一、中控门锁的电路分析

1. 门柱开关电路

宝骏 630 轿车的门柱开关电路如图 3-40 所示。图 3-41 所示为宝骏 630 轿车的门锁/指示器示意图（门柱开关）。左前门门边开关有两个信号，其他门只有一个信号。左前门给 BCMX418 作用（在更高配置车用于延时继电器控制电源，如音响、车窗电路电源等，但目前该车无此功能），BCMX511 监测 4 个车门打开信号，此电路也能控制阅读灯亮。BCM 监测此信号为低电位时，通过 HSCAN 向组合仪表模块发送车门打开指示灯点亮信号，组

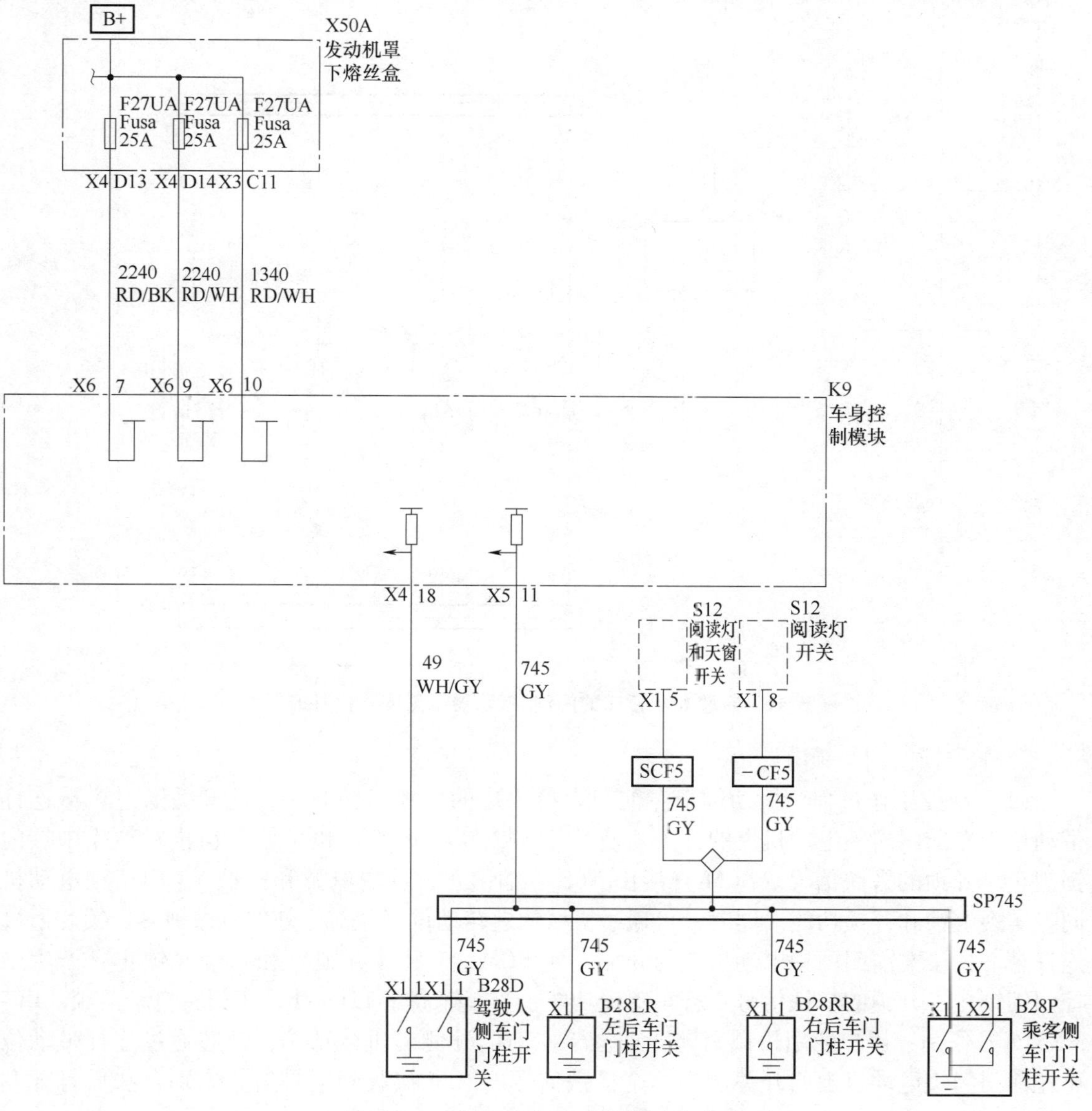

图 3-40　宝骏 630 轿车的门柱开关电路

合仪表分别从车门闩内的车门未关开关接收到一个离放输入信号，指示车门状态。当车速高于 8km/h（5mile/h）时，仪表板组合仪表根据接收到的该 GMLAN 信息，使相应的车门未关指示灯亮并发送一个 GMLAN 信息至收音机或蜂鸣器警告模块，以启用车门未关声响警告。

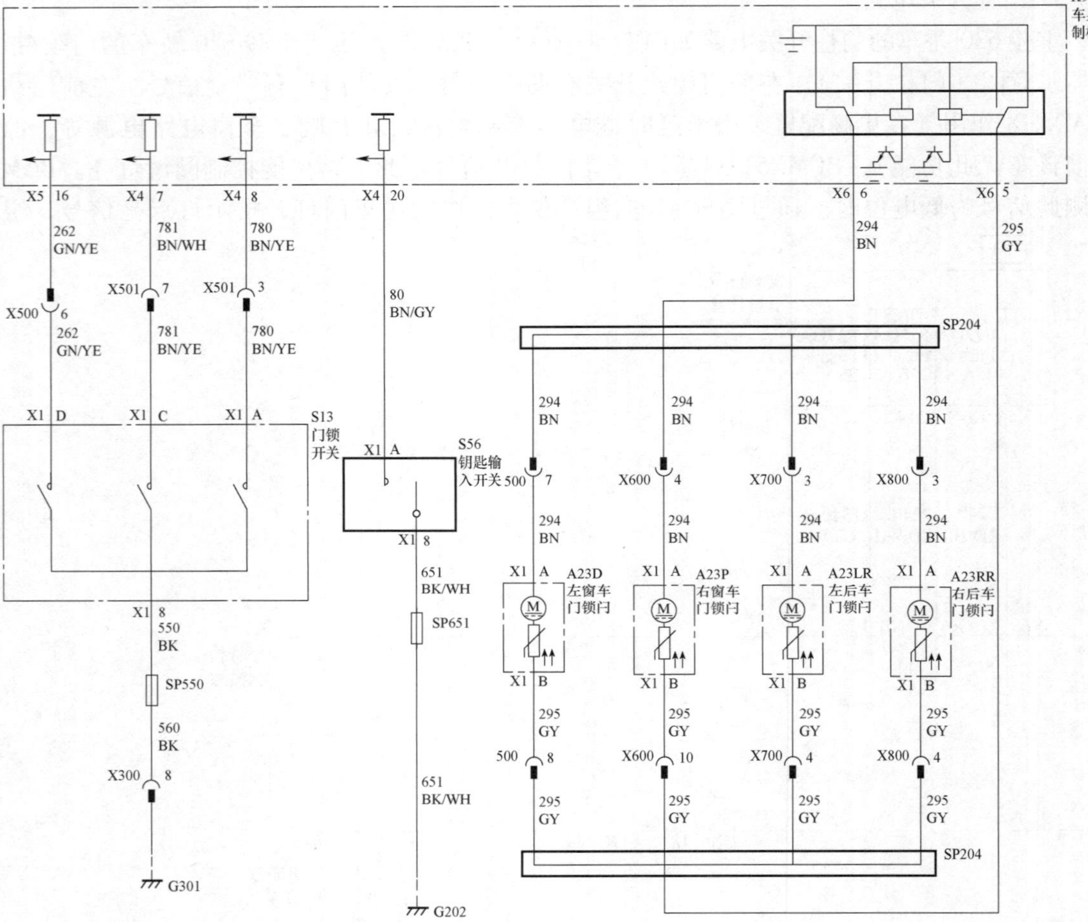

图 3-41　宝骏 630 轿车的门锁/指示器示意图（门柱开关）

2. 车门锁闩和车锁电路

（1）中控工作过程　拨动位于左前门内拉手边的中控门锁开关，此开关通过机械连杆带动位于左前门门锁电动机上的开关，使 BCMX47 号（开锁）和 8 号（锁止）产生中控门锁锁止、开锁的搭铁信号。BCM 直接由 X65 号输出正、反向电源和搭铁，4 门门锁电动机同时实现上锁和开锁功能。同时，可通过机械钥匙转动位于左前门外的机械锁芯，锁芯通过连杆带动位于左前门门锁电动机上的开关，使 BCMX47 号（开锁）和 8 号（锁止）产生中控门锁锁止、开锁的搭铁信号。行车落锁功能：当车速高于 12km/h，车门将自动落锁。BC-MX516 号作用：用户使用机械钥匙转动位于左前门外侧的机械锁芯，锁芯通过连杆带动位于左前门门锁电动机上的开关产生一个搭铁信号。BCM 接收到信号后，识别合法后打开左前门。

（2）自动解锁　钥匙未拔出开关作用：当钥匙在点火锁芯中未拔出时，向 BCMX420 号提供一个搭铁信号。此时按遥控器，不能落锁。当钥匙在点火锁芯中拔出时，向 BCMX420 号提供一个由 BCM 提供的高电位信号，用于中控门锁行车落锁后的自动解锁。

二、中控门锁与防盗系统各零部件的检测

1. 检查门锁控制开关

参照图 3-42 和图 3-43 对门锁开关进行检查。

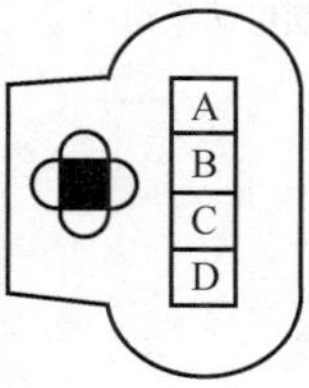

插接器部件信息		A23	
端子	导线	电路号码	功能
A	0.35BN/YE(棕色/黄色)	780	车门锁止控制
B	0.35BK(黑色)	550	搭铁
C	0.35BN/WH(棕色/白色)	781	车门解锁控制
D	0.35GN/YE(绿色/黄色)	262	钥匙输入信号

图 3-42 驾驶人侧门锁开关（高配）

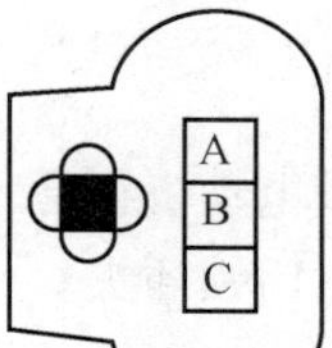

插接器部件信息		A23	
端子	导线	电路号码	功能
A	0.5BN/YE(棕色/黄色)	780	车门锁止控制
B	0.5BK(黑色)	550	搭铁
C	0.5BN/WH(棕色/白色)	781	车门解锁控制

图 3-43 驾驶人侧门锁开关（低配）

1）拆下门锁控制开关。

2）检查门锁控制开关的导通性。如果不符合要求，则更换门锁控制开关。

3）如果门锁控制开关正常，则检查左后门锁电动机及电路，或检查门锁继电器及电路。

4）装上门锁控制开关。

门锁控制开关导通性：

开关位置	检查端子	导通性
锁止（LOCK）	AB、DB（高配车型，插入钥匙）	导通
开锁（UNLOCK）	CB	导通

2. 检查门锁电动机

参照图 3-44 检查门锁电动机。

1）拔下左后门锁插头。

2）用蓄电池直接向门锁电动机供电，检查门锁电动机动作情况。如果不符要求，则更换左后门锁。

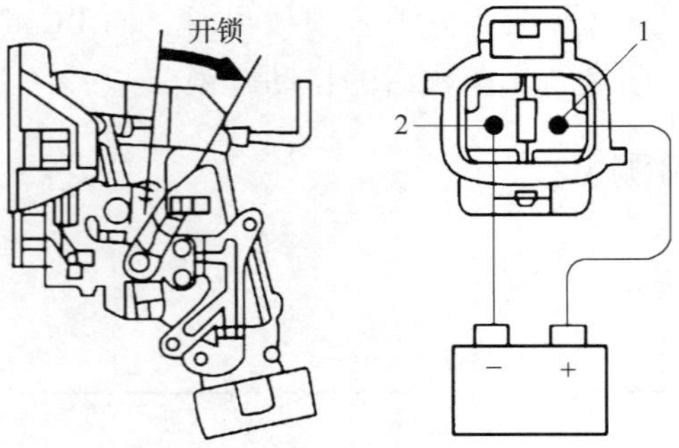

a) 检查门锁电动机动作情况（开锁）

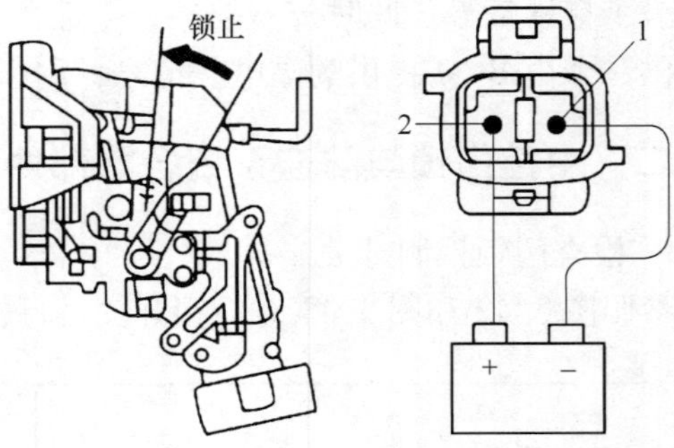

b) 检查门锁电动机动作情况（锁止）

图 3-44　门锁电动机的检查

3）如果门锁电动机正常，则检查门锁继电器及电路。

4）插上左后门锁插头。

【制订计划】

中控门锁与防盗系统故障的检修方案

<table>
<tr><td>任务分工</td><td colspan="3">组员安排：
① ____
② ____
③ ____
④ ____
⑤ ____
⑥ ____</td></tr>
<tr><td rowspan="8">工量具及材料准备
（在对应的选项中画√即可）</td><td>工量具名称</td><td colspan="2">选　择</td></tr>
<tr><td>螺钉旋具</td><td>□可能</td><td>□不可能</td></tr>
<tr><td>万用表</td><td>□可能</td><td>□不可能</td></tr>
<tr><td>诊断仪</td><td>□可能</td><td>□不可能</td></tr>
<tr><td>撬板</td><td>□可能</td><td>□不可能</td></tr>
<tr><td>维修手册</td><td>□可能</td><td>□不可能</td></tr>
<tr><td>电路图</td><td>□可能</td><td>□不可能</td></tr>
<tr><td>备件</td><td>□可能</td><td>□不可能</td></tr>
<tr><td>根据任务，请列举宝骏 630 轿车中控门锁与防盗系统失效的故障原因</td><td colspan="3"></td></tr>
<tr><td>故障检修流程</td><td colspan="3"></td></tr>
</table>

（续）

	内　容	选　择	
检修工作注意事项 （在对应的选项中画√即可）	工量具整齐摆放不落地	□是	□否
	零件不落地，工量具轻拿轻放	□是	□否
	工量具使用前要清洁，使用后要保养	□是	□否
	拔插电路插接器时，需要进行断电	□是	□否
	检测电路时，根据检测内容，是否断电	□是	□否
	及时记录测量数据	□是	□否
	维修工作完成后进行工作现场“6S”	□是	□否

【任务实施】

一、元部件的检测

1. 检查门锁控制开关

1）操作步骤。

① ____。

② ____________________。如果不符合要求，则更换门锁控制开关。

③ ____________________，则检查左后门锁电动机及电路，或检查门锁继电器及电路。

④ ____。

2）检查结果分析。

开关位置	检查端子	导通性	实际测量值	结果分析及处理意见
锁止（LOCK）	AB、DB（高配车型，插入钥匙）	导通		
开锁（UNLOCK）	CB	导通		

2. 检查门锁电动机

1）操作步骤。

① ____。

② ________________________________。如果不符合要求，则更换门锁。

③ ____________________________________，则检查门锁继电器及电路。

④ ____。

2）检查结果分析。

开关位置	检查电动机动作情况	实际动作情况	结果分析及处理意见
锁止（LOCK）	锁止		
开锁（UNLOCK）	开锁		

二、中控门锁与防盗系统的检修

1）完成本工作任务，需要用到哪些工量具及材料？

____

____

（选项：万用表、试电笔、扭力扳手、螺钉旋具、套筒扳手、尖嘴钳、刷子、转向盘护套、变速杆手柄套、座椅套、脚垫、翼子板布、前格栅布、举升机、手电筒等）

2）准备工作。

① 填写车辆信息。

车型：__________；行驶里程：__________；车辆识别码（VIN）：________________。

② 将汽车停驻在指定工位上，准备好相关工量具及材料。 □完成

③ 拉紧驻车制动器手柄，并将变速杆置于空档位置。 □完成

④ 套上转向盘护套、变速杆手柄套和座椅套，铺上脚垫。 □完成

⑤ 拉动发动机舱盖手柄，打开并可靠支撑发动机舱盖。 □完成

⑥ 粘贴翼子板布和前格栅布。 □完成

【检查与考评】

一、任务实施及评价

根据技术规范的要求完成整个任务，教师注意引导学生填写任务实施过程评价表（表 3-18）。

表 3-18 任务实施过程评价表

<table>
<tr><td>班级</td><td colspan="2"></td><td>姓名</td><td></td><td>学号</td><td colspan="2"></td></tr>
<tr><td colspan="2">考核内容</td><td colspan="2">中控门锁与防盗装置失效的检测与维修</td><td>规定考核时间</td><td colspan="3">30min</td></tr>
<tr><td colspan="2"></td><td colspan="2"></td><td>实际考核时间</td><td colspan="3"></td></tr>
<tr><td rowspan="2">序号</td><td rowspan="2">基本步骤</td><td rowspan="2" colspan="2">作业流程</td><td rowspan="2">考核要点</td><td rowspan="2">配分</td><td colspan="2">得分</td></tr>
<tr><td>自评</td><td>互评</td></tr>
<tr><td rowspan="5">1</td><td rowspan="5">准备工作</td><td colspan="2">工作服等劳保用品穿戴</td><td>穿戴不规范扣 2 分/项</td><td>5</td><td></td><td></td></tr>
<tr><td colspan="2">准备工具</td><td>工具准备是否齐全</td><td>5</td><td></td><td></td></tr>
<tr><td colspan="2">车辆安全停放</td><td>是否拉驻车制动器手柄，安放车轮挡块</td><td>5</td><td></td><td></td></tr>
<tr><td colspan="2" rowspan="2">车辆安全防护</td><td>是否安装车外四件套</td><td>2</td><td></td><td></td></tr>
<tr><td>是否安装车内三件套</td><td>3</td><td></td><td></td></tr>
<tr><td rowspan="3">2</td><td rowspan="3">连接中控门锁与防盗系统电路</td><td colspan="2" rowspan="3">根据电路图结合工作原理正确连接电路</td><td>使用工具是否规范</td><td>5</td><td></td><td></td></tr>
<tr><td>电路是否连接正确</td><td>40</td><td></td><td></td></tr>
<tr><td>使用工具是否正确</td><td>10</td><td></td><td></td></tr>
</table>

（续）

序号	基本步骤	作业流程	考核要点	配分	得分	
					自评	互评
3	检修中控门锁与防盗系统各零部件的	检查门锁控制开关	是否会检查门锁控制开关	5		
			是否会分析测量结果	5		
		检查门锁电动机	是否会检查门锁控制开关	5		
4	现场6S	收拾整理工具	若失误则扣2分/项	5		
		工具、零件不落地	若失误则扣2分/项	5		
总分		100				
监考教师			考核日期	年　月　日		

二、学习效果评价

请根据该组的团体表现及个人表现，对学习效果进行自我评价。学习效果评价表见表3-19。

表3-19　学习效果评价表

项目	评价内容	评价等级（学生自评）		
		A	B	C
关键能力考核项目	遵守纪律、遵守学习场所管理规定，服从安排			
	安全意识、责任意识，6S管理意识，注重节约、节能与环保			
	学习态度积极主动，能参加实习安排的活动			
	团队合作意识，注重沟通，能自主学习及相互协作			
	仪容、仪表符合活动要求			
专业能力考核项目	按时、按要求独立完成工作页			
	工具、设备选择得当，使用符合技术要求			
	操作规范，符合要求			
	学习准备充分、齐全			
	注重工作效率与工作质量			
小组评语及建议		组长签名： 年　月　日		
教师评语及建议		教师签名： 年　月　日		

【知识巩固】

一、填空题

1）中控门锁的组成如图3-45所示。单个门锁的结构如图3-46所示。门锁总成如图3-47所示。

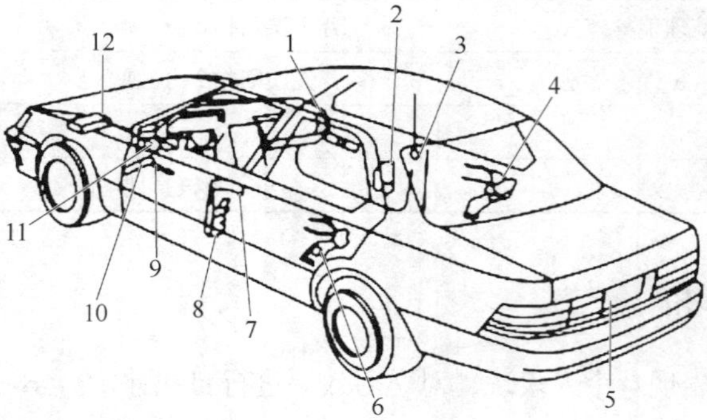

图3-45　中控门锁的组成

① 中控门锁包括：

1 ________ 2 ________ 3 ________ 4 ________

5 ________ 6 ________ 7 ________ 8 ________

9 ________ 10 ________ 11 ________ 12 ________

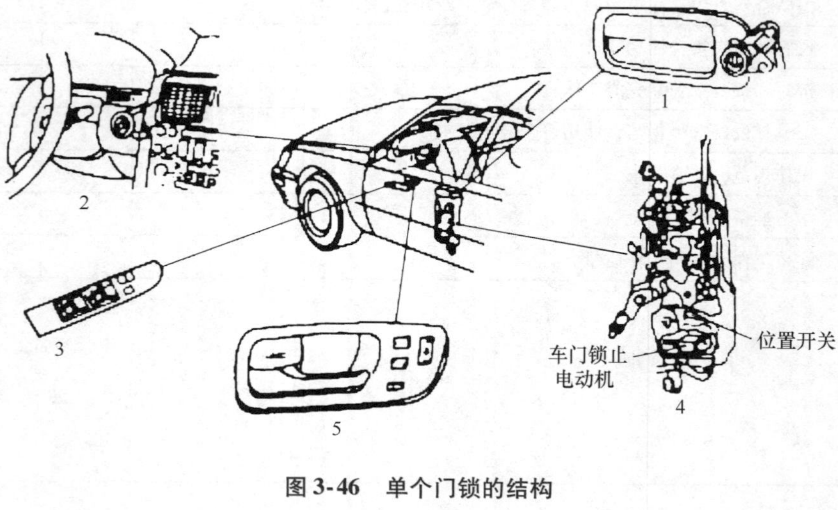

图3-46　单个门锁的结构

② 单个门锁的结构包括：

1 ________ 2 ________ 3 ________ 4 ________

5 ________

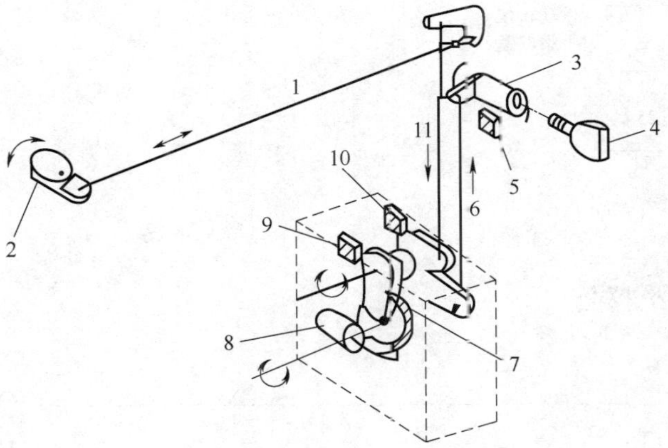

图 3-47　门锁总成

1 ________ 2 ________ 3 ________ 4 ________
5 ________ 6 ________ 7 ________ 8 ________
9 ________ 10 ________ 11 ________

2）中控门锁的作用有哪些？

①________________________________

②________________________________

③________________________________

④________________________________

3）根据电路图写出中控门锁电路工作原理。

① 根据图 3-48 所示门柱开关电路写出门柱开关电路的工作原理。

____

____

____

____

____

____

____

____

____

____

____

____

____

____

____

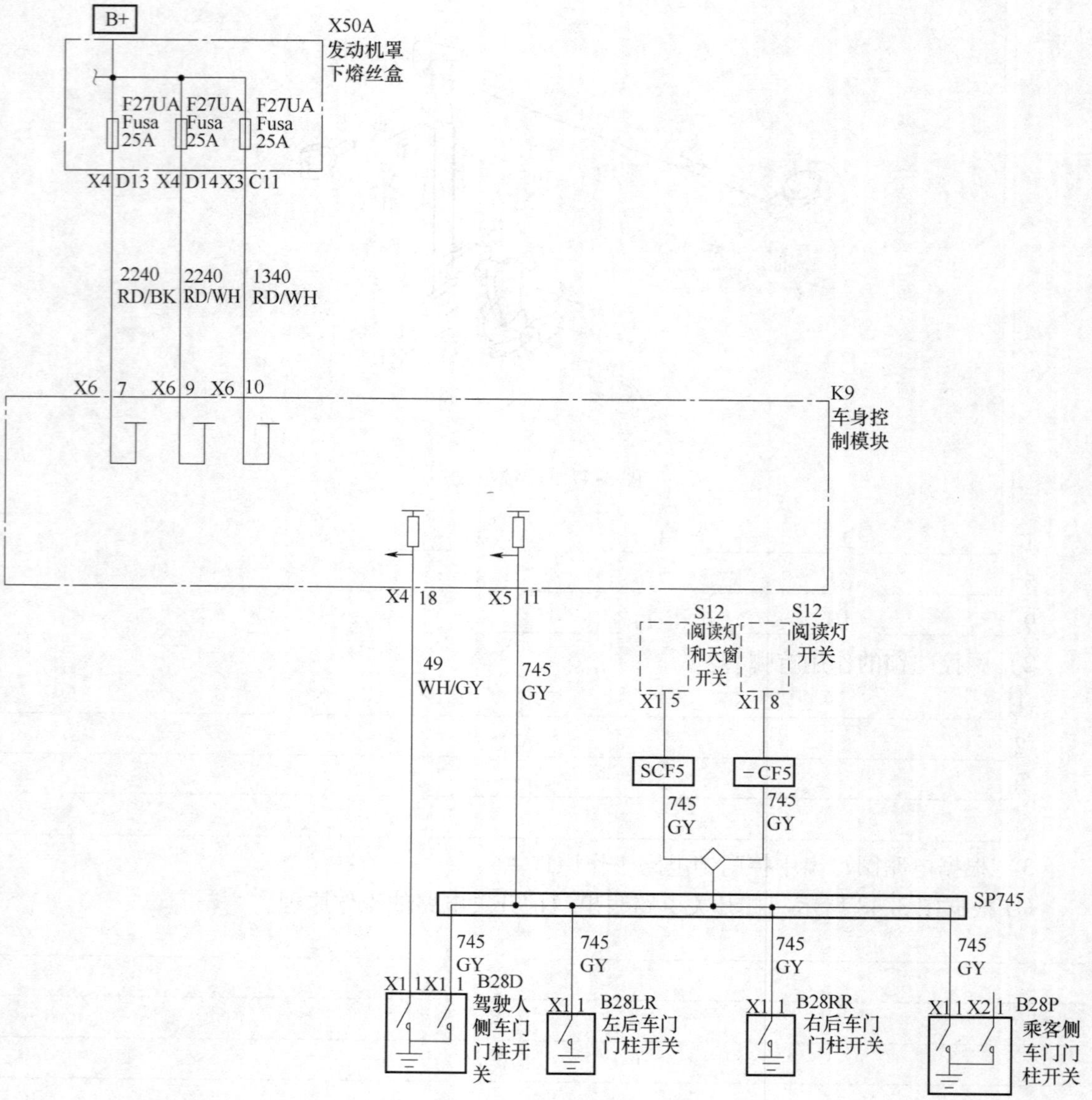

图 3-48 门柱开关电路

② 根据图 3-49 所示车门锁闩和门锁电路写出车门锁闩和门锁电路的工作原理。

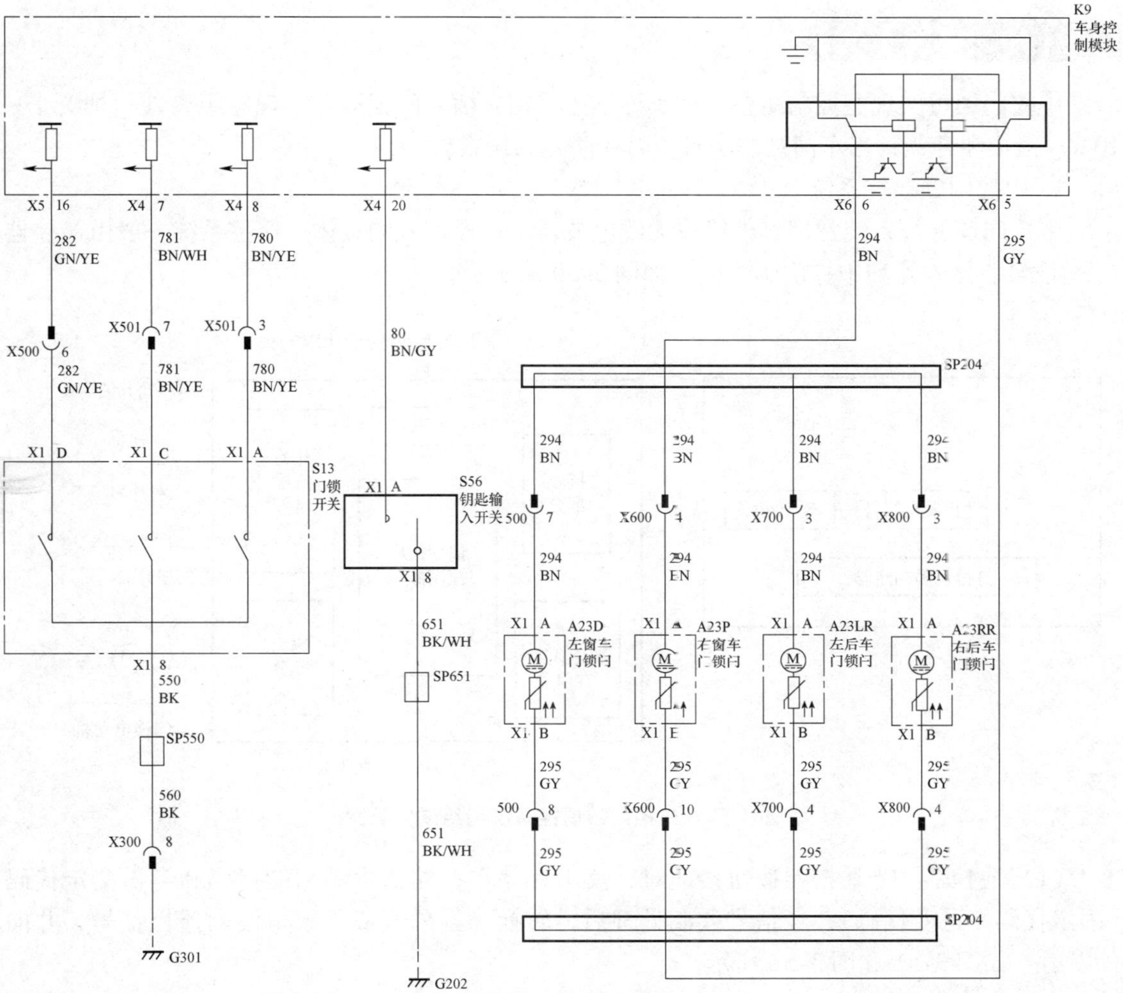

图 3-49　车门锁闩和门锁电路

二、选择题

1. 中控门锁的作用不包括（　　）。

A. 驾驶人侧车门锁被锁止时，其他车门的门锁都被自动锁止。如果用钥匙将驾驶人侧车门锁锁止时，可同时锁止其他车门

B. 将驾驶人侧车门锁开锁时，其他几个车门都自动开锁。同样，用钥匙将驾驶人侧车门开锁时，可同时将其他车门开锁

C. 任一车门的开锁都会影响其他车门的锁止状态

D. 行李舱门只能由行李舱门锁开关来开锁

2. 门锁控制开关在锁止状态时，AB、DB 状态应（　　）。

A. 导通　　　　B. 断开　　　　C. 无要求

3. 门锁开关不包括（　　）。

A. 门锁钥匙开关　　　　B. 门锁控制

C. 行李舱锁开关　　　　D. 点火开关

【知识拓展】

中控门锁可实现遥控与防盗，在车外不用将钥匙插入门锁即可实现短距离（一般为1～10m）锁止和开锁；当车门被非法打开时，防盗系统报警。

1. 中控门锁遥控系统

中控门锁遥控系统常用红外线或无线电波作为遥控信号的载体。遥控系统一般由遥控器(发射器)、接收器和中控门锁组成，如图3-50所示。

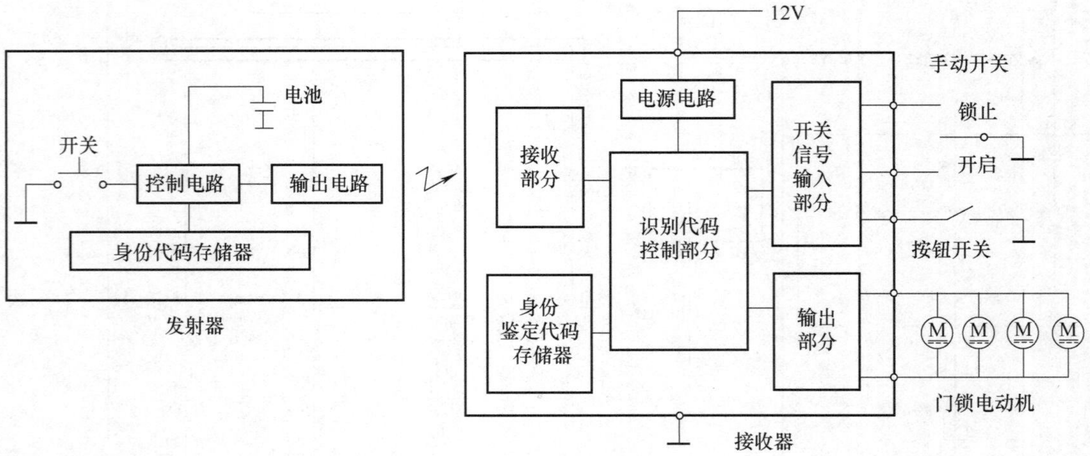

图3-50 中控门锁遥控系统的组成示意图

（1）遥控器 当遥控器按钮接通时，读出存储在存储器中的功能代码和身份鉴定代码(固定代码+可变代码)，经信号调制处理后，转换为红外线或无线电波的遥控信号，并向外发射，如图3-51和图3-52所示。

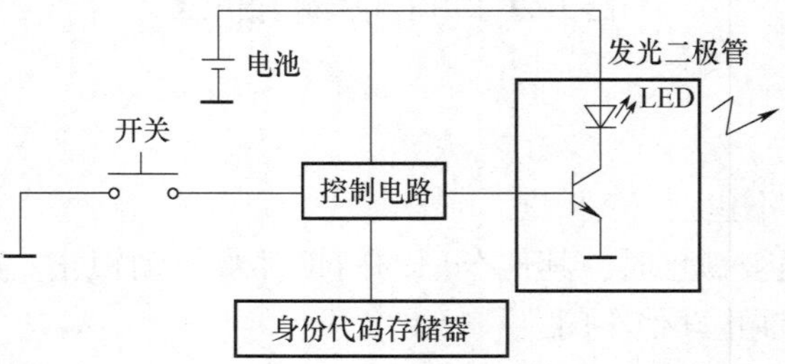

图3-51 红外线式遥控器示意图

（2）接收器 接收器对接收的信号进行放大和调制，检查身份鉴定代码是否相符，当代码一致时，判别功能代码并驱动相应的执行器，如图3-53所示。

（3）天线 发射天线用于发射遥控信号。不必设置专用发射天线，可用车门锁钥匙板兼作发射天线。接收天线用于接收遥控信号，可采用遥控专用接收天线，与收音机共用同一个天线，或采用镶嵌在汽车后风窗玻璃内的加热电阻线作为天线等多种形式，如图3-54和图3-55所示。

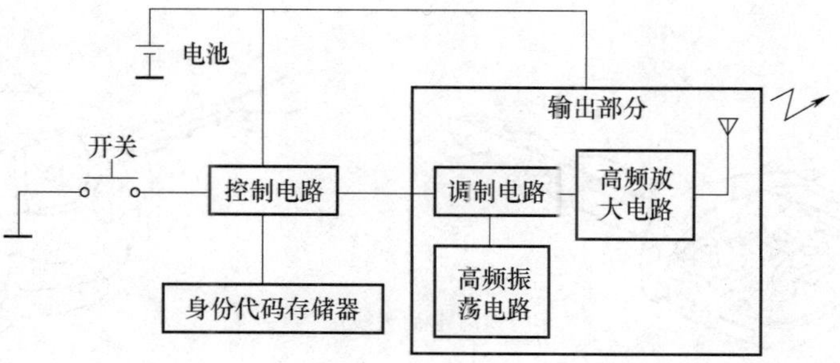

图 3-52　无线电波式遥控器示意图

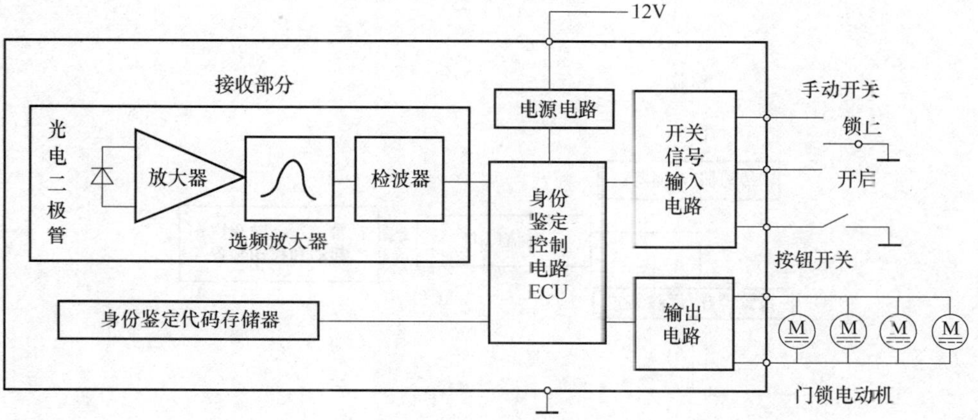

图 3-53　红外线式接收器的组成示意图

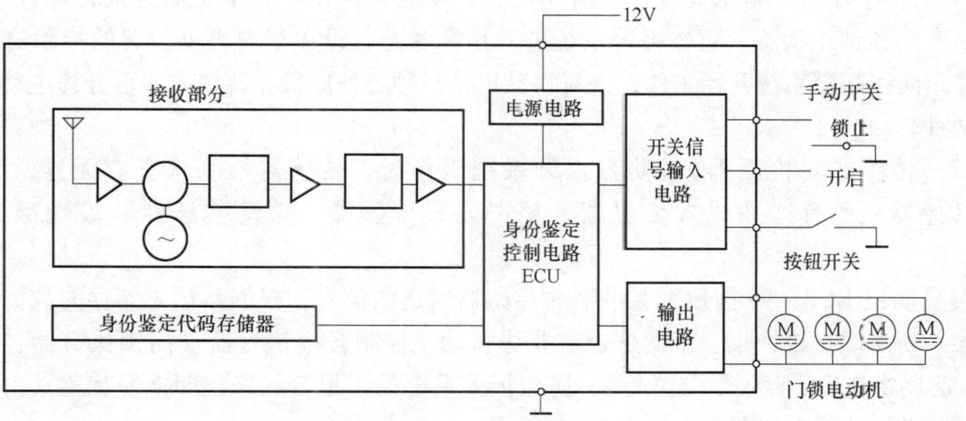

图 3-54　无线电波式接收器的组成示意图

2. 防盗报警系统

防盗报警系统一般由报警调置/解除装置、传感器（检测器）、防盗 ECU、报警装置、防止汽车起动和移动装置等组成，如图 3-56 所示。

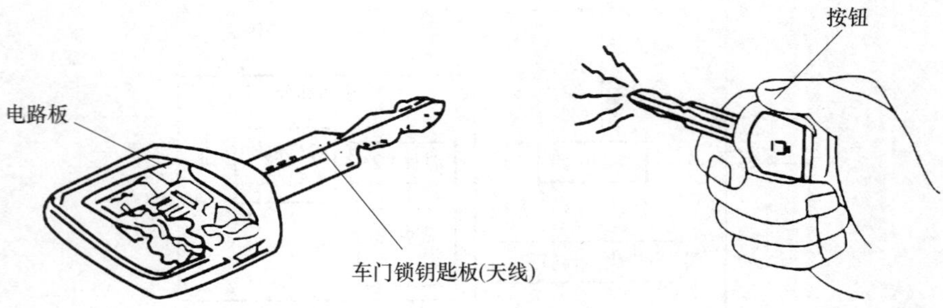

a) 钥匙结构　　b) 发射遥控信号

图 3-55　用车门锁钥匙作为发射天线

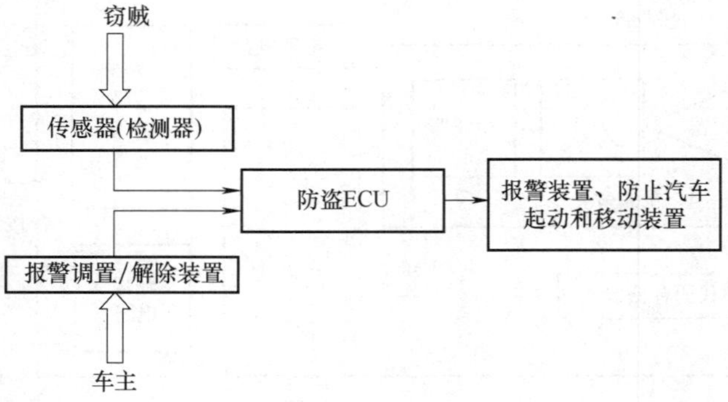

图 3-56　汽车防盗报警系统的组成示意图

(1) 报警调置/解除装置　当所有车门、行李舱盖关闭时，车主通过报警调置/解除装置使所有门锁锁止状态，防盗报警系统进入预警状态，设在车内可见位置的指示灯开始闪烁，显示防盗报警系统开始工作，这对窃贼也是一种心理威慑。调置方法可分为主动式与被动式两种。

(2) 传感器（检测器）　防盗报警系统工作时，传感器检测汽车有无异常情况发生。传感器主要有红外线式传感器、超声波式传感器、振动传感器和玻璃破碎传感器等。

(3) 防盗 ECU　防盗 ECU 接收各种传感器发送的信号，根据其预先储存的数据和编制的程序判断车门是否锁止、车辆是否被非法移动，控制各个执行器（门锁执行器、发动机 ECU、起动继电器、喇叭、灯光等)，防盗报警系统处于报警状态，即报警装置发出声光报警信号，并阻止发动机起动，如图 3-57 所示。

(4) 报警装置　报警时通常采用喇叭鸣响和灯光闪亮的方式。有的安装专用警笛，或者向车主用电波报警，也可利用电波在电子地图上显示被盗车位置，并向警方报警。

(5) 防止汽车起动和移动装置　防止汽车起动的防盗措施主要是通过切断发动机的起动电路，以及通过发动机 ECU 间接切断燃油供应和切断点火系统电路；也可由防盗 ECU 直

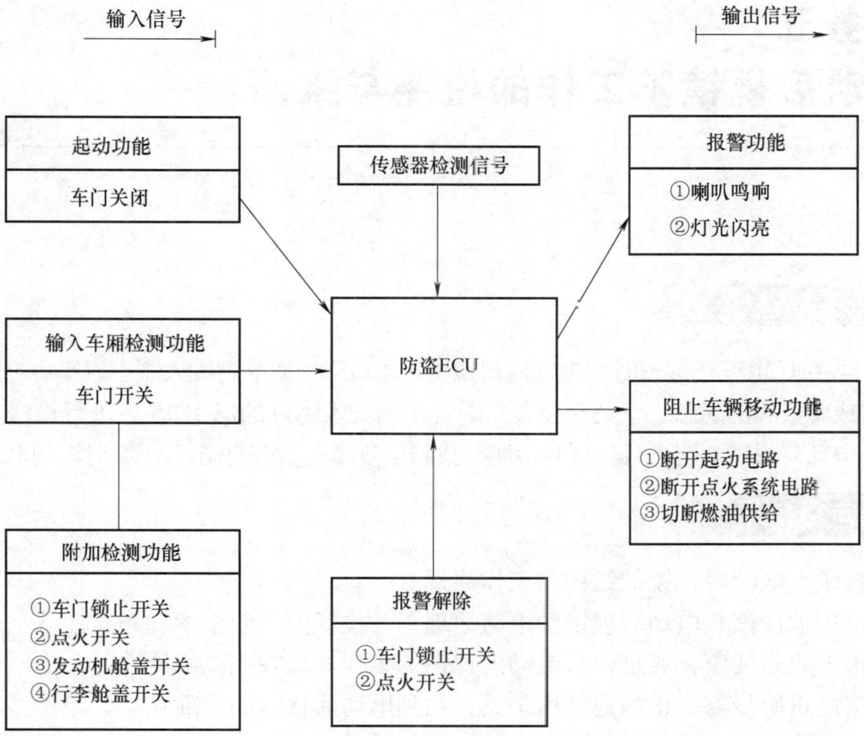

图 3-57　防盗 ECU

接切断起动电路，切断燃油供给和点火系统电路，如图 3-58 所示。

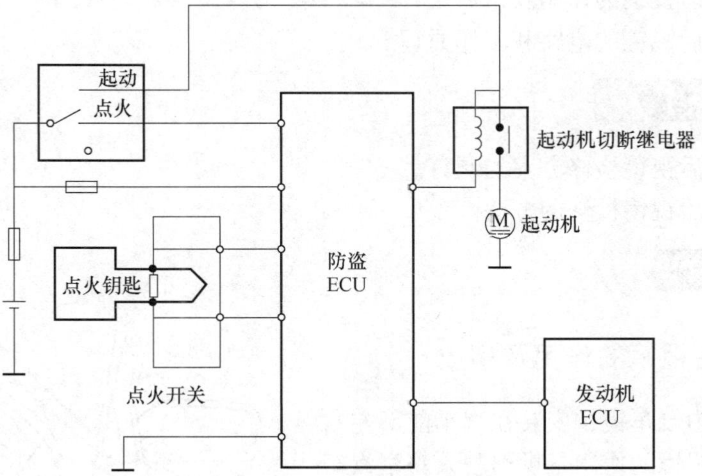

图 3-58　防盗 ECU 直接切断起动电路

任务五 电动后视镜不工作的检测与维修

【任务描述】

一辆宝骏630轿车在行驶时，电动后视镜出现了故障，影响驾驶人观察汽车后方的路况，对安全驾驶造成了极大的隐患，于是驾驶人立即将车辆驶入附近的汽车4S店进行检修。维修技师通过对该车电动后视镜电路进行分析和检测，找到了故障点，需要制订维修方案，排除故障。

【学习目标】

1. 掌握轿车电动后视镜的结构和工作原理。
2. 能熟练识读汽车电动后视镜的电路原理图、接线图、线束图和布置图。
3. 能根据故障现象，通过分析电动后视镜的工作原理找到故障原因。
4. 能按照正确步骤、正确地使用工具，找到电动后视镜的故障点。
5. 通过维修或更换故障部件修复电动后视镜故障。

【学习重点】

1. 汽车电动后视镜的作用及组成。
2. 汽车电动后视镜的电路和工作原理。

【学习难点】

1. 汽车电动后视镜检修方案的制订。
2. 汽车电动后视镜检修的方法。

【知识准备】

一、电动后视镜的作用及组成

后视镜俗称为倒车镜，安装在汽车前部左右两侧车门上。后视镜的作用是供驾驶人观察汽车两侧及后方的车辆、行人及其他情况。

后视镜应能根据不同驾驶人的要求进行调节，使后视镜处于适当位置。后视镜可采用手动调节和电动调节。采用电动调节的后视镜称为电动后视镜（图3-59～图3-61），操作十分方便。

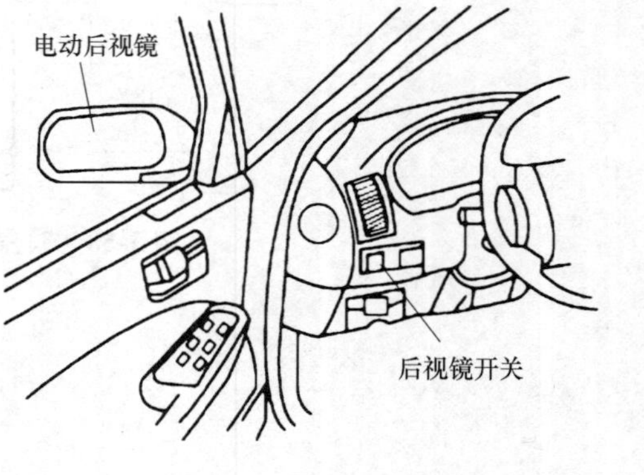

图3-59 电动后视镜及开关

后视镜上装有两个可逆的电动机及其传动机

构，一个电动机驱动后视镜上下转动，另一个电动机驱动后视镜左右转动，调节角度为20°~30°。后视镜由电动机驱动可上、下或左、右转动。

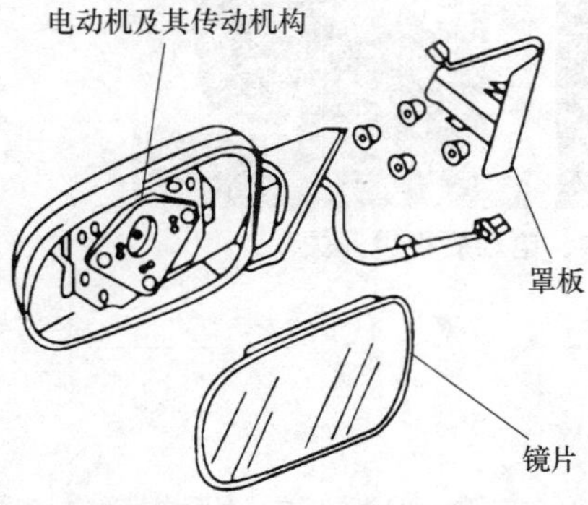

图 3-60　电动后视镜的结构

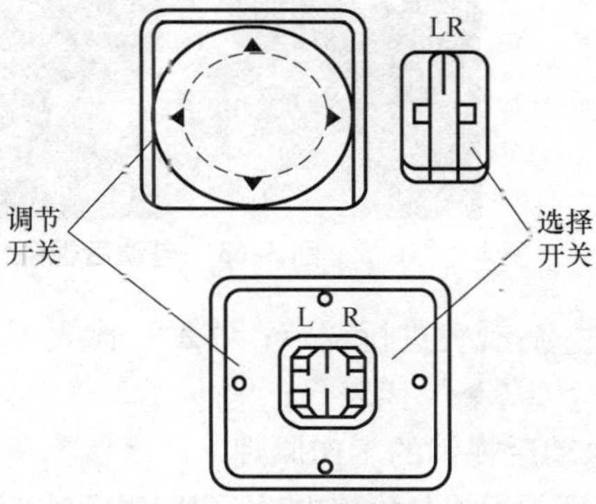

图 3-61　电动后视镜开关

电动后视镜开关包括选择开关和调节开关。选择开关用于选择左或右电动后视镜。调节开关控制电动后视镜的调节方向。

二、电动后视镜常见故障

电动后视镜常见故障有电动后视镜都不能调节和个别电动后视镜不能调节。

电动后视镜都不能调节的可能原因有熔丝烧断、插接器松脱或电路断路、开关有故障，应检查熔丝是否熔断、插接器是否松脱、开关及电路是否正常。

个别电动后视镜不能调节的可能原因有插接器松脱或电路断路、电动机或开关有故障，应检查电动机是否正常、开关及电路是否正常。

【信息收集】

在教师的引导下分组，以小组为单位学习相关知识，并回答下列问题。

1. 电动后视镜的组成（图 3-62、图 3-63）

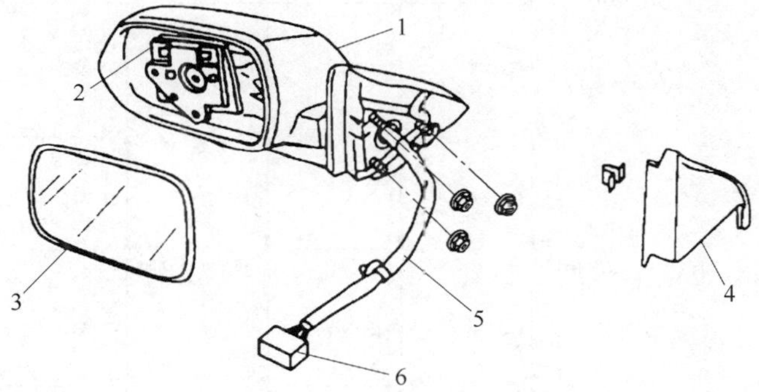

图 3-62　电动后视镜总成

1）电动后视镜总成包括：1 ____________ 2 ____________ 3 ____________ 4 ____________ 5 ____________ 6 ____________。

2）电动后视镜传动结构包括 1 ____________ 2 ____________ 3 ____________。

电动后视镜开关拨向左边表示选择____________后视镜进行调节，开关拨向右边表示选择

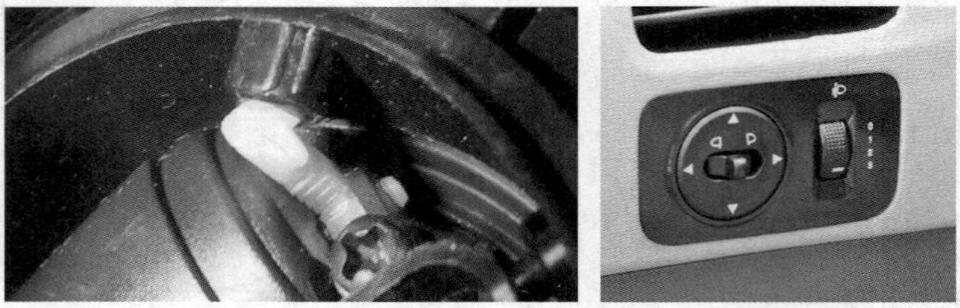

图 3-63　电动后视镜传动结构、电动后视镜开关

__________后视镜进行调节；“▲”代表__________，“▼”代表__________，“◀”代表__________，“▶”代表__________。

2. 电动后视镜的工作原理

电路图的识读是检修电动后视镜电气故障的基础。宝骏 630 轿车电动后视镜电路原理图如图 3-64 所示（为了便于分析电动后视镜的工作原理，在电路图中了加入了左右后视镜选择

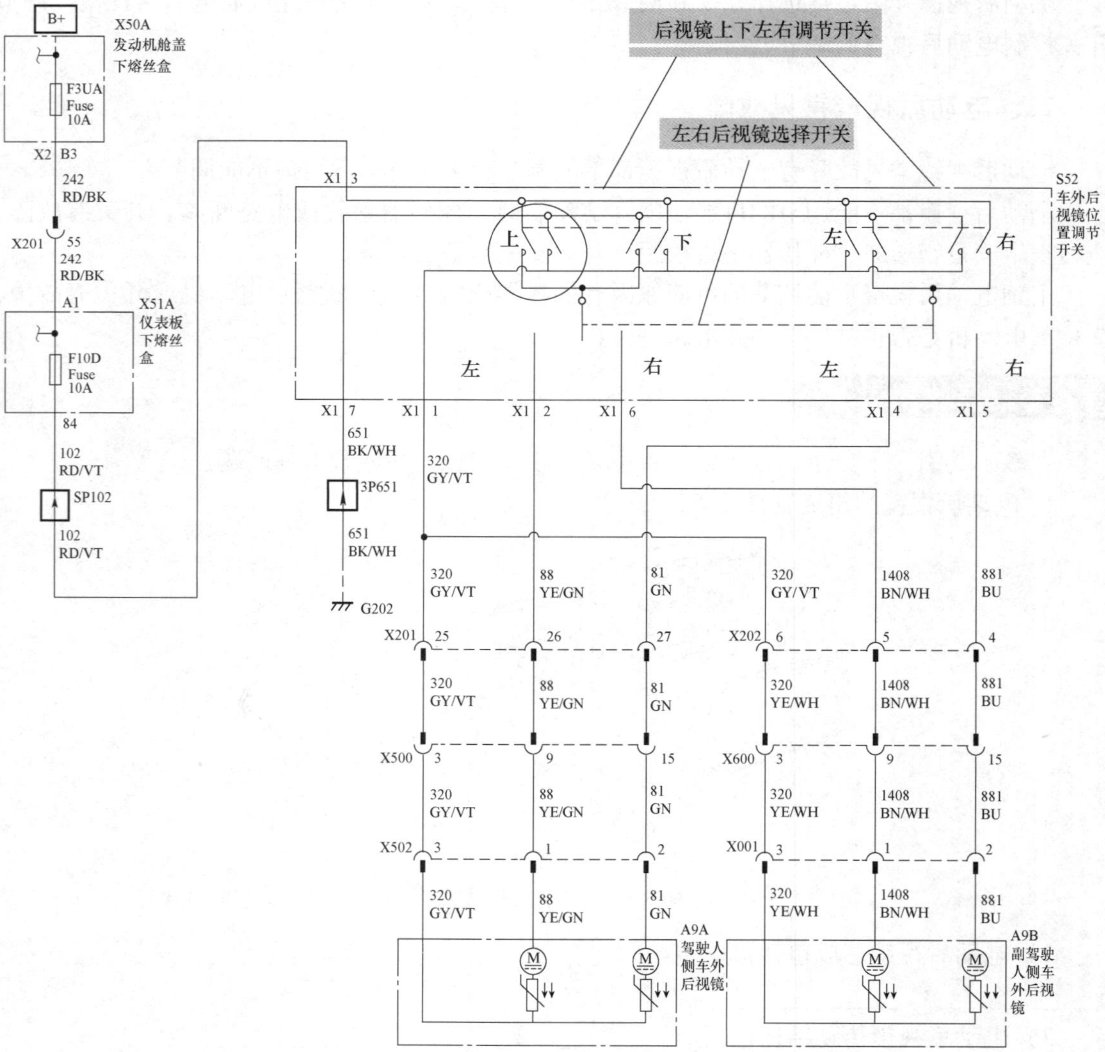

图 3-64　宝骏 630 轿车电动后视镜电路原理图

开关的标注）。请分别描述左、右电动后视镜上、下、左、右调节的工作原理。

1）左电动后视镜向上调节。

2）左电动后视镜向下调节。

3）左电动后视镜向左调节。

4）左电动后视镜向右调节。

5）右电动后视镜向上调节。

6）右电动后视镜向下调节。

7）右电动后视镜向左调节。

8）右电动后视镜向右调节。

【制订计划】

电动后视镜电路系统故障检修方案

<table>
<tr><td rowspan="1">任务分工</td><td colspan="3">组员安排：
①
②
③
④
⑤
⑥</td></tr>
<tr><td rowspan="8">工量具及材料准备
（在对应的选项中画√即可）</td><td>工量具名称</td><td colspan="2">选　择</td></tr>
<tr><td>螺钉旋具</td><td>□可能</td><td>□不可能</td></tr>
<tr><td>万用表</td><td>□可能</td><td>□不可能</td></tr>
<tr><td>诊断仪</td><td>□可能</td><td>□不可能</td></tr>
<tr><td>撬板</td><td>□可能</td><td>□不可能</td></tr>
<tr><td>维修手册</td><td>□可能</td><td>□不可能</td></tr>
<tr><td>电路图</td><td>□可能</td><td>□不可能</td></tr>
<tr><td>备件</td><td>□可能</td><td>□不可能</td></tr>
<tr><td>根据任务，请列举宝骏 630 轿车电动后视镜不工作的故障原因</td><td colspan="3"></td></tr>
<tr><td>故障检修流程</td><td colspan="3"></td></tr>
</table>

（续）

	内　容	选　择	
检修工作注意事项（在对应的选项中画√即可）	工量具整齐摆放不落地	□是	□否
	零件不落地，工量具轻拿轻放	□是	□否
	工量具使用前要清洁，使用后要保养	□是	□否
	拔插电路插接器时，需要进行断电	□是	□否
	检测电路时，根据检测内容，是否断电	□是	□否
	及时记录测量数据	□是	□否
	维修工作完成后进行工作现场“6S”	□是	□否

【任务实施】

一、检测故障

在教师的引导下，以小组为单位进行检测，并记录相关数据，对检测结果进行分析及确定故障点。

1. 检查电动后视镜电路

2. 检查电动后视镜开关

拆下电动后视镜开关，断开线束插接器，插接器端子如图 3-65 所示。根据表 3-20 和表 3-21的方法，用数字万用表电阻档对电动后视镜开关各端子进行检查。如果检查结果与规定值不相符，则更换电动后视镜开关。

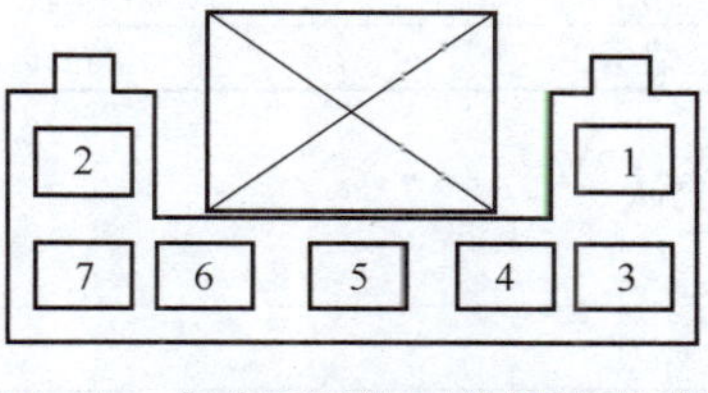

图 3-65　电动后视镜开关插接器端子

当选择左后视镜时，对电动后视镜开关的检查见表 3-20。

表 3-20 电动后视镜开关检查表（一）

测量端子	测量条件	电阻规定值	电阻测量值
2与3 1与7	UP	小于1Ω	
	OFF	∞（无穷大）	
1与3 2与7	DOWN	小于1Ω	
	OFF	∞（无穷大）	
1与3 4与7	LEFT	小于1Ω	
	OFF	∞（无穷大）	
3与4 1与7	RIGHT	小于1Ω	
	OFF	∞（无穷大）	

当选择右后视镜时，对电动后视镜开关的检查见表3-21。

表 3-21 电动后视镜开关检查表（二）

测量端子	测量条件	规定值	电阻测量值
3与6 1与7	UP	小于1Ω	
	OFF	∞（无穷大）	
1与3 6与7	DOWN	小于1Ω	
	OFF	∞（无穷大）	
1与3 5与7	LEFT	小于1Ω	
	OFF	∞（无穷大）	
3与5 1与7	RIGHT	小于1Ω	
	OFF	∞（无穷大）	

3. 检查电动后视镜直流电动机

拆下电动后视镜，断开后视镜线束插接器X502，对电动后视镜相应的端子施加蓄电池电压，检查后视镜的工作情况，具体检查方法见表3-22。如果检查情况与规定状态不符，则更换电动后视镜总成。

表 3-22 电动后视镜检查表

接蓄电池正极（+）	接蓄电池负极（-）	后视镜转动状态	实际转动状态
端子1	端子3	上翻	
端子3	端子1	下翻	
端子3	端子2	左转	
端子2	端子3	右转	

4. 检测结果分析及故障点确认

5. 维修建议

二、排除故障（电路修复、电动后视镜元器件的更换）

1. 拆卸程序

2. 安装程序

【检查与考评】

一、任务实施及评价

根据技术规范的要求完成整个任务，教师注意引导学生填写任务实施过程评价表（表3-23）。

表3-23 任务实施过程评价表

班级		姓名		学号		
考核内容	电动后视镜不工作的检测与维修			规定考核时间		15min
				实际考核时间		
序号	检查维修内容/评分标准		配分	自评	互评	得分
1	准备	检查车辆状况，安装车轮挡块	5			
		检查车灯外观	5			
2	验证故障	把电动后视镜开关变换档位，检查验证故障	10			
3	拆除诊断	拆除电动后视镜壳体	10			
		断开电动后视镜线束插头	10			
		检查电动后视镜电动机，视情更换	10			
		检查电动后视镜电路的电压	10			
		检查电动后视镜电路搭铁情况	10			
		判断故障点并排除故障	10			
		装复拆卸件，现场6S	10			

（续）

序号	检查维修内容/评分标准		配　分	自　评	互　评	得　分
4	安全文明	防护措施得当，作业规范安全整洁	3			
		工具、零件不落地	2			
5	工具使用	工具选用合理	2			
		工具使用规范	3			
6	考核时间	每超 1min 扣 3 分，超时 3min 终止考核				
合　计			100			
监考教师		考核日期		年　月　日		

二、学习效果评价

1. 自评

____
____
____
____
____。

2. 互评

____
____
____
____
____。

3. 技能考核，教师评价

对电动后视镜进行检测、诊断并排除故障，完成下列表格的填写。

班　级		车型及年款	
姓　名		VIN	
学　号		里 程 数	
实践项目		实践设备	
实践流程			

（续）

结果分析	
防范措施	
教师评价	良好　合格　不合格 教师姓名：　　　　年　　月　　日

小组总结和思考：______

______

______

______

参 考 文 献

［1］孟范辉．汽车车身电气设备检修［M］．北京：北京理工大学出版社，2016.
［2］代洪，张志文，龚源．汽车电气系统检修［M］．天津：天津科学技术出版社，2016.